长河落日

显微镜下的全唐史

第八部

北溟玉 ◎ 著

中国文史出版社

勿呼万岁,朕不复为汝主矣!

——唐昭宗李晔

第一章 咸通时代物情奢

01. 裘甫起义　　　/002
02. 安南风云　　　/006
03. 落雕侍御高骈　　　/011
04. 醉生梦死　　　/015
05. 晚唐三诗杰　　　/019
06. 千古奇文《直谏书》　　　/025
07. 我们要回家　　　/031
08. 庞勋起义　　　/035
09. 同昌公主　　　/040
10. 温庭筠鱼玄机　　　/044
11. 迎奉佛骨　　　/050
12. 懿宗之死　　　/053

第二章 击球状元唐僖宗

01. 干爹田令孜　　　/058
02. 高骈镇西川　　　/062
03. 菊花天王登场　　　/066

04. 王黄分手　　　/071

05. 王仙芝败亡　　/075

06. 李克用起兵　　/080

第三章　满城尽带黄金甲

01. 流动南下　　　/088

02. 黄王北伐　　　/092

03. 进占东都　　　/097

04. 满城尽带黄金甲　/102

05. 秦妇吟　　　　/105

06. 疯狂反扑　　　/116

07. 高骈摆烂　　　/121

08. 收复长安　　　/128

09. 黄巢败亡　　　/133

10. 上源驿之变　　/138

11. 赢家老田　　　/142

第四章　群雄竞起

01. 盐池之争　　　/148

02. 二次出奔　　　/151

03. 襄王李煴　　　/156

04. 李茂贞崛起　　/159

05. 高骈之死　　　/161

06. 僖宗驾崩　　　/167

第五章　昭宗的挣扎

01. 平定秦宗权　　　/174
02. 讨伐李克用　　　/177
03. 王建独霸西川　　/184
04. 杨复恭之乱　　　/187
05. 李茂贞犯阙　　　/191
06. 李存孝之死　　　/195
07. 李克用勤王　　　/199

第六章　华州囚徒

01. 主动入狱　　　/206
02. 韦庄出使　　　/211
03. 昭宗还宫　　　/213
04. 三强鼎立　　　/216
05. 南方割据成型　　/219

第七章　铲除宦官

01. 独霸关东　　　/224
02. 被囚少阳院　　/228
03. 铲除刘季述　　/233
04. 韦庄入蜀　　　/238
05. 梁军攻晋　　　/241
06. 韩全诲之乱　　/243
07. 凤翔之围　　　/248
08. 根除宦官　　　/253

第八章　纥干山头冻杀雀

01. 崔胤之死　　　/ 258
02. 迁都洛阳　　　/ 262
03. 昭宗被弑　　　/ 266

第九章　大唐覆灭

01. 九曲池白马驿　　　/ 272
02. 禅让风波　　　/ 276
03. 铸成大错　　　/ 281
04. 朱全忠建后梁　　　/ 283
05. 五代十国开启　　　/ 287

尾　声　尘事如潮人如水　　　/ 293

附　录

附录一　唐朝十四世二十一帝（含武则天）概况　　　/ 298

附录二　唐朝世系表　　　/ 303

附录三　六大强敌世系表　　　/ 304

参考文献　　　/ 308

第一章

咸通时代物情奢

01. 裘甫起义

懿宗刚一上台就爆雷了!

大中十三年(859年)十二月,浙东越州剡①县籍私盐贩子裘甫聚众百人起义,一举攻克了象山县(今浙江宁波象山县)。

越州剡县就是今绍兴嵊②州。嵊州这个地方出了两个历史名人,一个是山水诗鼻祖谢灵运,另一个就是裘甫。我一直觉得嵊州应该为裘甫塑像,并开发相关文旅资源。因为裘甫的历史地位好比秦末陈胜、汉末张角、隋末王薄,是他敲响了唐王朝的丧钟。

唐末农民起义有一个明显区别于其他朝代农民起义的特点,即起义领袖大多是私盐贩子。之所以会出现这种现象,与中晚唐施行的食盐专卖制度有直接关系。

我们知道,一场安史之乱让大唐国家财富严重缩水,朝廷穷得铃儿响叮当。没钱就得搞钱,从哪里搞? 盐! 因为盐是人类获取钠离子的重要途径,是人人都得吃的生活必需品。后来的事儿我在《藩镇铁幕》里讲过了,经过第五琦和刘晏的改革,"天下之赋,盐利居半",盐业收入占到了国家财政总收入的一半,可见其利润之丰,亦可知当

---

① 剡,音善。
② 嵊,音剩。

时盐价之高，朝廷对百姓盘剥之重。

百姓当然想吃低价盐。有需求就一定有市场，于是就有了私盐，即买卖双方绕过朝廷的盐监直接交易，没有中间商赚差价，价格当然便宜得多。盐还是那个盐，但官府在前面加了个"私"字。贩卖私盐的人就是私盐贩子。

从朝廷嘴里夺食，朝廷肯定是要打击的，但法不责众，不能打击百姓，就去打击私盐贩子。可这里面的利润太高了，任你朝廷怎么打击，私盐贩子仍屡禁不绝。为了对抗政府的缉捕，他们甚至结成团伙武装护私。小的团伙八九十来个人，大的能有几十上百人。打个不恰当的比喻，在中晚唐贩盐就好比在今天贩毒。

什么人会干这行呢？第一，大概率是急于发财的穷人，有钱人犯不着。第二，一定是狠人，胆子小的不敢干，既然敢干，绝不是善茬儿。第三，一定是仇视官府的人，官府老打击他们，堵他们的财路和活路，他们恨透了官府。所以，如果搞起义，这些人几乎就是天然的领袖。

晚唐有六大盐贩：浙江绍兴人裘甫，河南漯河人王建，浙江杭州人钱镠，江苏连云港人徐温，山东菏泽人王仙芝和黄巢。裘甫、王仙芝、黄巢发动了声势浩大的农民起义。王建、钱镠、徐温则借乱世成就了王业：王建创建了"十国"中的前蜀，钱镠创建了吴越，徐温奠定了南唐的基业。

而唐代盐贩第一人正是裘甫。拿下象山后，他掉头西进，去打老家剡县。

区区一百人能成事吗？纸面实力是挺弱的，但也要看对象是谁。东南藩镇普遍军队编制小，且训练水平、战斗水平都很一般。两浙尤其突出，"人不习战，甲兵朽钝，见卒不满三百"。一个浙江才有六百军队，半个浙江只有三百，想想都觉得不可思议。一盘散沙且训练不足的三百人，对阵团结一心要拼命的一百人，这就麻烦了！

浙东观察使郑祗①德是典型的官僚思维，一看爆雷了，先想着怎么按，没有立刻上报。他一面派全部三百兵力去剿匪，一面仓促招募新军。但当时的基层政权已经烂透了，招募这条线上的官吏沆瀣一气，把招兵当成了发财的机会，招了一批老弱病残。

大中十四年（860年）正月初四，三百官军与裘甫的人马遭遇于今台州天台山桐柏观前。一战下来，官军全军覆没，两名统兵大将一死一逃。裘甫乘胜于十天后攻下剡县，打开府库，赈济贫民，招兵买马。短短几天内，这支队伍就从最初的一百人扩充到了一千人。

郑祗德大惊，赶忙又派三将率领仓促募集的五百新兵去收复剡县。二月初十，剡县城西的三溪（在今浙江绍兴新昌县）一战，官军再次全军覆没，三将全部阵亡。

这两场仗下来，浙东军的家底儿就打完了。裘甫兵锋所向，无不土崩瓦解，很快就拿下了天台、上虞、余姚、慈溪、奉化、宁海等地。很多啸聚山林的绿林中人和失去土地的流民前来归附，起义军迅速扩充至三万人。裘甫建立政权，自称天下都知兵马使，建元"罗平"，声震中原。

事情闹到这一步，束手无策的郑祗德才飞书上奏朝廷。

新晋宰相夏侯孜举荐了一个牛人——安南都护王式。懿宗征郑祗德回朝，调王式任浙东观察使。

君臣问对，懿宗问王式有何讨贼方略。王式说没什么方略，只要多给兵马就可以了。一旁的宦官插嘴："如果发兵，要花很多钱！"王式当场撅他："我其实是为国家省钱！兵力足，平乱就快，反而省钱。兵力不足，短时间内就搞不定乱党，一旦拖得太久，那么江淮地区的

---

① 祗，音只。

乱党就会群起响应裘甫。届时,朝廷要花的钱可就海了去了!"懿宗听明白了,对宦官说:"得给他兵!"

王式调集各镇大军,又将流放在江淮的回鹘人和吐蕃人编成骑兵,并以数千团练①武装为先导,兵分两路扑向浙东。官军兵力占优,指挥的又是王式,迅速扭转局势,节节胜利。六月,剡县围城。七月,裘甫突围被俘。八月,他在长安被杀。到年底前,其残部也被肃清。

本不该有乱子的,结果有了,还闹得这么大。是不是应该追究责任?是不是应该深刻反思?比如说,为什么会在浙东这种富庶地方爆发民变?为什么民变会在很短时间内扩大到如此规模?再进一步,其他地方还存不存在类似隐患?朝廷的政策是不是该调整了?

结果呢,都没有。一没有追究责任,郑祗德是宣宗驸马郑颢②的父亲,懿宗甚至都没有罚他的俸禄。二没有深刻反思,民变就民变呗,哪朝没有民变?区区几个贱民,蝼蚁一般的贱民,平了不就得了?!

东南半壁是晚唐最富庶的地方,连这里的老百姓都活不下去了,其他地方的情况不可想象。但统治阶级就是这么麻木不仁,唐朝的确是该亡了!

一个裘甫倒下去了,可千千万万个裘甫正在站起来⋯⋯

---

① 团练,基层地主组织的民兵队伍。
② 颢,音浩。

02. 安南风云

偏在这时，南诏人又来添乱。

宣宗驾崩后不久，南诏王劝丰祐也没了。摄政王王嵯巅随即拥立劝丰祐长子世隆[①]为王。世隆虽然只有16岁，但少年老成，野心很大，刚上台就铲除了王嵯巅。

具体的过程是这样的：世隆暗中联络正在骠国（今缅甸）作战的大将段宗榜，要他回师后杀了王嵯巅。王嵯巅执掌南诏国政四十余年，其他贵族大臣早就对他不满了。段宗榜致信王嵯巅，说骠国送给咱们王一尊金佛，希望摄政王能够在城郊亲迎金佛。这种出风头、露大脸的事儿，王嵯巅当然很乐意。然而，当天就在他下跪拜佛时，被段宗榜从身后砍死。随后，王嵯巅一党被一网打尽，世隆掌控了政权。

不久，唐使来了，向南诏通报宣宗驾崩的消息。因为不知道劝丰祐已经死了，所以唐廷的国书仍然是写给劝丰祐的。这其实很正常，毕竟那个年代没有电话、微信，沟通的时间成本很高。世隆成心找碴儿，盛气凌人地质问唐使："我爹死了，你们怎么不派人吊祭啊？国书还是赐给我爹的，那就是不承认我咯？"然后，唐使就遭到了冷落。

懿宗勃然大怒，劝丰祐没了，你们不派人来报告，还挑我大唐的理儿，是可忍孰不可忍！还有，世隆这小子不知道避讳吗？"世"是太宗的专属，"隆"是玄宗的专属，为啥不改名？依惯例，南诏新王即位得经朝廷册封，现在懿宗拍板不册封了。

[①]《资治通鉴》称酋龙。

世隆无所谓啊，干脆自称皇帝，改国号为大礼①。这是南诏历史上划时代的一页，从此南诏君主不再是臣服于大唐的王，而是与大唐皇帝平起平坐的皇帝了。当年底，世隆发兵报复，攻陷了大唐播州（今贵州遵义播州区）。

唐廷当时正在对付裘甫，没工夫搭理他。等裘甫被平定后，大中十四年（860年）十月，安南都护李鄠②北上贵州，夺回了播州。

十一月，懿宗宣布改大中十四年为咸通③元年。这是他起早贪黑选的年号，取自父亲宣宗写的一句诗："海岳宴咸通。"

十二月，安南烽烟骤起。当地人给南诏大将段酋迁当了带路党，引南诏三万大军入寇，一举攻克了交趾城（今越南河内）。李鄠败退武州（今越南海防市）。

蕞尔小蛮，殊为可恶，懿宗不忍了，于咸通二年正月下诏调集邕管和附近各道人马驰援安南。

命令是下了，但不是说战争立即就打起来了。各道接到诏书还得进行动员和准备，行军也需要时间。援军还没到，六月，李鄠自个儿把交趾收回来了。南诏人侥幸得了交趾，自己都觉得太容易了，不踏实，整日里风声鹤唳、草木皆兵的，李鄠一反攻，他们就撤了。

然后，唐廷就准备息事宁人，收回来就收回来吧，就不讨伐南诏了。这也就是在晚唐，朝廷没实力、不硬气，多一事不如少一事。这种情况别说盛唐了，哪怕放在初唐，估计早就调发诸道大军兴师问罪

---

① 一说是鹤拓。
② 鄠，音户。
③ 咸通元年（860年），咸通二年（861年），咸通三年（862年），咸通四年（863年），咸通五年（864年），咸通六年（865年），咸通七年（866年），咸通八年（867年），咸通九年（868年），咸通十年（869年），咸通十一年（870年），咸通十二年（871年），咸通十三年（872年），咸通十四年（873年），咸通十五年（874年）。

了。懿宗为了安抚安南人，还把李鄠给流放到三亚看海去了。

热爱和平是对的，但有时该出拳就得出拳，而且要出重拳，打得一拳开，免得百拳来。唐廷的妥协退让，换来的却是南诏的得寸进尺。七月，段酋迁又洗劫了邕州（今广西南宁市）。都已经这样了，唐廷居然还想绥靖。这就给了南诏人错觉，以为唐朝怕他们，胆子又大了起来。

咸通三年（862年）二月，段酋迁二攻交趾。唐廷完全被牵着鼻子走，又是一拨人事调整，又是调动各地兵马，忙乎得够呛。等这边儿准备妥当了，那边段酋迁收到情报，又撤了！

三月，去安南调研的左庶子蔡京回来了。没错，唐朝也有一个蔡京，而且也是一个奸臣。这真不是一个好名字！蔡京在调研报告中提了一个建议，说岭南道管的地方太大，光设一个节度使管不过来，应该拆分为东、西两个藩镇，设两个节度使。其实，他是想借机给自己划拉个节度使当当。

懿宗同意了，诏命将岭南道拆分为东西二道，各设一个节度使：东道治所广州，以原岭南节度使韦宙为节度使；西道治所邕州，以蔡京为节度使。韦宙节度使当得好好的，突然失去了一半的权力、土地和百姓，心情可想而知。

蔡京到任后一味压榨百姓，百姓稍有反抗，他就严刑峻法，甚至还恢复了商朝时的炮烙之刑。八月，忍无可忍的邕州军发动兵变，把他赶走了。蔡京跑到桂林搬救兵。桂林人说我们桂管原本好好的，就因为你建议拆分岭南，把我们桂管也给拆了，现在又用着我们了，慢走不送。

紧接着，朝廷的诏书就到了，要贬他到三亚陪李鄠看海。蔡京估计有些背景，居然抗旨不遵，还要北上回长安。问题是得罪了皇帝，谁的关系也不好使啊，懿宗将他赐死于途中。

这个熊玩意儿可把岭南坑苦了。外敌当前，突然调整建制，使得原本畅通的军队指挥体制被打乱。段酋迁又看到机会了，于十月率五万大军三攻交趾。

咸通四年（863年）正月初七，懿宗驾临圜丘行祭天大礼，并宣布大赦天下。几乎同时，在万里之外的安南，段酋迁第二次攻破交趾城。安南都护蔡袭率众抗争到最后一刻，左右全部战死，全家七十余口被杀，连坐骑都被砍死了。蔡袭誓死不降，徒步力战，身中十矢。本来他是可以逃脱的，监军的船就靠在岸边。可等他跑到岸边要登船时，下作的监军却命令开船了。蔡袭大叫一声，投海而死。

他的幕僚樊绰带着都护印信，拼命游过富良江①，才得以生还。樊绰后来写了一本《蛮书》，详细阐述了云南地区的自然地理、城镇、交通、物产以及南诏的政治军事情况。这本书成了后世研究、了解西南地区特别是南诏的重要文献。

段酋迁两陷交趾，累计俘虏、杀死唐人近十五万。懿宗慌了神，诏命各路援军停止进军，退保岭南西道。段酋迁的胆气越发壮了，马上扑向邕管。

新任岭南西道节度使郑愚怕了，说他是个文臣，不懂军事，请朝廷另派将才来。朝廷一研究，得了，改任义武军节度使康承训为岭南西道节度使。

康承训瞅着履历的确比郑愚强，将门出身，当过天德军防御使，因在大中年间平定党项人的战斗中立有战功，被提升为义武军节度使，但其实他的能力也很一般。

咸通五年（864年）三月，段酋迁进攻邕州。康承训匆匆率领诸道联军六万赶去增援。他用獠人当向导，可獠人却将唐军引进了南诏

---

① 富良江，今称䊾江，是越南河内市北部的一条河流。

人的包围圈。号称名将的康承训居然没有在营地周围设置斥候，结果被段酋迁打了突袭，战损八千精锐。南诏乘胜进围邕州城。

这下康承训厌了，厌得比郑愚还彻底，坚守不出。将士们屡屡请求出战，都被他按住了。最后居然是一个天平军的小校死缠烂打、软磨硬泡，才换来了他的点头。这名小校带领三百勇士，趁夜色缒城而下，潜入南诏营中四处纵火，还斩杀了五百名敌人。南诏人赶忙撤军。

康承训又来劲了，分兵追击，虽然收割了一些人头，但也不多，顶多算个小胜。仗打得不怎么样，可老康敢吹啊，等奏表到了京城，已经变成"大破蛮贼，斩首万余级"的大捷了。

朝廷哪知道前线的事啊？还真以为打了个大胜仗呢，上上下下都很高兴。懿宗升康承训为检校右仆射，并封赏有功将士。

可康承训上报的立功受奖名单全是他义武军的将校，没有一个其他藩镇的。仗是人家其他各道人马打的，功劳却成了义武军的。诸道将士大骂康承训不要脸，大骂朝廷瞎了眼。岭南东道节度使韦宙也看不惯康承训的所作所为，致信朝中宰相，把老康兜了个底朝天。

康承训狡猾啊，赶紧上表请辞，说他身体有病。朝廷已经知道他讳败为功了，但朝廷就是朝廷，决策永远"伟光正"，怎么可能出错呢？错了也不能承认啊！懿宗做了冷处理，给康承训加了一个有名无实的右武卫大将军，拿掉他的兵权，丢到东都闲置起来。

这稀泥和的，怎么着也该封赏各道将士啊，完全没有。我为那名天平小校抱不平，此人应该大用起来！

03. 落雕侍御高骈

击退了段酋迁,懿宗提拔容管经略使张茵为岭南西道节度使,让他策划收复安南。可张茵也是个厌货,只知保境自安。

选人用人还得看夏侯孜的,上次平裘甫,他推荐了王式;这次复安南,他推荐了秦州(今甘肃天水秦州区)防御使高骈。

虽然高骈在中国历史上的知名度并不算高,但在晚唐却是名副其实、当之无愧的第一名将,他的进退取舍对晚唐政治走向影响极大。

毫不夸张地说,放眼全唐将星,论综合素质,高骈绝对是第一名。这可能和基因有关,毕竟人家的爷爷可是元和名将南平郡王高崇文。

高骈的文化素养极高,写得一手好诗。史书的评价是:"幼好为诗,雅有奇藻,属情赋咏,横绝常流。"我贴出他的两首诗,大家评评看。

一首山水诗《山亭夏日》:

> 绿树阴浓夏日长,楼台倒影入池塘。
> 水晶帘动微风起,满架蔷薇一院香。

一首交际诗《寄鄂杜李遂良处士》:

> 小隐堪忘世上情,可能休梦入重城。
> 池边写字师前辈,座右题铭律后生。

吟社客归秦渡晚，醉乡渔去渼陂①晴。

春来不得山中信，尽日无人傍水行。

清新雅致，信手拈来，意蕴悠长。另外，高骈的书法造诣也很高。咸通二年（861年）他手书的《磻溪庙记》②名噪一时。

以上是文科，再看武科。高骈很有可能是唐朝289年间射术最高超的将领。宣宗大中之初，他任灵州司马兼侍御史，某日巡视时看见天上有两只雕在并飞，便说："如果高某将来能发迹，保佑我一箭双雕。"说罢一箭射去，两只雕果真被射中，一起坠落下来。随从们大惊失色，从此称高骈为"落雕侍御"。

我国历史上的神射手极多，但白纸黑字载明有一箭双雕这种绝活儿的只有两个人，一个是长孙皇后他爹长孙晟，另一个就是高骈。同时代的人里头，也只有一个人的射术可以和高骈媲美。

高骈还富有杰出的统帅才能和指挥才能。他任神策军都虞候时治军严整，深得历任中尉器重。大中年间党项人频频叛乱，高骈受命率一万神策军驻守咸阳长武，屡建功勋，被提升为秦州防御使。

说了这么多，连我都期待他的表现了。咸通五年（864年）秋，高骈奔赴万里之遥的安南。对于此行，他信心满满，写下了《南征叙怀》：

万里驱兵过海门，此生今日报君恩。

回期直待烽烟静，不遣征衣有泪痕。

到任后，高骈驻军海门（今越南海防安阳北），训练士卒。

---

① 渼陂，音美杯。
② 张翔撰，高骈书。

可老天爷似乎有意刁难他，当年十一月，他的伯乐夏侯孜失势，离朝出任河东节度使。安南监军宦官李维周素来看不上高骈，想把他排挤走，屡屡催促他出兵安南。将士训练不足，何以出战？高骈硬撑了半年多，实在顶不住了，只得于咸通六年（865年）九月率五千人马出击。

出发前，李维周答应得好好的，高骈先上路，他率大军跟进。可高骈出发后，李维周却按兵不动了，他其实是想借段酋迁之手除掉高骈。高骈只能硬着头皮继续前进，攻取峰州（今越南河内市西北和富寿省一带），暂时落脚。

得亏段酋迁不知唐军内情，否则高骈危矣！高骈一直等到咸通七年（866年）六月，也没有等来李维周，却等到了另一位宦官韦仲宰带来的七千人马。有这支生力军助阵，高骈开始发起进攻，屡屡击破南诏军。

前线打得这么好，后方却静悄悄的。懿宗很纳闷儿，不是说高骈行吗，怎么他去了快两年，一点儿动静都没有？其实高骈的捷报多着呢，只是都被李维周按住了而已。李维周还红口白牙地构陷高骈，说他驻军峰州玩寇不进。这给懿宗气的，好你个高骈，让你去，是让你打开局面的，你怎么能躺平摆烂呢？不行！当即决定召回高骈治罪，改派右武卫将军王晏权出镇安南。

实际上，这时的高骈一路奏凯，已经包围了交趾城。眼瞅就要破城了，十月，高骈收到了王晏权的牒文。王晏权说了，皇帝要你回去，派我来接替你。高骈那个无奈啊，匆匆交接完毕，就带着一百亲兵踏上了北返的路途。

然后，戏剧性的一幕发生了。

高骈和韦仲宰早就疑心他们的捷报被李维周截留了，为保险起见，前不久他们专程派出两人直奔京城去告捷。

这两人乘船行至北部湾海中，远远看见有唐军军船从东边开来，多了个心眼儿，问海上的渔民这是谁的船啊？渔民其实都是不自觉的情报收集者，门儿清，说这是新任经略使王晏权和监军李维周的座船。哥儿俩一合计："李维周肯定会扣押我们，夺走报表，咱们不能和他照面。"就躲到了附近的一座岛上。等李维周的船队过去，他们昼夜兼程赶往京城。

懿宗接到兵围交趾的奏表后，龙颜大悦，当即下诏加高骈为检校工部尚书，命他继续进取安南。高骈行至海门接到诏书，当即折返前线。

可惜前线将士不服王晏权和李维周，部分解除了对交趾城的围困，导致城内的南诏军逃走了一半多。高骈非常痛心，收拢将士，一举攻克交趾城，斩首三万余级，还打死了南诏主帅段酋迁。段酋迁虽然籍籍无名，但他孙子段思平可是大理国的开国之君。高骈这一仗相当于把大理国的祖师爷给杀了。

整个安南迅速被唐军收复。南诏王世隆惶恐万分，非常担心唐朝会来讨伐他。其实，他想多了！十一月，懿宗大赦天下，明确要求与南诏接壤的邕管、安南、西川三镇各保疆域，不得进攻。

为了表彰高骈的功勋，懿宗升安南经略使为静海军节度使，授予高骈。这是历史性的一刻，安南从前只是岭南节度下辖的一个镇，现在正式升格为藩镇了。

交趾城始建于高祖武德四年（621年），最初只是交管辖下的宋平县，别名罗城。经过连年战乱，城池已经残破不堪。高骈重新修建交趾城，周长三千步，并盖了四十多万间房子。他还清理了从安南到邕管、广管海路上的暗礁，解决了交趾的漕运难题。通过种种措施，高骈使安南的防御能力和后勤保障能力得到了大幅提升。

这确实是一员良将！

04. 醉生梦死

内忧外患都暂告一段落，懿宗是不是该反省了？没有，还是没有！

唐朝二十一帝（含武则天），除了明君、庸君，真正称得上昏君的只有四个：穆宗、敬宗父子和懿宗、僖宗父子。敬宗即位时才17岁，就一半大孩子，有点儿毛病倒也能理解。但穆宗和懿宗即位时都是二十大几的人了，尤其懿宗已经接近三十岁了，还这么不开窍不上道，这就很说不过去了。

所有亡国之君该有的不良嗜好，懿宗都有。

喜欢办 party。一天一小宴，三天一大宴，"每月宴设不减十余"，一个月至少得办十几场 party，平均两天一场，带头大兴吃喝玩乐之风。光是保障他的团队人数就高达五百人。这五百人的工作内容就是围着懿宗转，满足他各式各样的需求。比如搞场主题 party，买道具的买道具，布置场地的布置场地，灯光、音响、舞美、服化、烟火、导演……各司其职，应有尽有。权贵们觥筹交错、大快朵颐，完全不知道天下百姓正徘徊在饿死的边缘。

懿宗爱游玩，远地儿去不了，近的总可以吧，什么曲江、昆明池、灞桥、兴庆宫、北苑、华清池、咸阳……反正不闲着。皇帝出行肯定是要做计划的，这样有司才能根据计划做预案。懿宗不是，说走他就走。没办法，有司只能保障常备团队。这些人就跟战备似的，把懿宗出行明确要带的、可能要带的、经常会带的东西，比如乐器、饮食、帷幄……都提前准备好，确保领导一声招呼，马上出发。宫里游玩儿相对简单，出宫可就麻烦了，要准备车队、仪仗队，还得协调神策军提供安保服务。懿宗每次行幸，随行人员高达十余万人。史书没统计随行马匹的数量，我估摸着怎么也得有大几千甚至上万匹。这些人和畜生的吃喝拉撒、衣着配饰都是钱，所费不计其数。

懿宗还继承了李家的祖传爱好——乐舞，作曲填词、吹拉弹唱、编排导演……就没有他不会不精的。史家公认，唐朝皇帝里，玄宗和懿宗的音乐造诣是最高的。懿宗对乐舞几乎达到了痴迷忘我的境地，无乐舞，毋宁死，天天都得有，就没个厌倦的时候。玄宗有三百梨园弟子，懿宗还多了二百。光这五百人的日常保障和工资就是一个天文数字，更何况他还经常性地打赏乐舞艺人。

咸通时代最红的艺人是歌手李可及。尽管李可及家世不详、生卒不详，但在咸通年间他可是娱乐圈当仁不让的头牌，妥妥的国民艺术家，大名无人不知无人不晓。李可及之所以能红，主要原因有两方面。一方面，他在音乐艺术上的确有很深的造诣。《旧唐书》载："可及善音律，尤能转喉为新声，音辞曲折，听者忘倦。"彼时的大唐，上自帝王将相、下到贩夫走卒竞相模仿，将李可及的唱法称为"拍弹"。另一方面，他遇上了文艺皇帝唐懿宗。李可及所有的音乐创作活动都是围着大领导懿宗转，竭尽心力，投其所好。

但以上这些还不是懿宗的最爱，他最喜欢的是崇佛。懿宗对佛理的理解相当精深，经常给宫人们搞讲座，还亲自唱经，抄写《贝叶经》。咸通三年（862年），他在宫中咸泰殿筑坛，为长安城里的僧尼受戒。日常生活里，懿宗的一大爱好就是游览长安及附近地区的寺院，每到一寺都会捐一大笔香火钱。

本来呢，宣宗逢武必反，佛教已经开始恢复了。现在经过懿宗的带动和刺激，佛教快速恢复，迎来了新一拨的繁荣。大规模的法会道场空前兴盛。长安城里的佛号声、诵经声响彻云端，连空气里都弥漫着香火的味道。对佛经的大量需求还刺激了印刷术的发展。现存全世界最早的印刷品之一,就是咸通九年(868年)刻印的《金刚经》。我国现存最早的雕版印刷品——《陀罗尼经咒》也是咸通时代的产物。

懿宗崇佛,李可及就编排了乐舞《菩萨蛮》。《菩萨蛮》这个词牌名首创于晚唐。宣宗大中之初,西南女蛮国(古罗摩国,在今缅甸境内)遣使进贡。女蛮使者梳有高高的发髻,戴金饰帽子,挂珠玉项圈,猛一看和佛教里的观音形象颇为相似,所以唐人便称他们为"菩萨蛮"。当时的音乐圈掀起了引进女蛮国音乐的热潮,文人雅士竞相为之填词。皇帝不是好佛教嘛,那我就让"观音"们跳舞给你看。李可及精心编排了大型乐舞《菩萨蛮》,专门放在懿宗敕建的安国寺演给懿宗看。舞队一出,一群美艳的"菩萨"从天而降,翩翩起舞,好似群仙下凡一般。

懿宗当然很满意,提出要加封李可及为威卫将军。威卫将军可是武职,大唐从来没有让优伶当将军的先例。宰相曹确上疏反对:"臣看贞观年间旧事,太宗皇帝初定官职品级,中央各部省台官员加起来也不过643人。当时太宗对房玄龄说:'朕设这些官位是给贤士的。什么工商优伶之类的,就算有非凡的技艺,最多也只能给他们丰厚的赏赐,绝对不可以授予官职,让他们和朝廷的精英比肩而立、同坐而食。'"

太宗都是哪年的老皇历了?懿宗才不在乎呢,仍旧加封李可及为威卫将军。李可及是中国第一个当将军的艺人。

李可及恃宠生骄,干了很多出格事儿。有一次演出,他非要讲解儒、释、道三教。有人问他:"既然你精通三教,那我问你,佛陀是什么人?"李可及语出惊人:"女人。"大家不解,问他有何依据?李可及说:"《金刚经》载佛陀'敷座而坐',就座前还得先整理下座位,不是女人是啥?"懿宗哈哈大笑。又有人问:"太上老君是什么人?"李可及摇头晃脑:"还是妇人!《道德经》载:'吾所以有大患者,为吾有身,及吾无身,吾有何患?'如果老君不是妇人,他为何害怕怀孕呢?"那大家就好奇了:"孔子又是什么人呢?""还是妇人!《论语》说:'沽之哉,沽之哉!我待贾者也。'孔夫子如果不是妇人,为什么要待嫁呢?"懿宗都快笑抽抽了。可见这个李可及还是有点儿文化的,但没用到正道上,只会干些偷换概念、哗众取宠的事情。

懿宗对李可及宠到没边儿,赏赐次数之频、数量之大令人咋舌。李可及给儿子娶媳妇,懿宗赏赐了他两个银制的酒壶。大家都以为里面是美酒,打开一看,居然是满满当当的金银珠宝。

李可及甚至还动用公家车马替他拉懿宗赏赐的宝货。宦官西门季玄当场就说了:"汝它日破家,此物复应以官车载还。非为受赐,徒烦牛足耳!"将来你被抄家时,这些东西还得用公家的车拉回来,你现在何必让牛儿受累呢?!

看看懿宗的生活,左手音乐,右手佛经,左脚旅行,右脚party,甭管身体还是灵魂,总有一个在路上,浪漫洒脱,自由自在。无怪乎人人都想当皇帝!可情怀的背后都是金钱在支撑,懿宗花谁的钱?他觉得是花他的钱,实际上花的是天下百姓的钱。这正是:

金樽美酒千人血,玉盘佳肴万姓膏。
烛泪落时民泪落,歌声高处怨声高。

那时的百姓到底是个什么生活状态呢?史书的记载很短小,好在一些有良知的晚唐文人用诗文揭示了什么叫作懿宗之天堂、百姓之地狱!

05. 晚唐三诗杰

在群星璀璨的大唐诗圈里，聂夷中的名字可能很多人连听都没听过。这大兄弟写诗的风格像白描，语言质朴，但寥寥数笔就能将触目惊心的社会现实暴露在读者眼前。

他抨击豪门权贵的骄奢淫逸：

> 种花满西园，花发青楼道。
> 花下一禾生，去之为恶草。

公子家的花园里长了一棵弱小的禾苗，公子还以为是杂草，顺手就给拔掉了。

他写权贵子弟的骄横不法：

> 汉代多豪族，恩深益骄逸。
> 走马踏杀人，街吏不敢诘。

豪门子弟在首都街上飙马，撞死路人满不在乎，因为有司根本不敢过问。

他写普通百姓受到的残酷剥削：

> 父耕原上田，子劚[①]山下荒。

[①] 劚，音逐。

> 六月禾未秀，官家已修仓。

父亲在山上耕田，儿子在山下开荒。六月时禾苗还没抽穗呢，官家已经在整修收租的粮库了。

《咏田家》更辛辣：

> 二月卖新丝，五月粜新谷。
> 医得眼前疮，剜却心头肉。
> 我愿君王心，化作光明烛。
> 不照绮罗筵，只照逃亡屋。

二月还没开始养蚕呢，就已成为抵债之物。五月谷子还没长熟呢，也已经卖掉了。没办法，为了弥补眼前的烂疮，只能用刀挖掉心头肉。希望帝王之心化作光明的烛火，不再照耀豪门的盛宴，只照耀百姓逃亡后留下的破旧空屋。

"医得眼前疮，剜却心头肉"，十字道破咸通时代的本质，堪称千古绝句。

一个籍籍无名的聂夷中鞭挞起现实来都这么给力了，更何况还有"晚唐三诗杰"——湖北天门人皮日休、陕西西安人韦庄和浙江杭州人罗隐。身逢乱世，三人后来也走上了不同的人生道路。

皮日休，字袭美，因为曾隐居于襄阳鹿门山，自号"鹿门子"。晚唐三诗杰，韦庄老年及第，罗隐终身不第，唯有皮日休的科举之路最顺，在咸通八年（867年）就考中了进士。

但中举和当官这两件事，理论上是上下游关系，实操中却因人而异，具体取决于政治资源的丰富程度，资源如果丰富，你就芝麻开花——节节高；没资源或者资源少，那就只好驴皮煮胶——慢慢熬吧!

皮日休哪有什么政治资源啊？蹉跎了一年多，才获得了一个苏州刺史从事的职务。干了几年，他又回朝担任了一阵子著作佐郎、太常博士等边缘岗位。

根据史书记载，在朝期间皮日休上过两道奏表，一是请求废除《庄子》《列子》的教材地位，将承袭孔子正统思想的《孟子》作为明经考试的主要教材；二是将中唐儒学大师韩愈列入太学的祭祀对象当中。可见在思想上，师法孟韩的皮日休是一个传统儒生。诗歌领域，皮日休的偶像是白居易，创作了不少新题乐府。

但知识分子圈其实也很复杂，虽然皮日休有思想有水平，可国学的事儿岂是你一个后生晚辈能指手画脚、说三道四的?!你没资格！不久，他就被踢出中央，外放浙西任了一个毗陵（今江苏常州）副使。

这段遭遇对皮日休的刺激很大。他思想传统、出身寒微又身处基层，对社会现实和民众苦难有很深的洞见，写了很多抨击时弊、同情人民疾苦的诗文。

比如《橡媪叹》：

秋深橡子熟，散落榛芜冈。
伛[①]偻黄发媪，拾之践晨霜。
移时始盈掬，尽日方满筐。
几曝[②]复几蒸，用作三冬粮。
山前有熟稻，紫穗袭人香。
细获又精舂，粒粒如玉珰。

---

① 伛，音与。
② 曝，音泡。

持之纳于官，私室无仓箱。

如何一石馀，只作五斗量。

狡吏不畏刑，贪官不避赃。

农时作私债，农毕归官仓。

自冬及于春，橡实诳饥肠。

吾闻田成子，诈仁犹自王。

吁嗟逢橡媪，不觉泪沾裳。

　　深秋时节，橡树的果实早已熟透，散落在荒芜的山冈上。我看到一个驼背的黄头发老太太，早起踩着冰冷的秋霜，在山坡上捡橡子。她年老体衰，手脚不利索，一天下来才捡了一小筐。我和她聊天，问她捡橡子做什么用？她说回去洗净晒干再蒸一蒸，入冬后就可以当粮食吃了。可我分明看到她家山前的那几亩稻田长势很好，今年应该会大丰收。老人家告诉我，长势再好，她们也吃不着，入秋官家来收粮，得全部上交。我很纳闷儿，收成好，除了交租肯定还有剩余呀。她说，官家的秤有问题，明明是一石多的大米，称出来只有五斗。哎呀，这些贪官污吏狡黠无耻、罪大恶极！他们拿官粮出来放私债，等捞够了，再把公家的粮还上。可怜老婆婆这样的人家，只能用难以下咽且毫无营养的橡子来熬过漫长的冬天。我听说春秋时齐国有个虚伪的贵族田成，他假装仁义，道貌岸然，最后当上了齐国的国王。可现在的这些坏蛋连假仁假义都懒得装了。看着老婆婆远去的蹒跚背影，我不觉泪落衣裳。

　　"诈仁犹自王"，皮日休抨击的又何尝不是懿宗这样的帝王呢?!

　　他还替广大寒士发声，写了一篇《桃花赋》。文章用桃花隐喻以他为代表的晚唐广大寒士，尽管这些人满腹经纶，却得不到朝廷的重视和重用，到头也只能在"狂风猛雨"中"阵红去"。在结尾处，皮日休简直就是在呐喊:"我目吾目,我耳吾耳。妍蚩决於心,取舍断於志,岂於草木之品独然?信为国兮如此!"草木如此,国家也是一样啊!朝廷啊,你可长点儿心吧!

作为京兆韦氏的后裔,韦庄祖上其实挺阔的,他的八世祖是初唐名臣韦挺,七世祖是武周宰相韦待价,四世祖是大诗人韦应物。韦庄诗文俱佳,写诗他可能比不上大小李杜、元白韩柳,但论作词他可是个祖宗。晚唐是唐诗向宋词演进的阶段,而韦庄和温庭筠则是站在这波潮头上的弄潮儿,他们一同开创了花间词派①,并称"温韦"。

韦庄是长安人,所以能够近距离看到统治阶级核心的骄奢淫逸,但又不敢写得太直白。他的代表作是《咸通》:

咸通时代物情奢,欢杀金张许史家。
破产竞留天上乐,铸山争买洞中花。
诸郎宴罢银灯合,仙子游回璧月斜。
人意似知今日事,急催弦管送年华。

罗隐本名不叫罗隐,而叫罗横。他明明满肚子的才华,却连续考了十次都榜上无名,史称"十上不第",心灰意冷之下便改名为隐。著名的"今朝有酒今朝醉,明日愁来明日愁"便出自他的自嘲诗《自遣》。

有一年,罗隐赴京赶考,途经钟陵县(今江西南昌进贤县),结识了一个颇有才思的乐伎云英。十来年后,他再度落榜经过钟陵,发

---

① 花间词派词作内容多为歌咏旅愁闺怨、合欢离恨,局限于男女燕婉之私,其名得自后蜀赵崇祚所编词集《花间集》。《花间集》收辑温庭筠、韦庄等18人的词作,共计500首词。

现云英还在干老本行。罗隐很吃惊，云英啊，这都多少年了，你怎么还没跳出风尘呢？岂料云英更吃惊，罗秀才，你怎么还是布衣？这给罗隐膈得哟，他可怜人家，却不想人家才可怜他呢！又羞又惭之下，罗隐写下了著名的《偶题》：

钟陵醉别十余春，重见云英掌上身。
我未成名君未嫁，可能俱是不如人。

阔别钟陵已有十多年了，不想今日重新见到故人云英。我还没有成名，你也没有嫁人，可能我们都是技不如人吧？！

他还创作了大量的讽刺诗。比如"采得百花成蜜后，为谁辛苦为谁甜""若教此物堪收贮，应被豪门尽剜①将"，隐喻劳苦大众的劳动成果被权贵们夺走。"长安有贫者，为瑞不宜多"，借咏雪讽刺权贵不知民间疾苦。"垂衣端拱浑闲事，忍把江山乞与人"，看似写南陈灭亡，其实是盼着腐朽的唐王朝赶紧崩溃。"只恐异时开霁后，玉轮依旧养蟾蜍"，直接嘲讽统治阶级是癞蛤蟆……

大家把这些人的诗词放在一起读，就越发能感受到当时的上层社会和底层百姓已经完全是生活在两个世界的人了。权贵的大唐和百姓的大唐别说重叠了，连交集都没有。底层百姓感觉自己负重前行，那是因为上流社会正骑在他们头上岁月静好着，摆不完的阔气，弄不完的权，吃不完的珍馐，花不完的钱，听不完的颂歌，收不完的礼，享不尽的富贵，过不完的年！大唐权贵浑然忘却了自己所处的时代，以为二百多年没出问题，就永远不会出问题，麻痹僵化，醉生梦死，浑不知大限将至。

———————
① 剜，音竹。

这正是：是我装模作样在瞎掰？还是他们本就心怀鬼胎？有人不知悔改，迷雾中混淆黑白，在情怀里市侩，旁人不敢来拆穿。

06. 千古奇文《直谏书》

他们太忙了，忙着吃喝享乐，忙着钩心斗角，忙到没时间反思。但总有那么一两个清醒的人，比如刘允章。

河北邯郸广平人刘允章是德宗朝兵部侍郎刘乃的曾孙，以进士及第，历翰林学士，官居礼部侍郎。眼见阶级矛盾日趋激化，忧心如焚的刘允章给懿宗上了一道奏表，对国家方方面面的问题做了一个大盘点。这篇奏章就是千古奇文《直谏书》。

这篇文章不长，我把全文贴上。

救国贱臣前翰林学士刘允章谨冒死上谏皇帝陛下：

> 臣闻太直者必孤，太清者必死。昔晁错劝削诸侯之地，以蒙不幸之诛。商鞅除不轨之臣，而受无辜之戮。今并臣三人矣。守忠怀信，口不宣心。则刎颈刳肠，向阙庭而死者，并臣是也。救国策从千里而来，欲以肝脑，上污天庭；欲以死尸，下救黎庶。臣死之后，不见圣代清平，故留贱臣以谏明主。今短书一封不入，长策伏蒙不收，所以仰天捶胸，放声大哭。杀身则易，谏主则难。以易死之臣，劝难谏之主。

臣听说太过刚直的人必定孤独，太过清醒的人难逃一死。当年晁错劝汉景帝削藩，结果落得个身死族灭。商鞅在秦国推行改革，最终也遭车裂。现在算上我刘允章，这样的人就有三个了。为了救国救民，臣抱着必死的信念写了这道谏书。但我的谏言没人收，所以我激愤得仰天捶胸，放声大哭。唉，我死容易，但是劝谏您可太难了！

  伏见陛下初登九五，颁下诸州：开直谏门，言者无罪。四方雷震，百里奔驰，至阙庭者，愿陛下置升平之业矣。陛下既不用其策，不舍其过。或鞭挞市朝，囚禁园苑，深埋沟壑者，不知其数；乞食道途者，不记其名。夫输忠献策之臣，匍匐阙庭者，岂敢欺陛下乎？大臣爱位而不敢言，小臣畏死而不敢谏。忘生请死之罪，往往冒死天庭者，知陛下觉悟也。

当初陛下初登大宝，颁敕明示全国，鼓励大家直谏，而且说言者无罪，不会追究任何责任。全国各地的有识之士听闻后喜大普奔，从南北东西纷至沓来，跑到宫门外上书。可现实呢？陛下非但不听，还追究大家的直言之罪。有的在市集上被公然殴打，有的被关在了皇家园林里，还有一些人已经被神不知鬼不觉地干掉了。人微言轻的官员害怕死亡，所以也不敢进谏。那些敢于向您直谏的人其实都是为了陛下好，为了这个国家好。

  伏闻枢密之事，要在荐人。以宰臣为度外之官，以御史为不速之任。冤者不得伸。君子所以深藏，小人所以谋乱。自古帝王以御史为耳目，以宰相为股肱。股肱废则不能用，耳目蔽则不能视。今陛下废股肱，蔽耳目，塞谏诤，罪忠良。欲令四海不言，万方钳口，可不谓也。臣恐千秋万岁，说陛下不圣，笑陛下不明。臣所以急也。当今天下求进之臣，智者不肯自言不肖，愚者不肯自言不贤。故使贤愚混杂，善恶同群。真智真愚，何所分别？取之则善恶进，舍之则贤愚退。何不使至愚在野，至贤入仕？

治国之道，要在用人。可如今陛下不信任宰相、御史，以致民有冤而不能申，君子只能隐居深藏，小人当道。您想让全国的人都闭嘴，这我就不得不说道说道了。我担心陛下千秋之后，后人会说您是个昏君。所以，我真的很着急。

使疑天下食禄之家，凡有八入。臣请为陛下数之：节度使奏改，一入也。用钱买官，二入也。诸色功优，三入也。从武入文，四入也。虚衔入仕，五入也。改伪为真，六入也。媚道求进，七入也。无功授赏，八入也。

现在吃财政饭的途径有八种，臣给陛下数一数：其一，藩镇节度使任命属官。其二，用钱买官。其三，功勋子弟门荫。其四，文举或者武举入仕。其五，散官变职事官①。其六，假官变真官。其七，谄媚求进。其八，授予无功之人官爵。这是"八入"。

国有九破，陛下知之乎？终年聚兵，一破也。蛮夷炽兴，二破也。权豪奢僭，三破也。大将不朝，四破也。广造佛寺，五破也。贿赂公行，六破也。长吏残暴，七破也。赋役不等，八破也。食禄人多，输税人少，九破也。臣闻自古帝王，终日劝农，犹恐其饥；终日劝桑，犹恐其寒。此辈不农不桑，坐食天下。欲使天下之人尽为衣冠矣，天下之人尽为将士矣，举国之人尽为僧

---

① 散官就是有官名、无职事的官。职事官就是有官名、有职务的官。

尼矣，举国之人尽为劫贼矣。欲使谁人蚕桑乎？

国家有九大破败之相，陛下知道吗？第一，连年用兵。第二，蛮夷作乱。第三，权贵豪奢。第四，节度使不尊朝廷。第五，崇佛太过。第六，贿赂成风。第七，各级官吏残暴不仁。第八，苛捐杂税多如牛毛。第九，吃财政饭的人头多，纳税的人口少。这叫"九破"。我听说古来帝王虽然终日鼓励耕织，仍然担心百姓吃不饱、穿不暖。但上面九种人既不耕作也不纺织，却吃天下老百姓的。难道陛下是想让全天下的人都当官、都当兵、都当僧尼、都当盘剥百姓的恶贼吗？那么，您又让谁来耕作纺织呢？

今天下苍生，凡有八苦。陛下知之乎？官吏苛刻，一苦也。私债征夺，二苦也。赋税繁多，三苦也。所由乞敛，四苦也。替逃人差科，五苦也。冤不得理，屈不得伸，六苦也。冻无衣，饥无食，七苦也。病不得医，死不得葬，八苦也。

天下苍生有八种苦难，陛下知道吗？一是官吏执政苛刻。二是私人债务侵夺。三是赋税太重。四是贪官污吏敲诈勒索。五是安居的百姓得替流民服役。六是无处申冤。七是饥寒交迫。八是没钱治病和下葬。这叫"八苦"。

仍有五去。势力侵夺，一去也。奸吏隐欺，二去也。破丁作兵，三去也。降之为客，四去也。避役出家，五去也。

百姓逃亡的原因主要有五种：一是豪强欺凌。二是贪官压榨。三是强征入伍。四是侵占土地。五是躲避赋税。这叫"五去"。

人有五去而无一归，人有八苦而无一乐，国有九破而无一成，官有八入而无一出。

百姓有五种逃亡的原因，却没有一种能让他们回家的理由。天下苍生有八种苦难，却没有一种欢乐。国家有九大破败之相，却没有一个振兴的迹象。吃皇粮的途径有八种，却没有一种减员增效的办法。

凡有三十余条。上古已来，未之有也。天下百姓，哀号于道路，逃窜于山源；夫妻不相活，父子不相救。百姓有冤，诉于州县，州县不理；诉于宰相，宰相不理；诉于陛下，陛下不理。何以归哉！

以上这"八入""九破""八苦""五去"，一共三十来条，自盘古开天辟地以来都没有过。百姓苦不堪言，只能在道路上无助地痛哭，被迫潜入山林或者海上为盗为贼。夫妻之间没了爱情，父子之间没了亲情。百姓遇到冤屈，向州县申诉，州县不理睬；向宰相申诉，宰相不理睬；向陛下申诉，陛下也不理睬！陛下，你让他们去哪里呢？当然，有一句潜台词刘允章愣是没敢说：陛下，他们只能造反了！

伏见蛮寇欺侵，神道逛我国家。作亡命之魁渠，为逋逃之窟穴。征兵五年，今日诛之，何见之晚也！臣闻却似未终销兵于当时，本无而养兵，日为一作与乱臣张本也。今不除其乱本，而除其乱苗。士卒荡尽于中原，玉帛多亡于道路。岭外仍令节度四面讨除。苍生嗷嗷，何负陛下？今行此讨罚，以为上策。臣恐今年除一承嗣，明年又生一承嗣。天下征战，未有了期，则祸难起于腹心，蜂虿生于手足。

陛下，前几年形势很危急啊！蛮夷入寇，神道横行，乱党四起。朝廷征兵五年，才摆平了这些人和事，是不是晚了呢？陛下不想着解决根源性的问题，却只想着平息现象性的问题。中原大好河山被打了个稀巴烂，无数的财富化为乌有。可直到现在您还让岭南的军将们讨伐蛮夷。天下苍生到底哪里辜负陛下了？我担心今年除一贼，明年又生一贼，无穷无尽，迟早生出大祸患。

陛下左右，无人敢言，但知润色美词，悦情畅志而已。岂知千里零落，万里凋残者哉？今国家狼戾一作狈如此，天下知之，陛下独不知之。天下不敢言，臣独言之。万死一生。臣死一介之命，救万人之命。臣今虽死，犹胜于生。

您身边的人没一个敢这么说的，只知道用那些好词好句拍您的马屁，所以您不知道真实情况已经严峻到了何种地步。天下人都知道，就陛下不知道。可天下人都不敢说，那就只好我来说了。我知道此次进谏万死一生，但我不在意，如果能用我的一条命救天下万人之命，我刘允章虽死犹生。

臣献策千条，未蒙一问。羁孤贫病，流落风尘。眷恋朝廷，而不能去。倘陛下览臣愚见，知臣愚忠，则理乱斯须，存亡瞬息。太平之日，昭然目前，必也。陛下不以万国为心，不以百姓为本。臣当幸归沧海，葬江鱼之腹，不忍见国难危。臣之愿毕矣。臣恳擗不胜痛切感惧之至。

我前前后后献策千条，您居然连一次都没有答复过。我真想辞职不干了，但我还顾念着朝廷和百姓，所以我还不能走。如果陛下看到了我的奏表，知道有我这么一个愚忠的人，赶紧励精图治，那么朝廷的未来还是值得期待的。如果陛下还不能省悟，那我就告辞了。我的心愿都在这道奏表里了。我的心情万分痛切。

写得好不好？好啊，真好，真痛快！有用吗？没有，一点儿用都没有！

活在茧房里的懿宗看了很不高兴，估计他都没看到"八入""九破""八苦""五去"，看到前面的"今陛下废股肱，蔽耳目，塞谏诤，罪忠良。欲令四海不言，万方钳口，可不谓也。臣恐千秋万岁，说陛下不圣，笑陛下不明"时，就已经发飙骂娘了！陛下知之乎？陛下知不知又有什么关系呢?！百姓苦他们的，陛下乐呵他自己的。

很快，刘允章就被外放为鄂州观察使，看似升职了，其实就是不好整他，干脆以升职为由将他远远地打发到地方去。你不是爱民吗？去鄂州爱吧！

07. 我们要回家

刘允章一语成谶，咸通九年（868年），果然就出事儿了，而且很大！

话说在安南战争期间，朝廷考虑到岭南常驻兵力不足，就跟徐州打了一个招呼，想从当地募兵三千到岭南驻守。

为什么要从徐州而不是别的州募兵呢？原因有两个。

第一，徐州军非常彪悍，战斗力十分了得。毕竟是汉高祖刘邦的故乡，这里的人骨子里就很彪悍；而且徐州作为北国锁钥、南国门户，历代都是兵家必争之地，频仍的战争也进一步塑造了徐州人的骁勇善战。从穆宗到文宗，坐镇徐州的武宁军节度使王智兴都是一个让朝廷非常头疼的藩镇。

第二，徐州有很多脱了军装的军人。

王智兴当武宁军节度使时，组建了与魏博牙兵齐名的徐州牙兵，一共七军，其中以银刀都最为知名。徐州牙兵也和魏博牙兵一样跋扈，在此后的三十多年里，他们一共驱逐了朝廷委任的三个节度使，在朝廷那里臭名昭著。

咸通三年（862年）徐州银刀都驱逐了节度使温璋。这下朝廷彻底怒了，把刚刚平了裘甫的王式从浙江调到了徐州。王式率重兵上任，血洗银刀都。这也是名将王式的落幕式，不久后他入朝为左金吾卫大将军，直到僖宗乾符元年（874年）病死。

王式灭了银刀都后，朝廷顺势拆分武宁军，并由节度使降为徐州团练使。行政级别降了，军队员额也就减了，一些军人被踢出了军队。这些军人别的不会干，也不屑于干，干脆就和逃难在外的银刀都残部啸聚山林，成了社会的不稳定因素。

朝廷的意思是，这些人闲着还威胁社会治安和政权安全，不如将他们重新招募回来，远远地打发到岭南去，还能替朝廷抵挡抵挡南诏人。不过，关于撤回的期限，朝廷的态度就很模棱了，只说待岭南安定后，戍军就可以撤回了。

徐州方面犯了难，如果不明示归期，怕没人应征啊！所以，他们就做了调整，明确戍军三年一轮换，满三年就可以回来了，再派另一批人去。

这个办法效果还是不错的。那么多的军人失了业，现在有机会用三年辛苦换一个正式编制，值了！所以，很快就招募到了两千人。当年，这两千人就开到岭南，分戍各地。其中有八百人戍守桂州，也就是桂林，由一个都头统带。虽然他们在桂林服役，但属于长期驻防性质，还是归徐州方面管。

一眨眼三年期满，按理说就该让这批戍兵回家了。戍兵们也很急切，毕竟出门在外三年了，谁不想父母妻儿呀?! 可徐州方面回复说不行，理由是没钱。你们回来这一路上的吃喝拉撒、衣食住行都要花钱，咱们府库空虚，暂时拿不出这笔钱。这样吧，你们再等等，我们这边儿抓紧筹钱，等钱到位，你们就能回家了。

这一点很有中国特色。有没有资格？有！可不可以？可以！那办吧！不行，朝廷有困难，你们要体谅朝廷，不要给朝廷添乱，等条件具备了、情况允许了，马上就办。至于啥时候条件能具备、情况能允许，鬼知道啊！

戍兵们也没辙啊，行吧，那就再等等吧！这一等居然又是三年，都咸通九年（868年）了。这三年里桂林戍军不断请求回家。老家那边的答复都是一个套路，咱们军府没钱，你们再忍忍，克服克服，军府是不会忘了你们的。

当然，确实也是没钱。咸通七年（866年），江淮地区爆发了严重的旱灾，紧接着又是一场特大蝗灾，灾上加灾。赈灾得花钱啊，大灾之后，没个三五年根本缓不过来。

没钱是事实，但没钱的确不该成为不让人回家的理由。谁都有父母亲人，一年复一年，一年何其多，这不是耍流氓吗?!

终于，戍兵们怒了！

咸通九年七月，桂林戍军中的许佶[①]、赵可立等九名低阶军官，一怒之下杀了统军都头，推后勤军需官——粮料判官庞勋当了带头大哥。

这时的庞勋肯定想不到，他一个平民出身的小军官，在不久的

---

① 佶，音吉。

将来居然会搅动大唐半壁江山。戍军办的这事儿其实风险很大，保守地说，算哗变；往大了说，定个叛乱也没问题。这泼天的风险，庞勋本可以不接的，但他接了，说明他内心对这个朝廷早就感到失望和愤恨了！

不让我们回，我们就自己回！然后，庞勋就带着这八百人马踏上了北归的路程。没吃的没喝的，他们就沿途剽掠。沿途各地上报，朝廷就慌了，一调查，好像确实有点儿理亏。再说了，戍兵们只是要回家，又不是要造反。

所以，八月，懿宗派宦官赶到军中，下诏赦免戍军的罪过，并"部送归徐州"，其实就是派人全程盯着戍军，防止他们再剽掠。同时，懿宗也屡屡下敕，要求徐泗观察使崔彦曾做好戍军的安抚工作，"勿使忧疑"。崔彦曾派遣使者向戍军告谕皇帝的旨意，使者"道路相望"。

大唐朝廷虽然不行了，但这事儿处置得还算讲理，后世有不讲理的，"明日校场发饷，不必着甲"，感兴趣的朋友可以搜一下明朝的蓟州兵变以及戚家军是怎么没的。

戍军的目的达到了，他们要的也无非就是这个。大家伙儿继续赶路，经广西、湖南抵达长江边，然后沿着长江向东走，在浙西北渡长江，进入淮南。

时任淮南节度使是前朝宰相令狐绹，他热情招待了戍军。部下李湘建议他干脆灭了这批乱军，以免日后滋生祸乱。令狐绹是这么说的："彼在淮南不为暴，听其自过，余非吾事也。"我才不蹚这浑水呢！管他们在哪儿爆雷呢，只要不在我淮南爆，就不是我的责任。好歹是当过宰相的人，居然能说出这么没格局的话！

眼瞅离家乡越来越近，庞勋的心却越来越野了，他想起了前辈王智兴的事迹。穆宗长庆削藩战争期间，时任武宁军节度副使的王智兴擅自率军从前线返回，驱逐了节度使，不仅迫使朝廷授予他节钺，还得了朝廷五十万缗的劳军费。庞勋就想了，就这么回去的话，他还是个小小的粮料判官，既然现在手上有兵，何不仿效王智兴，趁机弄他个节度使当当？

于是，他就和许佶、赵可立他们商量。众人一拍即合，还编了一套谎言忽悠士兵们："朝廷密令徐泗观察使崔彦曾将我们族灭！既然横竖都是死，大家不如拧成一股绳，放手一搏。我们可以学王智兴独占徐州，到时候朝廷还得给我们五十万缗钱呢！"

哎，大家都被说动了！既然回去也是一死，还不如拼他一把，万一成了，庞帅当节度使，咱们这些人还能差了？

干！

08. 庞勋起义

崔彦曾的政治敏锐性还是很强的。十月四日，庞勋的使者抵达徐州。崔彦曾看使者说话时眼神闪烁、磕磕巴巴，感觉不太对劲，就将使者拿下，严加审讯。结果令他大吃一惊，庞勋等人果然狼子野心，图谋不轨。当时徐州城内仅有四千三百人马，崔彦曾赶紧派都虞候元密率三千人马前去讨伐庞勋。

敌众我寡，庞勋躲开元密的伏击，于十日打下了宿州，开仓赈济，招兵买马，一天之内就招徕了两千人。庞勋自称兵马留后。至此，事情的性质就变了，本来是戍军回家，现在变成武装叛乱了。

三天后，元密火急火燎地赶到宿州，立刻展开猛攻。庞勋避敌锋芒，集中三百多艘船顺河而下。元密追击，却被庞勋打了埋伏，全军覆没,他本人也被干掉了。

庞勋从俘虏口中得知徐州城内仅有一千三百兵马,大喜过望,当即率军北渡濉河①,于十七日攻破徐州。崔彦曾和监军张道谨被囚禁,三名负责处置岭南戍军事宜的官员被族灭。戍兵们回到家乡招揽亲友。一天之内,庞勋的队伍就滚雪球似的膨胀到了一万多人。

徐州陷落,不仅震动了江淮,也震动了朝廷。志得意满的庞勋马上遣使长安,措辞很强硬:

> 臣之一军,乃汉室兴亡之地。顷因节度使刻削军府,刑赏失中,遂致迫逐。陛下夺其节制,剪灭一军,或死或流,冤横无数。今闻本道复欲诛夷,将士不胜痛愤,推臣权兵马留后,弹压十万之师,抚有四州之地,臣闻见利乘时,帝王之资也。臣见利不失,遇时不疑,伏乞圣慈,复赐旄节。不然,挥戈曳戟,诣阙非迟。

这段话信息量很大:

第一,批评徐泗及朝廷对戍军不公。说好三年一代,结果让我们滞留岭南六年,还让王式杀了我们那么多兄弟,所以我们才会奋起反抗。

第二,我庞某人现在相当有实力,坐拥十万精兵,占据四州之地。徐州是汉高祖的故乡,其实我想当个刘邦第二也不是不可以,但我内心仍旧忠于朝廷,不想这么干。这是吹牛了,现在的他既没有这么多人,也没有这么大的地盘,纯属吓唬懿宗。

---

① 濉河,淮河支流,洪泽湖水系,由于历史上河道多有变迁,现代水文通常指1968年截流后的河道,也有称"新濉河"。

第三，我的条件是弄个节度使当当，如果不从，那我就要挥军西进了，咱们见面唠!

这已经是赤裸裸的威胁了!

庞勋的目的很明确，就是要当王智兴第二。但今时不同往日，王智兴当年之所以能当上节度使，主要是因为长庆削藩战争刚刚结束，朝廷无力再起兵戈，只能妥协让步。现在则不同，藩镇已经很多年没闹事了，裘甫起义被平定，南诏被打退，国内的基本面至少目前还是平稳的，朝廷凭啥给他庞勋开这个先河，以后有人竞相模仿怎么办？再说了，徐州卡着汴水通道，庞勋控制徐州后，漕运船只已经被逼得绕道寿县了，运输成本大幅攀升。懿宗怎么可能容忍庞勋卡朝廷的脖子呢?!

在等待朝廷答复的日子里，徐州附近的山贼、水贼、土贼、盐贩、流民，还有很多良民，纷纷赶来投奔，甚至出现了父亲送儿子、妻子送丈夫入伍的情况。庞勋很快就坐拥十五万之众。可是，问题也随之产生：这么多张嘴吃啥？他只能以战养战，分兵攻城略地。

十一月十五日，朝廷的宣慰使仇大夫终于抵达徐州。庞勋满心欢喜地准备接任节度使，岂料诏书只是斥责崔彦曾和张道谨不施仁政、处置不当，将二人罢官了事，但对谁来当节度使却只字未提。庞勋大怒，这是纯心涮我，当即扣押了仇大夫。

其实，朝廷这边儿已经做好了用兵准备。懿宗重新起用康承训为义成军节度使兼徐州行营都招讨使，全权主持平叛事宜，并任命神武大将军王晏权为徐州北面行营招讨使，羽林将军戴可师为徐州南面行营招讨使，兵分三路，望徐州而来。一同出征的，还有沙陀、吐谷浑、达靼、契苾诸部。

可是，最先抵达的戴可师却在都梁城（今江苏盱眙北）吃了败仗，本人被击毙，所部三万人马几乎全军覆没。庞军趁势围困寿县，彻底掐断了漕运。

庞勋本想大举用兵，可这时令狐绹派人来了，庞将军你先别闹，老夫出面帮你讨要个节度使。要换一般人，庞勋还真不信，可令狐绹是前朝宰相，他出面或许能成。庞勋就同意了，暂时按兵不动。

这个时候大家就能看出人和人的差别了。说到底，庞勋就是一个军需官的见识和水平，区区一个节度使他就满足了。可见，他发起兵变的目的并不是为天下苍生鸣不平，只是为了给自己谋利。如果他站位再高一些，胆子再大一些，拥兵西征，先收洛阳，再打长安，哪还有黄巢什么事儿啊?!

结果，他这一按兵不动，就给了朝廷调兵增援的时间。懿宗从十个方镇调集十万重兵，兵分三路，对庞军形成合围之势。

接下来，形势急转直下。尤其康承训这一路打得太漂亮了，倒不是他行，主要是他的前锋朱邪赤心太行了！

二月涣水（今浍河①）一战，康承训率一千精兵轻敌冒进，陷入庞军重围。朱邪赤心亲率五百沙陀骑兵，在万军之中往来如飞，成功解救了康承训。

这一仗就把沙陀人的名声给打出来了，不仅庞军闻沙陀而色变，就连各道官军也纷纷感慨沙陀人太厉害了。特别是朱邪赤心的三小子朱邪克用，年仅13岁，每次冲锋都是一袭黑衣、一马当先，就像一股黑旋风。而且，他的射术特别棒，曾一箭射中两只野鸭。前文我说过，同时代只有两个人有一箭双雕的技术，一个是高骈，另一个正是朱邪克用。人们给朱邪克用起了很多外号，因为他总是身穿黑衣，所以管他叫"鸦儿"；又因为他在马上往来如飞，又管他叫"飞虎子"；这孩子有一只眼睛是瞎的，因此还得了一个"独眼龙"的绰号。连一

---

① 浍河，又名浍水、涣水，淮河支流。

个乳臭未干的少年都这么猛，沙陀人之凶悍可想而知。

节度使的大梦碎了一地，庞勋这才清醒了，于咸通十年（869年）四月初五公开处决了崔彦曾、张道谨等徐州军高层。许佶等人共同推戴庞勋为天册将军、大会明王。天册将军庞勋倒是接了，但大会明王他给推了。都这时候了，称王又如何？胆子还是不够大！

面对沙陀人的铁蹄，庞勋的军队就跟纸糊的似的，一触即溃，一败再败。九月初六，庞勋在蕲县（今安徽宿州埇桥区蕲县镇）西南的渔水边，遭到了官军和团练武装的围攻，兵败被杀。第二天，徐州也被攻破。

庞勋的本意是兵变，朝廷的定性是叛乱，可史书上为什么又说成是起义呢？这是因为庞军的主要构成是广大农民。这场由戍军兵变演变而成的农民起义，坚持斗争十四个月，范围波及今江苏、安徽、山东、河南四省。起义军控制了江淮地区，切断了漕运，沉重地打击了唐王朝的腐朽统治，为接下来登场的王仙芝、黄巢大起义奠定了基础。故史家称："唐亡于黄巢而祸基于桂林。"

但依我之见，这个说法并不准确。一来唐王朝并不是亡于黄巢，而是亡于自己。就李唐王朝这个搞法，没有黄巢，也会有红巢、黑巢、雀巢。二来祸乱的根基也不是桂林，而是昏庸的朝廷。

需要指出的是，庞勋义军并未被完全消灭，有相当一部分义军被打散了，躲到深山老林里打起了游击。在不久的将来，当王黄大起义登场时，这些人就纷纷出来参战了。

康承训虽然平了庞勋，但并未得到好处，还遭到了清算。宰相路岩和韦保衡弹劾他逗留不进，没有斩尽杀绝，还私分战利品。懿宗大怒，将康承训一路贬官为恩州（今广东江门恩平市）司马。

转年，懿宗宣布重新在徐州建置方镇，但不叫武宁军了，改叫"感化军"，希望朝廷的恩德能够感化彪悍的徐州人。

09. 同昌公主

咸通十年（869年）正月初九，彼时朝廷讨伐庞勋的战争正处于胶着状态，懿宗却给爱女同昌公主举办了盛大奢华的婚礼。

同昌是长安第一美人郭淑妃的女儿，也是懿宗的掌上明珠、心头肉。懿宗对女儿婚姻大事的重视程度远远超过了讨伐庞勋，投入大量的人力、物力、财力，从世家子弟里选了又选，过了好几轮，最后挑中了京兆韦氏的右拾遗韦保衡。韦保衡的父亲是前礼部侍郎韦悫[①]，本人又是咸通五年的进士，长得还倍儿精神。

公主出嫁怎么能寒酸呢？懿宗斥重金在长安的CBD——广化里，给同昌建造了一套超豪华宅邸。

《资治通鉴》的记载比较简单："上特爱之，倾宫中珍玩以为资送，赐第于广化里，窗户皆饰以杂宝，井栏、药臼、槽匮亦以金银为之，编金缕以为箕筐，赐钱五百万缗，它物称是。"是不是感觉太简单了，看着不过瘾？没关系，唐人苏鹗[②]在其笔记体小说集《杜阳杂编》中有更为详细的记载。

如何考察一座豪宅到底有多"豪"无人性？看细节！

所有窗户都以珠宝装饰，院内的井栏、捣药的药臼、贮藏的厨柜、引水的水槽乃至厨房的炊具，皆用黄金白银制成。甚至于一些日常生活用品，比如笊篱、簸箕、箩筐等，也是用金丝编成的。贵气是贵气了，就是不知使用时能不能拎得动？嗨，我也是瞎操心，公主驸

---

① 悫，音却。
② 鹗，音恶。

马怎么可能干活儿呢，至于下人们用着累不累，谁介意？

堂屋的帐幕以珍珠串成。门帘是用却寒鸟的骨骼制成的。地褥是整张的特大犀牛皮。连竹席都是象牙包边儿的。堂屋和卧室的隔断是一整块长百尺、宽三丈的碧绿色瑟瑟幕。别看个头大，但材质轻啊，薄如蝉翼，举之若无。尤为称奇的是，即便大雨滂沱，帐幕上滴水不沾。这真是个宝贝！

重头戏当然在卧室。首饰盒是翡翠的，上面还装饰着翠鸟的羽毛。地上的圆桌缀满各类宝石，上面摆了五件用彩玉雕成的器皿，里面放着金麦子和银粟米。豪华大床使用紫檀红木等名贵木材制成，床身四周镶嵌着水晶、火齐珠、琉璃、玳瑁等珍宝，四个用金银制成的脚被打造成神龟和仙鹿的形状。靠枕用七种宝石镶嵌成鹧鸪的图案，故名鹧鸪枕。睡枕是玉如意的，上面有七个按北斗七星排列的透明小孔，既贵气又透气。被子和褥子的材质不详，只知道被子上面绣着三千只鸳鸯和各类奇花异草，还缀有许多颗五彩斑斓、米粒般大小的灵粟珠。我就纳闷儿了，这玩意儿盖在身上它不沉吗？确定不会做噩梦吗？有时候，统治阶级的脑回路你真是理解不了。

再看一些小玩意儿，公主用的手巾是绞布巾，洁白如雪，蓬松柔软，拭水不湿，用一年都不会脏。公主穿的棉衣是番邦进献的火蚕绵，据说用一两火蚕绵就可以絮一件棉衣了，如果超过一两，穿在身上人会热得受不了。乖乖，这宝贝要是搁在今天，什么波司登、北脸、加拿大鹅都得倒闭。

公主坐的车也不是一般的车，叫作七宝步辇。辇的四周镂刻着用水晶、玛瑙或避尘犀等宝物制成的各种饰品，上面还有珍珠和玳瑁点缀。流苏用的是金丝，金丝上还悬挂着玉刻的各类小萌物。辇的四个角缀着五色锦香囊，里面装着海外进贡的辟邪香、瑞麟香、金凤香、龙脑香。同昌公主每次乘坐这具步辇出游，都会引起长安群众的围观。尽管香囊里的香气熏得人头昏脑涨,各类宝石晃得人双眼昏花,但依然浇灭不了大家围观的热情。其实,围观是为了捡漏,车上随便掉下来一个小玩意儿,都够人发一笔财的了。

就这,懿宗还嫌寒酸,又倾宫中所有作为公主的嫁妆。这里咱们重点介绍几个宝贝:蠲忿犀,这是一种只有玻璃球大小的配饰,佩戴此物能让人凝神静气。九玉钗,以其上刻有九只鸾鸟而得名,据说是南朝刘宋潘淑妃的遗物。玉如意,形似桃核,凿有七孔。

所有嫁妆里头,最不值钱的就是钱,虽然数量达到了惊人的500万缗。有道是,没有对比就没有伤害。当年玄宗每年赏赐虢国夫人脂粉钱1000缗。大家一起来做道简单的算术题,5000000÷1000=5000。也就是说,懿宗一次性给同昌的陪嫁钱,相当于虢国夫人5000年的脂粉钱。两相对比,玄宗和虢国夫人都算勤俭节约的好榜样了!

以上还仅仅是懿宗个人的表示,还有宗室诸王、内外大臣和番邦君主呢,给领导的女儿随份子能寒酸了吗?寒酸了你还想不想在圈儿里混了?是不是墓地太贵,怕九族没地儿埋?大家你追我赶、争先恐后地献上巨额钱财或奇珍异宝,反正又不是花自己的钱。再说了,这钱花出去,将来能几倍几十倍地收回来。

既然说到了玄宗,那玄宗时的大唐是什么情况呢?天宝十三载(754年)是唐朝人口的峰值,全国9069154户,约5200万人口,富得流油啊,"忆昔开元全盛日,小邑犹藏万家室。稻米流脂粟米白,公私仓廪俱丰实"。懿宗这时候的大唐又是什么情况呢?他在位时的人口数据缺失,但我找到了武宗时的人口数据,4955151户,武宗和懿宗之间只隔了一个宣宗,也就十三年,给懿宗算多一点儿,550万户撑死了。而且,刘允章替他总结了,"人有五去而无一归,人有八苦而无一乐,国有九破而无一成,官有八入而无一出",民不聊生,国将不国。

俗话说得好啊，有钱咱就讲究点儿，没钱咱就将就点儿。全国各地天灾连连、饿殍遍野，懿宗你嫁个女儿花这么多钱，你的良心是被狗吃了吗？你怕你闺女冻着，给她穿了火蚕绵，可你知道千千万万的百姓食不果腹、衣不蔽体吗？你知不知道，你女儿鸳鸯被上那米粒大小的灵粟珠掉下几粒，都够一个普通百姓几个月的伙食了。

老百姓倒了八辈子血霉，摊上了这么个昏君。同昌修了八辈子的福报，遇到了这么个好父亲。可同昌的福气又不够，这么大的恩典她降不住。可能是六边形战士韦保衡命太硬了，可能是七宝步辇的有毒化学品闻多了，也可能是用潘淑妃的遗物犯冲了，婚后不久，同昌就病倒了，这一病就不可收拾了。咸通十一年（870年）八月十五日，公主香消玉殒，年仅20岁。

懿宗悲痛万分，杀了御医二十多人，还把人家亲族三百余人全部下入大牢。这明显是失心疯了，同昌得了不治之症，你怪医生干吗，还株连人家的家人?! 宰相刘瞻屡屡劝谏，竟被懿宗骂了出去。

宰相韦保衡和路岩趁机挑唆，说刘瞻结党不轨，和御医通谋毒害同昌。没错，去年还只是八品拾遗的韦保衡，现在已经是宰相了。懿宗将刘瞻贬为康州（今广东肇庆德庆县）刺史。路岩觉得康州还不够远，专门找来地图，研究半天找到了一个驩[①]州（今越南演州及安城县一带）。懿宗又将刘瞻贬为驩州司户。

咸通十二年（871年）正月十四日，懿宗为同昌发丧。这场葬礼的豪华程度丝毫不逊色于两年前的婚礼。庭祭在韦家举办。祭拜结束后，韦家人一拥而上抢纸灰。有人可能要冷笑了，区区一点儿草灰有什么可争抢的？没有解放思想不是，灰炉里不仅有草灰，还有很多很多的金银，抓上几把灰回家一淘漉，金银到手了不是?!

---

① 驩，音欢。

给同昌送葬的队伍长达三十多里，人数之多不敢想象。光是为了犒赏抬柩的民工，懿宗就赐了一百多斛美酒和四十头骆驼驮的面饼。

文艺界也不能缺席啊！李可及废寝忘食地创作了《叹百年》舞曲。其曲"声词怨感，听之莫不泪下"。其舞规模宏大，舞女数量高达数百人，已经超过了太宗的《秦王破阵乐》和高宗的《一戎大定乐》，仅次于武则天的《武皇十万宫廷乐舞》。而且，舞女身上的配饰全是内库里的珍宝，地毯是用八百匹官绌①做的，上面织着锦鲤和龙。一曲歌舞过后，地毯上尽是散落的珠宝玑玉。

李唐不亡，天理不容！

10. 温庭筠鱼玄机

刘瞻连累了很多人，其中就有京兆尹温璋。

温璋是名门之后，他的六世祖就是给高祖李渊写《大唐创业起居注》的温大雅。此人是个法制主义者，素来以铁面无私著称。同昌死后，他和刘瞻一起劝谏懿宗，一起被骂了出来，又一起被贬官。温璋一个想不开，服毒自杀了。

他见诸史书的事迹有三，除了在武宁军节度使任上被银刀都驱逐和因同昌之死被杀，还有就是杀了"唐代四大女诗人"之一的鱼玄机。

温璋和鱼玄机是有交集的，他们认识同一个人，这个人就是晚唐大诗人温庭筠。

---

① 绌，音师。

温庭筠和温璋是亲戚，他的七世祖是温大雅的弟弟温彦博，论辈分，温庭筠应该管温璋叫叔。

温庭筠文、诗、词三绝，同时组了三个组合。论作文，他与李商隐、段成式①（段文昌的儿子）齐名，因为三人在家族中都排行十六，故合称"三十六体"。论作诗，"玲珑骰子安红豆，入骨相思知不知""鸡声茅店月，人迹板桥霜"，这都是流传千古的名句，唐人认为他与李商隐相当，并称"温李"。论写词，他和韦庄被推为花间派的开山鼻祖，合称"温韦"。代表作《菩萨蛮·小山重叠金明灭》：

小山重叠金明灭，鬓云欲度香腮雪。懒起画蛾眉，弄妆梳洗迟。

照花前后镜，花面交相映。新帖绣罗襦，双双金鹧鸪。

温庭筠天分高，运气也不错，还未科举就已经受到宰相令狐绹的青睐，出入令狐绹府邸就跟回自己家似的。就这开局，还愁没官儿做、没大官儿做吗？可我们的温大才子偏偏就穷困潦倒了一生，别说做官了，他连进士都没考上。

文人天性浪漫洒脱，不拘小节，温庭筠尤其如此。当时，长安城里有两个公认的浪荡公子哥儿，一个是裴度的儿子裴諴②，一个是令狐绹的儿子令狐滈③，并称"京城二少"，臭名昭著。温庭筠偏偏和这两人打得火热，"士行尘杂，不修边幅"，引得京城舆论一片哗然。温庭筠不以为然，我和谁玩儿是我的自由，与他人无关。可上级盯着你

---

① 段成式，唐朝著名志怪小说家，代表作短篇小说集《酉阳杂俎》。
② 諴，音闲。
③ 滈，音浩。

呢，这人不会管理朋友圈呀，这还能成?!

当然，如果仅仅是因为不会管理朋友圈，温庭筠还不至于倒霉，他主要是把恩公令狐绹给得罪了，而且得罪得很到位。

宣宗雅好音乐，尤其喜欢《菩萨蛮》系列的曲子。令狐绹为了拍龙屁，就让温庭筠写了二十首《菩萨蛮》，以自己的名义进献宣宗。当然了，令狐绹事先已经征得温庭筠同意，并叮嘱他一定要保密。我估计《菩萨蛮·小山重叠金明灭》有可能就是这二十首之一。这么好的词曲，宣宗当然很满意，一再夸奖令狐绹。温庭筠听说后，吃醋了，一次party上喝多了，大着嘴巴对在场的人说，令狐相公哪有此等水平，这是我温某人写的！

令狐绹还不知道呢，热心地给温庭筠创造了一个面圣的机会。宣宗当时在写一首诗，其中一句里头有"金步摇"一词，死活想不到对仗的词语，就让温庭筠来对。温庭筠略一思忖便脱口而出："玉条脱。"

金步摇大家在影视剧里常能看到，就是头发里插根簪子，底下嘀里嘟噜吊着流苏或坠子，因为会跟着人体摇动，所以叫步摇。条脱现在已经很少见了，说白了就是臂镯的雅称。金对玉，步摇对条脱，相当工整，宣宗龙颜大悦。

一旁的令狐绹不知道玉条脱是什么东西，就问温庭筠出自什么典籍。刚被皇帝夸完的温庭筠明显膨胀了，回答说是出自《南华经》（《庄子》）第二篇。但千不该万不该，他又跟了一句，《南华经》又不是什么冷僻的典籍，令狐相公在处理政事之余，也应该多读点儿书啊……

这场面就很尴尬了，令狐绹可是宰相啊，居然被一个布衣书生当着皇帝的面儿教训，心里的滋味可想而知。宣宗多半也会嘀咕，书生就是书生，说话也太孟浪了！

文人的文字能力是满值，但江湖经验基本为零，他们对政治的理解普遍过于简单，以为只要皇帝认可，自己的人生就差不了。殊不知皇帝是大领导，大领导只管小领导，小领导才是掌握草民命运的人。得罪了令狐绹，温庭筠接下来的人生急转直下。

他参加科举，考试能力没得说，超群绝伦。

进士科考诗赋，考试时考官发给每个考生三根大蜡烛，三根蜡烛烧完以前，考生要写出一首八韵的诗赋。瞅着时间似乎挺充裕的，实则不然，在规定的时间内要写出来，还要写好，并且比别人都要好，这是非常之难的。历次科举考试，三根蜡烛燃尽，没写完的大有人在。所以有人曾经作对说："三条烛尽，烧残士子之心；八韵赋成，惊破试官之胆。"

这么难的考试，对温庭筠来说就跟玩儿似的，只需八次叉手，他就能写完一首佳作。唐代的叉手有两个意思：一是两手胸前相交，这是一种礼仪；二是抄手，即两手交笼于袖中。温庭筠的叉手应为后者。别人写诗先琢磨半天，然后打草稿修改，最后誊写交卷。温庭筠根本用不着，把手笼到袖子里，嘴里叨咕几下，一句就出来了，直接写在卷子上，如是八次，交卷！这可是个绝活儿，震惊了考圈，温庭筠因此得了那个著名的外号——"温八叉"。

可是你八叉又如何？得罪了宰相，七六五四三二一叉也考不上。温庭筠科举落榜，失意又愤懑，于是写下了"因知此恨人多积，悔读南华第二篇"之句。虽然类似我这样的遭遇很多人都有，可我还是很后悔读过《南华经》的第二篇。句子写得是挺棒的，但也证明他并未认真反思。他的错误并不在于读书太多，而在于当场让令狐绹下不来台。当着皇帝的面儿数落宰相，这种蠢事儿也就他干过，别人还真没干过。

人在江湖，有错就要认，挨打要立正。可温庭筠连句道歉的话都没跟令狐绹讲，他选择了对着干。打这以后，他疯狂吐槽令狐绹，对别人说什么"中书省内坐将军",暗戳戳地嘲讽令狐绹不读书、没学问,居然还当上了宰相。

他还把气撒到了体制上,故意扰乱考场秩序。我是考不上,但只要让我考,我就给你们搅和。从此,大唐考场上就有了一位无私的考场大救星。每次考试,温庭筠都会帮其他考生答卷。次数多了,考官们就防着他了,给他划定了一个单独的考试区域。防得都这么到位了,温庭筠居然还成功帮助八位考生答了卷,真不知道他是怎么做到的。这就坏了规矩,得到他帮助的考生肯定高兴了,但那些没得到他帮助以及不愿接受他帮助的考生,肯定对他意见很大。帮人代笔当枪手,这在哪朝哪代都说不过去。

温庭筠最初倒霉是因为令狐绹,但他后来长期倒霉就不能怪令狐绹了。一个宰相顶多干个三五年,影响不了他一生。他主要是得罪了体制,名声臭了。从政这事儿,声誉比能力重要,声誉毁了,能力再强,也是不会给你机会的。

大中七八年时,温庭筠和鱼玄机相识了。有演义说他们是情侣,这不可能,当时的鱼玄机还只是个连恒牙都没换完的丫头片子,而温庭筠已经二十啷当岁了,她不是洛丽塔,他也不是亨伯特,不可能成为恋人。两人一见如故,惺惺相惜,结成了忘年交,经常互相赠诗。

由此我们就可以看出,鱼玄机也是个天生叛逆的主儿。她很崇拜温庭筠,人生思想也受到了温庭筠的影响,这很可能是她一生悲剧的根源所在。

大中十二年(858年),鱼玄机结识了新科状元李亿。一个是少年裘马,一个是少女怀春,对上眼儿了。在温庭筠的撮合下,鱼玄机嫁给李亿为妾。她出身贫寒,没资格当正妻,只能做妾,但鱼玄机不在乎,为了爱情嘛!

可她这种思想跳脱的女文青哪里会是过日子的人?满脑子风花雪

月、情呀爱呀的。人家大老婆看不惯，经常收拾她。李亿也渐渐地不再向着她了。女文青怎么发泄呢？只能是写诗：

羞日遮罗袖，愁春懒起妆。
易求无价宝，难得有心郎。
枕上潜垂泪，花间暗断肠。
自能窥宋玉，何必恨王昌。

我总结了一下，其实就是一句话：所以，爱会消失，对吗？

鱼玄机隐忍九年，终于受不了了，于咸通七年（866年）在长安咸宜观出家为女道士。她本名鱼幼薇，因为道号是玄机，从此改作了鱼玄机。我在《女皇则天》里讲过，唐代的女青年如果追求自由，多半是要出家的，而且大多去了道观。原因有两个，一是不用落发，二是不用受世俗道德的约束，想怎样就怎样。鱼玄机也不例外，她没有在道观里修行，而是和女奴绿翘在平康坊租了一套院子，过起了自由自在的解放生活。

她所谓的解放，首先是生活作风上的解放。鱼玄机经常在家里搞party，受邀的嘉宾当然都是男人。有个叫陈韪①的一直想泡她。但鱼玄机一直撑着，撑得陈韪很难受。

一次，陈韪来拜访鱼玄机。可巧鱼玄机出去了，只有绿翘在家。陈韪色鬼附身，非要扒拉绿翘，没得手，但把人家的胸部抓伤了。鱼玄机回来后发现情况不对，逮着绿翘一顿盘问。绿翘只得如实相告。鱼玄机就吃醋了，我养的鱼，你怎么给吃了？两人吵了起来，吵着吵着又打了起来。鱼玄机一个失手，居然把绿翘给弄死了。

---

① 韪，音伟。

这妮儿胆子真不是一般的大，把绿翘的尸体埋在后院，日常照样开party。可是夏天尸体发了臭，被人发现了。杀人偿命，天经地义。时任京兆尹正是温璋，判处鱼玄机死刑。时为咸通八年（867年）。

温璋一死，温庭筠的仕途彻底没戏了，辞掉国子助教后，他就从历史的记载中永远地消失了。

11. 迎奉佛骨

同昌去世当年五月，懿宗去了一趟咸阳安国寺，赐给该寺两名高僧一人一个高两丈近七米的沉檀木讲座，并宣布重修安国寺，还就地施舍了万人斋饭，让附近百姓祖坟冒青烟似的沐浴了一下天子的光芒。

朝中文武谁也没当回事，毕竟巡幸寺院是天子的一大爱好，常有的事儿。但他们万万没想到，懿宗其实正在酝酿一个大动作。

爱女没了，风光大葬就完了吗？才不，还得祈求冥福呢，要让爱女在地下继续享福。另外，这两年懿宗的身体也不太好，得向天再借五百年啊！综上，懿宗就萌生了迎奉佛骨的念头。

佛教徒们一看皇帝有这念头，来劲儿了。上次武宗那小子灭法，咱佛教遭了大殃，能不能复兴就看这一把了。九龙山师益禅师上书懿宗，奏请行迎奉佛骨大典，并先期在法门寺筑坛，铸造捧真身菩萨、银金花双轮十二环锡杖等法器。懿宗同意了。

十一月时，法坛和法器都造好了。尤其那尊捧真身菩萨设计得很巧妙，绝对用了心。菩萨手上捧着一块发愿文匾，上面写着："奉为睿文英武明德至仁大圣广孝皇帝，敬造捧真身菩萨，永为供养，伏愿圣寿万春，圣枝万叶，八荒来服，四海无波。咸通十二年辛卯岁十一月十四日皇帝延庆日记。"显然，迎奉佛骨的主要目的就是给懿宗祈寿，"伏愿圣寿万春"翻译过来，就是希望皇帝陛下万岁万岁万万岁。

懿宗很满意，然后才向文武大臣们公开了迎奉佛骨的决定。百官们可炸了锅，纷纷反对，因为现在国家总体经济形势非常不乐观，财政太紧张了！可是你拿财政问题说事，又感觉不拿皇帝的健康长寿当回事。所以，大家只能吓唬懿宗，说当年宪宗本来还能多活几年的，就因为迎奉了佛骨，嘎，没了！但懿宗态度非常坚决："朕生得见之，死亦无恨！"只要能在有生之年亲眼看见佛骨，朕就算是死，也没有什么遗憾了！

话都说到这份儿上了，没辙啊，只能搞了！

然后就是长达一年多的准备期。为什么要这么久呢？因为需要采买大量的物资，还得搞大量的工程建设和装饰。比如，要订购大量的浮图、宝帐、香舆、幡盖……这些东西还要用金玉、锦绣、珠翠进行装饰。另外，从法门寺到京城三百里间，还要建保障迎奉队伍食宿的便民客栈，这叫"无碍檀施"。至于京师长安，需要搞的建设和装饰就更不可胜数了。

咸通十四年（873年）三月二十九日，迎奉仪式正式启动。懿宗派官员代表和僧人代表赴法门寺迎请佛骨舍利。为了安放佛骨，他命人特制了八重宝函。八重宝函，顾名思义有八重，最外面一重是檀香木的，然后依次是三个银宝函、两个金宝函、一个玉石宝函和一座单檐四门纯金塔。1986年出土时，宝函最外面那一重已经被腐蚀没了，所以现在只剩了七重。在迄今发现的所有舍利宝函里，八重宝函是制作最精美、层数最多、等级最高的，堪称国宝中的国宝，被我国列为首批禁止出国（境）展览的文物。

四月八日，佛骨抵达京师。这仪式可太壮观了，羽林军导引，众文武护卫，高僧大德簇拥，旌旗蔽日，甲胄鲜明。整个队伍绵亘数十里，羽林军都到皇宫门前了，后队还没进长安城呢！长安百姓倾巢出动，站在街道两旁膜拜，挤得里三层外三层。有的富贵人家还自掏腰包搭起了彩楼。朝廷和民间的音乐班子竞相演奏，鼓乐喧天。

如此阵仗实属李唐开国以来所未有，什么封禅泰山，什么拜洛受图，什么祭祀天地，在此次迎奉佛骨活动面前都是毛毛雨。宪宗元和年间的迎奉场面跟这次相比太小家子气了，都拿不出手！懿宗亲临安福门迎请佛指舍利，激动的心，颤抖的手，嗷嗷地哭。他爹死了也没见他这么难受！懿宗还当场赏赐所有参与此次法事的僧尼，以及参加过元和迎奉佛骨盛典的老年人以金帛。

佛骨随即被请入宫中供奉三天。虽然史书没记载，但不难想见这三天里懿宗肯定见天儿找佛祖唠嗑，老哥哎，你看我给你整这么大个动静，你在西天照顾照顾我闺女，还有就是能不能给我的寿命充个值啊，五百年最好，实在不行，一二三四百年也可以呀！

三天后，佛骨被送到安国、崇化两寺供养。民间的庆祝活动在这时才达到了最高潮。文武百官和豪族巨富争施金帛，给佛祖花点钱怎么啦?！四方百姓扶老携幼前来瞻仰，日子苦啊，佛祖保佑啊，来世轮回别说当条狗了，当个屎壳郎也行啊，就是别让咱当人了。

许多富贵人家甚至自行雇用、组织僧人举办佛事活动，吹螺击钹，灯烛相继，一片灯火辉煌。有用丝绸缠绕小车的，有用金银珠宝装饰树木的，还有用水银做成大水池的?！信徒们纷纷表达自己的虔诚，有四肢着地爬着走的，有在头顶烧艾的，有自己剃度的，有咬断手指的，有说佛像会发光的，有说佛像会动的。更有甚者，一名士兵居然砍断了一条胳膊，用另一条胳膊拿着，走一步叩头一次，血流满地。我就纳闷儿了，非得这么表达吗？佛祖鼓励你们这么表达吗？

当时的人们肯定想不到，这次盛典不仅是长安最后的狂欢，也是大唐王朝最后的狂欢。

　　京外的世界都人吃人了，这里居然还在烧钱！同昌一嫁一葬，花了国库和内库多少钱？迎奉佛骨，从天子到百姓，全长安的人花了多少钱？这些钱拿出来一丢丢，帮一帮困难地区的群众，让干燥的社会空气湿润一下不好吗？

　　尤其是懿宗，佛教倡导众生平等、普爱世人，你爱佛没问题，可你怎么不爱世人呢？佛是这么教导你的？既然你这么干，那么好了，你不下地狱谁下？

12. 懿宗之死

　　懿宗还真就下地狱了，很快啊，他大意了，没有闪！

　　你说也邪门儿了，谁迎奉佛骨，佛祖就把谁带走。看来我佛还是明是非的，这种坏人给他借五百年，佛祖也得被世人戳脊梁骨。懿宗的病情一天重似一天，进入七月中旬，他总算不行了！

　　该考虑继承人的问题了。懿宗有八个儿子，长子魏王李佾[①]，次子凉王李侹[②]，三子蜀王李佶[③]，四子威王李偘[④]，五子普王李俨，六子吉王李保，七子寿王李杰，八子睦王李倚。八王里头，以老六吉王李保最为贤明，呼声也最高。但懿宗说了不算，还得宦官们说了算！

---

　　① 佾，音义。
　　② 侹，音挺。
　　③ 佶，音吉。
　　④ 偘，音砍。

根据司马光《资治通鉴考异》的记载，神策两军中尉刘行深和韩文约发动了政变，杀长立幼。他们杀了谁呢？魏王李佾有记载死于僖宗六年（879年），凉王李侹死于僖宗五年（878年），而蜀王李佶和威王李偘去世的时间没记载，这是不正常的。所以，刘行深和韩文约很有可能是干掉了蜀王和威王。七月十八日，他们以懿宗的名义下制，拥立老五普王李俨为皇太子。依惯例，李俨改名李儇①。

第二天，懿宗就崩了，年41岁。

他在位十五年，心思都用在吃喝玩乐和崇佛上了，基本就没干什么正事，但这一点儿都不妨碍他自吹自擂。懿宗特别喜欢给自己加尊号②，各种好词儿咔咔往上整，先后加了两次，最长的一次达到了六个词十二个字，叫睿文英武明德至仁大圣广孝皇帝。但他实际的作为很巧妙地避开了这六个词，一个都没沾上边。唐朝皇帝里头，只有玄宗和武宗是十四个字尊号，懿宗这个瘪三居然敢排到第二，不知道是谁给他的勇气?！

穆宗、敬宗虽然也不行，但好在人家自觉，在位时间短啊，父子加起来才干了六年，而懿宗在位近十五年，将肃宗以来一百年大调整的成果特别是他爹"大中之治"的成果糟蹋得荡然无存。平裘甫，花了一大笔；定安南，花了一大笔；灭庞勋，花了一大笔；嫁同昌，花了一大笔；葬同昌，花了一大笔；迎佛骨，又花了一大笔。宣宗积累的家底儿没有用到削藩上，没有用到民生上，就这么被懿宗散了。

所以，继承人真的太重要了！再伟大的事业，如果没有优秀的继承人，迟早完蛋。当然了，继承人由谁来确定这个更重要，宦官们说

---

① 儇，音宣。
② 尊号是指古代尊崇皇帝、皇后的称号。皇帝的称号有四种：尊号（徽号）、谥号、庙号、年号。

了算，谁差他们当然就选谁了。

皇帝不行，宰相也不行！

懿宗在位期间一共任用了二十二位宰相。可这些宰相大多是庸才，不是好色，就是贪财，而且彼此争权夺利，斗得一塌糊涂。

比如杜悰，既不关心国家，也不爱护百姓，只知享乐腐化，毫无建树。时人给他起了个外号叫"秃角犀"。意思是说杜悰作为京兆杜氏这样的名门之后，原本像犀牛一样珍贵，但他毫无名相之德，辱没先人，好比犀牛没了角，一文不值。

路岩和韦保衡拉帮结派，招纳贿赂，打击政敌。时人管他俩叫"牛头阿旁"。"牛头阿旁"是佛门中人对地狱中牛头鬼卒的称呼。一次，至德（治今安徽池州东至县梅城镇）县令陈蟠叟对懿宗说："陛下如果抄了边咸的家，就有两年的军费了！"懿宗都蒙了："谁是边咸？"陈蟠叟说是路岩的亲信。懿宗居然大骂陈蟠叟，还把他流放到了爱州（今越南清化附近一带）。路岩和韦保衡先是联手构陷刘瞻和温璋。然后，韦保衡又先后扳倒了路岩、于琮、王铎三相。

长安百姓曾经给曹确、杨收、徐商、路岩四名贪腐的宰相编了一首歌："确确（指曹确）无论事，钱财总被收（指杨收）。商人都不管（指徐商），货赂几时休（指路岩）？"

甚至就连相对来说已经很不错了的夏侯孜也有问题。大家想不到吧，这老爷子苦修房中术，最后居然死在了妓女的肚皮上。

三国时诸葛亮痛骂王朗："庙堂之上，朽木为官，殿陛之间，禽兽食禄；狼心狗行之辈，滚滚当道，奴颜婢膝之徒，纷纷秉政。以致社稷丘墟，苍生涂炭。"这话用在咸通时代一点也不为过。

雪崩时，没有一片雪花是无辜的。唐朝之亡，君臣都有罪。

懿宗去世第二天，二十日，年仅12岁的太子李儇即位，是为唐僖宗。

当年底，僖宗诏命将佛骨送还法门寺。迎的时候有多风光，送的时候就有多寒碜，"去岁徒众，万无一来，循路见者，顶别而已"。这前后对比也太强烈了，为什么呢？原因其实很简单，当初迎奉时的万人空巷是有司鼓动和组织的结果。不可能全长安的人都信佛，有司为了营造氛围给懿宗看，肯定是组织发动来着，谁去街上站一天，喊喊口号，给一百钱。现在不给钱了，当然没人来了！

整个唐朝"六迎二送"佛骨，至此宣告结束。佛骨送回法门寺后，被封闭于地宫之中，直到1986年才重见天日。为什么不搞了？因为马上就要天下大乱了，没心思没时间也没实力搞了。

大唐王朝都这么虔信佛教了，却还是完蛋了！估计佛祖心说了，你们家这个事儿太大，我帮不了啊！

第二章 击球状元唐僖宗

01. 干爹田令孜

　　一朝天子一朝臣，僖宗上台，懿宗的人就要倒霉了。奸相韦保衡首当其冲，一路被贬至海南澄迈，不久被赐自尽。这厮在位时不干正事，尽害人了，有此下场活该。

　　韦保衡的亲信——翰林学士、户部侍郎刘承雍也被贬为涪州（今重庆涪陵）司户。刘承雍本人没什么名气和建树，但他爹可是写出"沉舟侧畔千帆过，病树前头万木春"的"诗豪"刘禹锡。

　　宰相崔彦昭上疏弹劾以李可及为代表的优伶，说他们于社稷无寸功，却来钱极快极大，骄奢淫逸、挥霍无度，不仅败坏了社会风气，而且勾引得年轻人放弃科举、投身优伶行。当时的社会情况也确实是这样，《旧唐书》载："甲第名园之赐，莫非伶官；朱袍紫绶之荣，无非巷伯。"意思是说，皇帝尤为宠爱优伶和宦官，动辄给予大量财物赏赐。僖宗一道敕书，将李可及抄没家产，长流岭南。西门季玄当年说过的话果真应验了，李可及从懿宗那儿捞的钱，一车车用牛从宫里搬出来，现在又劳烦牛儿一车车地拉了回去。

　　人活一世，不过是财物的临时保管者，确实该有个度。

　　僖宗倒是没为难郭淑妃。这姐儿们也没被礼送出宫，一直在宫里生活。后来"菊花天王"攻入长安，僖宗仓皇出奔，自己的女人都顾不上带，何况她了？郭淑妃逃出宫中，流落民间，有人曾看到她在长安街头乞讨要饭，后来就不知所终了。估计不是被人贩子卖到山沟里或者妓院中，就是冻饿而死了吧?！人生是守恒的，享无妄之福，必遭无妄之灾。

西川节度使路岩也被一贬再贬。路岩本是个大帅哥，长了一把漂亮胡子，但在江陵府（今湖北荆州江陵县）的监狱中待了一个晚上，他就"须发皆白"了。春秋时伍子胥一夜间须发皆白，但人家起码过了昭关。而路岩须发皆白啥用都没有，不久被赐死，家产被籍没。

新旧交替之际，宰相变动频繁，直到郑畋和卢携上来后才稳定下来。

郑畋是前李党成员郑亚的儿子，宣宗年间牛党得势，所以他的仕途十分不顺，直到懿宗咸通五年（864年）才得以入朝。宰相刘瞻特别欣赏他，将他推上了翰林学士的位置。韦保衡和路岩迫害刘瞻时，郑畋负责起草罢免刘瞻相职的诏书，故意在诏书中肯定了刘瞻的清廉正直，引起了懿宗、韦保衡、路岩的强烈不满，被外放为梧州（今广西梧州）刺史。不难想象，这是一个正直又有个性的人。

相比之下，他表兄弟卢携的仕途就顺利多了。这哥儿俩都是豪门子弟，一个荥阳郑氏，一个范阳卢氏，才学也不相上下，但郑畋是个大帅哥，卢携就颜值欠佳了。卢携是大中九年的进士，一直在朝中任职，无风无浪、顺风顺水的。不过，这也从侧面说明这个人的原则性和是非观不及郑畋。

确定完中央班子，十一月，僖宗正式改咸通十五年为乾符元年（874年），开始了自己的统治。他用的年号也比较多，乾符、广明、中和、光启、文德，一共五个。为了大家看着方便，咱们依旧采用北溟纪年①。

仅就个人素质而言，僖宗的底子其实是很不错的，不仅远超父亲懿宗，而且兼有文宗和武宗之所长。论文的，围棋、音律他都很通。有人说这也没啥稀奇啊，音律不是李家的祖传技能嘛，代代都会！可僖宗居然还精通法算，也就是数学，就问大家服不服？论武的，他骑射、剑槊样样都行。不用怀疑，这就是个文武双全的学霸。

但僖宗毕竟还只是一个12岁的孩子。对于这个年纪的孩子来说，玩是最上头、最上心的事儿。只要是玩儿的营生，什么斗鸡、斗鹅、蹴鞠、马球、步打②，就没有僖宗不会不精的。他和宗室诸王赌鹅，一只鹅的赌注就高达五十钱。僖宗的步打水平搁今天可是够拿金球奖的，他曾颇为自负地对优伶石野猪说："朕若作步打进士，亦合得一状元。"朕如果参加步打进士科考试，肯定能拿个状元。石野猪看他还是个孩子，大着胆子揶揄道："或遇尧舜禹汤作礼部侍郎，陛下不免且落第。"如果是尧舜禹汤那样的贤明君主当主考官，估计陛下得落榜！言下之意，陛下您也有点儿太不务正业了吧?！僖宗无所谓，哈哈一笑了之。

聪明归聪明，但没用到正道上，这就麻烦了。懿宗虽然荒唐，多少还管点事。僖宗全部心思都用到玩儿上了，将所有政务都甩给了亲信宦官田令孜。

---

① 乾符元年＝僖宗元年（874年），乾符二年＝僖宗二年（875年），乾符三年＝僖宗三年（876年），乾符四年＝僖宗四年（877年），乾符五年＝僖宗五年（878年），乾符六年＝僖宗六年（879年），广明元年＝僖宗七年（880年），中和元年＝僖宗八年（881年），中和二年＝僖宗九年（882年），中和三年＝僖宗十年（883年），中和四年＝僖宗十一年（884年），光启元年＝僖宗十二年（885年），光启二年＝僖宗十三年（886年），光启三年＝僖宗十四年（887年），文德元年＝僖宗十五年（888年）。

② 步打，由马球发展而来，类似于今天的曲棍球。

晚唐最知名的大宦官田令孜就此闪亮登场！

就宦官的一般发展路径而言，田令孜绝对是非典型代表。首先，他是四川人，在以岭南两广福建宦官为主的唐宫里是少少数派。往深了说，他没有根基，没有政治资源，后天99.99%的概率不会有大的发展。其次，一个宦官想做到最高级别的"四贵"，履历中必须得有当过藩镇监军的资历。而田令孜却打破了这两个定律。

田令孜本姓陈，字仲则，家中兄弟三人，他行二，上有一兄陈敬瑄，下有一弟陈敬珣。懿宗咸通年间，他净身入宫，认了一个姓田的宦官做义父，从此改名换姓为田令孜。虽然史书对此人评价不高，但公道地讲，田令孜其实是唐朝宦官中文化素养最高的一个，他读过很多书，脑瓜子也嗷嗷好使。

他的义父老田不是高阶宦官，所以田令孜也谋不到什么好差事，干了很多年才得了一个小马坊使的职务，日常工作就是管理州县进献给皇帝的马匹，这其实就是人间弼马温了，在北司体系中属于边缘的边缘岗位。此外，田令孜还有一项兼职——照顾普王李俨。这也没啥大不了的，因为普王只是懿宗的第五子，前面有四个哥哥，他当皇帝的可能性几乎为零。不过，年幼的普王却非常喜欢田令孜，总要田令孜陪他玩耍、睡觉，还尊称田令孜为"阿父"。两人形影不离，俨然父子一般。

这份工作本来挺一般的，谁承想命运造就，普王居然被刘行深和韩文约推上了皇帝宝座。

这下田令孜就时来运转了。僖宗刚即位就提拔他为"四贵"之一的枢密使。不久，韩文约退休，僖宗顺势又让"阿父"接了右神策军中尉。田令孜大权在握，一跃而成为新朝炙手可热的人物。

年幼的僖宗对田令孜充满了父亲般的感情，但这份感天动地的深情注定是错付了。田令孜纯把傻儿子当作实现个人目的、谋取个人私利的工具，他大肆招权纳贿，连任命官吏、赐予爵位这种大事都不禀告僖宗。当然啦，僖宗也没觉得这些事算个事儿，阿父说了就算！每次面见僖宗，田令孜总是随身带着两个果盘。父子二人相对而坐，一边吃喝，一边闲谈，正事一句不说，就是扯闲篇儿。

为了让僖宗被声色犬马套得死死的，田令孜想尽一切办法给僖宗玩儿创造条件。懿宗生前早把内库的钱花得差不多了。僖宗还是个孩子，对钱完全没概念，动不动就赏赐身边人，而且一出手就是大手笔，"所费动以万计"。所以，内库很快就没钱了。

列位，内库没钱这可是个大事情！我一直说安史之乱后唐朝财政紧张，可那指的是国库紧张，帝王的内库始终是充裕的，但现在居然连皇帝都没钱了，这意味着大唐王朝是里里外外彻底没钱了。

田令孜有办法，奏请将长安两市中外货商的宝货登记入册，全都送入内库。形式很正规，逐一登记造册，但内容很扯淡，送进去就别想再拿出来了。哪个不开眼的商人敢向官府申诉，一律交付京兆尹乱棍打死。封建社会也是讲法制的，堂堂天子居然干出活抢这种下三烂的事，真是古今罕有，开了大眼了！而宰相们的态度则是"咱也不敢说，咱也不敢问"，个个噤口不言。

唐王朝已经得罪了穷人，现在又得罪了富人，这就没得玩儿了！

02. 高骈镇西川

就在僖宗改元当月，西南警报传至，南诏王世隆大举入寇西川。自打在高骈手上吃了瘪，世隆就再也不敢去安南了，但他不甘心，总想着从西川找补回来。五年前，他就已经攻打过一次西川了。当时还是咸通十年十月，世隆倾举国之力，越过大渡河，一路向成都速推。懿宗朝廷又花费大量的人力、财力、物力，到咸通十一年（870年）二月终于迫使世隆撤军。

现在世隆卷土重来，突破大渡河防线，向成都挺进。西川节度使牛丛吓破了胆，一面坚壁清野，将成都城外的民居全部焚毁，强迫城外的几十万百姓迁入城中，一面飞书朝廷求援。唐廷赶紧从河东、山南西道、东川调兵增援西川。卢携觉得牛丛不靠谱，就把高骈调来了。

高骈总共在安南待了四年。咸通九年（868年）八月，懿宗调他回朝任右金吾卫大将军。转年，高骈出任天平军节度使①。要说打南诏人，那就是王式和高骈了，但王式已经没了，就剩一个高骈了。僖宗二年（875年）正月，朝廷正式任命高骈为西川节度使、成都尹。

高骈启程南下，走到剑州（今四川广元剑阁县）时，听说牛丛让几十万城外百姓挤在成都城里头，便一个劲儿地摇头，糊涂啊糊涂，这么多人挤在城里，一旦有疫病流行，都不用南诏人打，自己就完蛋了。再说了，南诏人现在正在围攻雅州（今四川雅安），离成都还有段距离呢，犯不着风声鹤唳、草木皆兵的。他立即遣使成都，要求牛丛打开城门，放百姓出城复业，所有守城士兵也可以下城解甲。

这个决定深得成都军民拥护。百姓羁留城中，没有生业，吃吃不好，睡睡不香，叫苦不迭。将士们衣不卸甲，日夜守城，精神肉体都很疲惫。

其实风不大，都是雨搞得紧张。世隆这次进军并不顺利，他在雅州被绊住了手脚。并且，这时他已经收到高骈来了的情报，当时就凤

---

① 原大淄青拆分的藩镇之一，下辖郓州（今山东泰安东平县）、曹州（今山东菏泽曹县）、濮州（今山东菏泽鄄城县），治所郓州。

了，不打了，不打了，赶紧撤！

晚了，你想来就来想走就走，那怎么行?！高骈进入成都的第二天，就发步骑五千人追击南诏军。

世隆这次进得太深入，退得又太仓皇，慌不择路，居然跑到了大渡河边一个没有渡口的地方。唐军很快就追上了他们，一顿喊里咔嚓，直杀得南诏人哭爹喊娘、血流成河。亏得唐军人少，如果来个几万人，只怕连世隆都得沉尸大渡河了。世隆又羞又气，要跳河自杀，被部将拦住了。

大渡河这一战彻底把世隆、把南诏打怕了，唐朝的确惹不起。这时的大唐虽然远不及当年，但收拾你个小南诏还是绰绰有余的。

高骈随即巩固西川边防，在南诏入蜀的要道增修关隘城寨，派兵驻守。然后，他就奏请朝廷讨伐南诏，蕞尔南蛮三番五次挑衅天朝，是该教训教训了！僖宗没同意。没同意是对的，现在内部形势不乐观，财政也很紧张，根本无力发动一场灭国战争。

朝廷没办法，高骈也没辙，但他并不打算轻饶了世隆，就放出风去说他要去边境线上看一看。南诏方面非常紧张，老高狡猾狡猾的，他说看一看，万一看着看着杀过来怎么办？一面坚壁清野，一面调兵遣将，如临大敌。不过，高骈只是在诈唬他们，他确实去巡边了，但到大渡河边儿上就没再前进了。

僖宗四年（877年）正月，世隆又在黎州（今四川雅安汉源县）和雅州尝试了一下，结果被西川军打得大败而回。二月，怒气攻心的他突然病逝于嶲州（今四川西昌）景净寺，年仅33岁。

世隆是南诏最后一位强有力的君主，他在位17年，从头到尾一直和大唐叫板。其结果是两败俱伤：一方面，"中国为之虚耗"，唐朝耗损了大量的人力、物力、财力，进一步加速了衰亡的进程。另一方面，南诏的情况更不乐观，"屡覆众，国耗虚"，甚至到了强征15岁以下男子入伍而让妇女耕种的地步。得亏唐朝没有反攻，否则南诏铁定亡国。

世隆死后，其子隆舜①即位。隆舜是个什么人呢？这么说吧，他就是南诏版的唐僖宗。北有僖宗，南有隆舜，一南一北，交相呼应。隆舜上来后，南诏日益走向衰落，基本停止了对唐朝的袭扰活动。

高骈作为晚唐第一帅，堪称"南诏克星"，为安定大唐西南边陲做出了突出贡献。如果没有他在安南和西川把南诏打疼了、打退了、打服了，南诏肯定会给唐朝造成更大的麻烦。内忧外患之下，唐王朝可能都撑不到哀帝。

可是，高骈的很多毛病也在这时暴露了出来。

一是残忍嗜杀。西川也有一支类似魏博牙兵、武宁银刀都的悍兵悍将，叫作"突将"，是之前的节度使为了抵御南诏临时招募的队伍。由于连年战争，西川财政入不敷出，高骈上任后就把突将的军饷停了，说等有钱了再发。突将不服，闹起事来。高骈居然调派部队，将在成都城中的突将及其家属几千人，不分男女老幼全部诛杀。至于那些在外的突将，他也没打算放过，把这些人的名字写在纸条上，揉成团放到罐子里。每当心情不好的时候，他就随手从罐子里摸出几个纸团，派人斩杀。西川民众对他的残忍无不切齿。

二是极端迷信。高骈崇尚道教，迷信仙术。早在镇守安南时，他为了行厌胜之术，就曾经解剖过一个17岁的处女。来到西川后，他越发堕落，不信自己的能力，不信将士们的能力，每次发兵前，头天晚上肯定要做法事，焚黄纸、画人马、撒小豆，还说什么"蜀兵懦怯，今遣玄女神兵前行"。西川将士们就十分不爽了，都拿屁股笑话他。

这两个缺点是十分致命的，后来高骈就死在了这两个缺点上。

---

①《资治通鉴》称其为"法"。

虽说打赢了南诏，但朝廷顾不上庆祝，因为一场更大的危机已经来了……

03. 菊花天王登场

僖宗元年（874年）底，河南爆发了民变。一个叫王仙芝的濮州籍（今山东菏泽鄄城县旧城镇）盐贩聚众数千，在河南新乡长垣①发动了起义。

这次起义的诱因和袭甫起义一样。首先肯定是百姓生活困难，阶级矛盾激化。懿宗咸通年间内有民变、外有南诏，用兵不息、苛捐杂税，统治阶级却对百姓的苦难视而不见，他们觉得百姓就像芝麻，只要肯榨，就一定能出油。如果全国上下都过苦日子，皇帝和中央省台带头过苦日子，百姓其实也能理解，不患寡而患不均嘛！可问题是你统治阶级只要求百姓过苦日子，自己却一如既往地奢侈放纵，这就太刺激百姓了！

不过，这里我要强调的是另一个原因，一个经常被很多人忽略的原因——天灾。天灾的表现形式很多，可以是旱灾、水灾、火灾，也可以是蝗灾、地震，甚至还可以是疫情。矛盾虽然是逐渐积累的，但其爆雷通常由天灾导致。天灾往往是大变的前奏。我们在很多古代农民起义中都能看到天灾的影子，比如西汉末年的绿林赤眉起义，东汉末年的黄巾起义，隋末农民起义，唐末农民起义，宋朝的王小波、李

---

①《旧唐书》载为河南濮阳，《新唐书》载为长垣，本书从《新唐书》。

顺起义，元末农民起义，明末农民起义，乃至清朝的太平天国运动、捻军起义。

如果救灾有力，这个雷也不会爆，问题就在于朝廷救灾不力。救灾不力，既有客观原因，也有主观原因。客观原因是末日朝廷已经没有力量赈灾了，说白了就是没钱，权贵们都有钱，就国家没钱。救灾拿什么救，靠道理还是靠情怀？拉倒吧你，没有真金白银，别的都扯淡！主观原因就是朝廷不重视，没当回事了，贱民生死与我何干？灾难放大了阶级矛盾，将广大百姓一下子逼到了绝路上，不反只有一死，反了可能还有一条活路，当然要反了！你不让我活，我就不让你活，这是最简单的底层逻辑。

王仙芝起义就是如此。《资治通鉴》载："关东连年水旱，州县不以实闻，上下相蒙，百姓流殍，无所控诉。相聚为盗，所在蜂起。"州县为什么不如实上报呢？一是怕丢了乌纱帽，不能破坏团结稳定、繁荣富强的大局，不能给上峰和皇帝上眼药、点炮儿。二是报了也白报，地方政府没钱，中央朝廷更指望不上。这已经不是救灾不力了，而是根本不救灾。

既然学鸵鸟把头埋在沙子里，就别怪人家把你当鸵鸟杀了。

僖宗二年（875年）正月，王仙芝发布起兵檄文，自称"均平天补大将军兼海内诸豪都统"，痛斥朝廷腐化、官逼民反。王仙芝比裘甫和庞勋牛的一个地方，就在于他提出了起义的纲领：平均。这两个字对穷人的吸引力太强大了。这也决定了他发动的这场起义，能量要比裘甫起义、庞勋起义大上几十倍都不止。

六月，王仙芝向东进军，先拿下老家濮州，随后扑向曹州（今山东菏泽曹县）。天平军节度使薛崇出兵讨伐，反为义军所败，曹州沦陷。王仙芝驻军曹州，打开府库，招兵买马。在归附他的豪杰当中，有一个天大的人物，此人姓黄，单名一个"巢"字，是曹州冤句（今山东菏泽牡丹区西南马头集）人。

和王仙芝一样，黄巢也是个私盐贩子，但在圈里的段位要比王仙芝高得多。王仙芝是他这代才入了私盐行的，而黄巢却出身于私盐世家，家族几代人都是盐枭。因此，黄巢的经济实力要比王仙芝强太多了，并且他是曹州私盐贩子的领袖，是盐霸一级的存在。

黄巢都这么有钱了，按理说不该干这掉脑袋的营生呀！当然另有原因，简单地说就是四个字：为了理想。

虽然后来备受诋毁，但黄巢其实挺有才华的。他五岁时，他爹大黄和他爷老黄两个盐枭以菊花为题对诗。大黄出了一个上联，老黄吭哧瘪肚半天对不上来。一旁的小黄随口接道：

堪与百花为总首，自然天赐赭黄衣。

菊花是百花之首，它有着一身天赐的赭黄色衣服。我以为，小黄这两句诗所展现出来的观察力和表现力不比骆宾王的《咏鹅》差。

可大黄不高兴了，咋这么不开眼呢？这不存心打爷爷的脸嘛，要揍小黄。老黄把他拦住了："孙能诗，但未知轻重，可令再赋一篇。"小黄也不客气，随口又是一首：

飒飒西风满院栽，蕊寒香冷蝶难来。
他年我若为青帝，报与桃花一处开。

飒飒西风吹满了院落，可怜菊花的花蕊被冻住了，香气没法散出来，也没有蝴蝶来采摘它的花蜜。将来如果我成了春神青帝，一定会让菊花和桃花一起在春天里绽放，让它也享受到蕊暖香浓、蜂蝶萦绕的快乐。

然后，这个故事就没有下文了，也没写大黄和老黄的后续感受。所以，我认为这个故事和这首诗有可能是后人杜撰的。但不管怎么说，黄巢喜欢菊花是真的。他为什么喜欢菊花？是喜欢菊花的样子吗？有可能，因为菊花是黄色的，他也姓黄。不过，他更中意的是菊花的精神。

众所周知，菊花是"花中四君子"之一，通常在秋季开放，所以其花语就是"清寒傲雪"。历朝历代文人雅士都极力歌颂菊花。比如，陶渊明的"采菊东篱下，悠然见南山"，孟浩然的"待到重阳日，还来就菊花"，李商隐的"暗暗淡淡紫，融融冶冶黄"，白居易的"满园花菊郁金黄，中有孤丛色似霜"，等等。唐人尤其喜欢赏菊。这个爱好还直接影响到了隔壁的日本人，菊花正是在唐朝传入日本的，还被当作皇室的象征。

我们能从一个人喜欢的事物上看出他的情趣和志向。很明显，黄巢绝非凡品，并且他的文字能力是很强的。"自然天赐赭黄衣"，非常贴切，还用了比喻的手法。"他年我若为青帝，报与桃花一处开"，浪漫主义精神不逊于李太白。起码我写不出这样的诗，大多数人也写不出来。

长大后的黄巢和那时的广大青年一样，都想走科举的路子，考个编，进体制，光宗耀祖。结果一连考了几次都没考上。就不可能考中，权贵当道，科举腐败，压根儿就不会让尔等草根上来。

坊间传闻黄巢落第与成语"沆瀣一气"有关。根据史书记载，僖宗二年（875年）时，前宰相崔铉的儿子崔沆担任主考官，录取了一个叫崔瀣的进士。按照唐代考场上的规矩，崔沆是座主，崔瀣是门生，门生及第后要拜谢座主。不久后，崔瀣就获得了一个很好的官职。两人刚好都姓崔，这很难不引起外界的猜测。

其实这是讹传。首先，崔沆和崔瀣不是亲戚，此前他们也不认识。其次，"沆瀣一气"不仅最初并无贬义，而且是个褒义词。"沆瀣"是指夜间的水汽、雾露。时人说："座主门生，沆瀣一气。"其实是说这对师生像夜间的水汽、雾露连在一起，情谊甚笃。最后，崔沆担任主考官是在僖宗二年，而这一年黄巢已经参加造反了，他落第和崔沆没有任何关系。

终于在一次落第后，黄巢气坏了，去他妈的，太黑了，不考了！满腔愤怒都化作了诗文：

待到秋来九月八，我花开后百花杀。
冲天香阵透长安，满城尽带黄金甲。

等到秋天九月重阳节菊花盛开以后，别的花就都凋零了。菊花的香气像结成阵一样，将覆盖整个长安。届时，满城都能看到身披金甲的菊花。

瞅着字面意思还是写菊花，其实是一首反诗。我对这首诗的评价是三气冲天，有怨气，有杀气，有豪气。他年重阳时节，代表我黄巢的菊花盛开之时，我将率领金甲武士攻占长安。从这一刻起，造反的种子就已经在黄巢的心头种下了。唐王朝也是，你让谁落第，也不该让黄巢落第啊！后世的明王朝更是，砸谁的饭碗也不该砸那个叫李自成的饭碗呀！

如果是一般人，写首诗发发牢骚也就罢了，还能怎么样呢，太阳照常升起，日子还得照常过。但黄巢可不是一般战士，他回到家中继承祖业，当了曹州盐帮首领。

适逢王仙芝进军曹州，黄巢想起当地流行已久的一首童谣："金色虾蟆争努眼，翻却曹州天下反。"金色的蛤蟆努力瞪大双眼，不仅翻卷了曹州，也会令全天下都造反。金色不就是黄色吗？曹州一反，天下景从，这是上天的旨意啊！他当即与子侄黄存、黄揆、黄邺及外甥林言等八人，拉起了一支数千人的队伍，果断投了王仙芝。

人活一口气，难得拼一回，生死路一条，聚散酒一杯。

04. 王黄分手

王仙芝原本就虎，如今又得了金蛤蟆黄巢，虎上加虎，虎虎生风。这两人捏咕到一起，就好比鹿黑娃撞上了鹿兆鹏，给白鹿原带来一场风搅雪。顺便说一嘴，白鹿原就在长安城东。

义军以秋风扫落叶之势席卷山东、淮南十余州，官军望风而解，活不下去的百姓竞相归附。短短数月间，队伍就发展到数万人马。官方给了他们一个特定的蔑称——草贼，其实都是被逼得活不下去的良民。

那么，此时朝廷在干吗呢？七月，关中爆发了一场罕见的特大蝗灾。漫天蝗虫遮蔽了日头，所过之处寸草不生。说来也邪乎，关中各地都有蝗虫，就长安没有。京兆尹杨知至给僖宗上折子、唱赞歌："蝗入京畿，不食稼，皆抱荆棘而死。"陛下洪福齐天，蝗虫飞到咱们长安城，畏惧您真龙的威灵，不敢吃庄稼，都抱着荆棘饿死了！这种鬼话他是怎么好意思说出口的？！稍微有点儿常识的人都不信，但僖宗信了。宰相们也不敢捅破啊，只能上表祝贺。

当然了，经过裘甫和庞勋的教训，朝廷现在还是很重视民变的，调集诸道人马镇压王仙芝。

十二月，义军围攻沂州（今山东临沂）。宰相卢携举荐了淄青节度使宋威。这个宋威当年在讨伐庞勋时曾任徐州西北面招讨使，打了一些胜仗，战后被升为淄青节度使。僖宗当即任命宋威为诸道行营招讨草贼使，将平乱事宜全权委托给了他。

这个安排起初还是发挥了一些作用的。先前，各藩镇各自为政，义军跑到谁的地盘儿上，谁出面管管。义军跑出这个藩镇，这边儿就不管了，那边儿爱谁管谁管。现在宋威挂帅，把平乱工作统成了一盘棋，起码使工作形成了合力。

僖宗三年（876年）七月，宋威统率本镇人马大破义军，解了沂州之围。这老小子着急卖好，马上上表朝廷，说匪首王仙芝被他打死了，叛乱已经平息，各道大军可以班师了。僖宗高兴坏了，视宋威为再造功臣。百官也纷纷上表祝贺。

结果，三天后地方的奏报上来了，说王仙芝并没有死，乱党也没有被彻底消灭，还在山东剽掠。僖宗已经顾不上埋怨宋威了，赶紧传令各道，请在前方适当位置掉头，继续去剿匪！各道大军已经踏上了返程，离得近的都到家了，屁股还没沾着炕呢，又被拽了起来。将士们痛骂皇帝大傻子、宋威二傻子。可发脾气有什么用？人又不能插上翅膀飞到前线去。

人家义军才不会坐等他们来围攻呢！王仙芝和黄巢一商量，山东是不能待了，朝廷的援军正往这儿开呢，咱们得转移了。八月，义军掉头西进，攻入河南，连下阳翟（今河南许昌禹州市）和郏城（今河南郑州中牟县东）。

他们一去河南，朝廷彻底慌了，怕草贼去攻打东都洛阳。僖宗连下几道诏书：调昭义军节度使曹翔赶赴东都，协助招讨副使曾元裕和义成军守卫洛阳；让山南东道节度使李福在平顶山、南阳一带构筑防线；命忠武军节度使崔安潜火速追击草贼；怕义军打下洛阳、西进关中，又命邠宁节度使李侃和凤翔节度使令狐绹在三门峡、潼关一带构筑防线。

怕什么来什么！九月初二，义军攻陷汝州（今河南平顶山汝州市），生擒刺史王镣，还杀了起复的刑部侍郎刘承雍。想不到吧，刘禹锡的儿子被王仙芝干掉了。汝州在洛阳东南方向，距离洛阳不过一百七十里，太近了。东都震骇，百姓纷纷出逃。

这下僖宗就坐不住了，宰相王铎尤其坐不住。王铎可是个老同志，他早先是宣宗朝宰相白敏中的幕僚，还是懿宗驸马韦保衡的座主。咸通十二年（871年），王铎第一次拜相，但不久就遭门生韦保衡排挤，被外放为宣武军节度使。僖宗即位后将他召回，任为左仆射。是年三月，他刚刚成为宰相。王铎为什么坐不住了呢？因为王镣是他堂弟，他怕这仗再打下去，王仙芝会拿他弟的人头祭旗，所以连连进言招抚王仙芝。

僖宗便于十一日下诏赦免王仙芝及其左膀右臂尚君长、尚让兄弟的罪过，还说要授予他们官职。为什么没提黄巢？因为朝廷当时不知道还有这么一号人物。

王仙芝就动摇了。说到底，他和庞勋是一路人，有点儿野心，但都不大。在他们看来，像自己这个出身怎么可能打倒皇帝做皇帝呢？想都不敢想，能混个有品级的大官儿就不错了，还要啥自行车呀?!可王仙芝还没拿定主意呢，就在中牟（今河南鹤壁市西）为昭义监军宦官雷殷符所击败。这个亏吃得很大，几万人马被消灭得只剩几千了。

想靠几千人马打下东都是不现实的，得了，继续转移，南下吧！十月，王仙芝挥军南攻唐州（今河南焦作沁阳市）和邓州（今河南南阳邓州市），未能成功。十一月，他继续南下进入湖北，接连攻克郢州（今湖北荆门京山市）和复州（今湖北仙桃）。次月又分兵袭扰河南和安徽。

宋威倒是率大军追击了，可他追而不击，只是远远地跟着。至于原因，他和副手剧透过，当年康承训平了庞勋，马上就被清算了，所以咱们不用太卖力，养寇自重，乱党一天不灭，朝廷就用得着咱们。平庞勋时有个令狐绹，平王仙芝时有个宋威，大唐王朝有这样的官员，这究竟是谁的问题？

不久，王仙芝即兵临蕲州（今湖北黄冈蕲春县）城下。蕲州刺史裴偓是王铎的门生。王仙芝让王镣修书劝降裴偓。裴偓知道自己肯定守不住，反过来做王仙芝的思想工作，说他可以请老师王铎出面跟皇帝说说，给王仙芝弄个大官当当。被俘的王镣也帮着说和，对，我哥说话好使着呢！哎，王仙芝就同意了，还带着黄巢等三十余名高层进城，与裴偓喝起了大酒。

可这是他们之间的私相授受，不代表朝廷会认！

裴偓的信到了长安，在朝中引发激烈分歧。分歧主要发生在王铎、郑畋、卢携三大宰相之间，王铎是招安派，郑畋和卢携是主战派。但主战的这两人也有矛盾，卢携主要依靠淄青军，所以重用了淄青节度使宋威，而郑畋则一直主张重用忠武军节度使崔安潜和忠武军颍州（今安徽阜阳）刺史张自勉。

僖宗架不住王铎的软磨硬泡，最终决定任命王仙芝为左神策军押牙兼监察御史，并派使者带着告身前往蕲州。

王仙芝很开心，裴偓和王镣更开心，只有黄巢不开心。官史的说法是：朝廷给王仙芝、尚君长封了官，没给黄巢官职，所以黄巢不干了。我觉得这是污蔑，黄巢就是要将造反进行到底，这从他对王仙芝说的话就能看出来。

他愤怒地逼问王仙芝："始者共立大誓，横行天下，今独取官赴左军，使此五千余众安所归乎！"当初说好一起横行天下的，现在你接受招安了，那这些兄弟怎么办？王仙芝还没答话，黄巢已经一拳头抡了过来，打得王仙芝口鼻蹿血。黄巢的部下也纷纷鼓噪。王仙芝怕引起火并，罢了，只得拒绝朝廷招抚，当场翻脸，洗劫了蕲州。

安虽然没招成，却让王仙芝和黄巢的关系出现了裂痕。战后，黄巢率两千嫡系人马出走，回山东老家继续闹革命去了。这就严重削弱了义军的整体实力。

05. 王仙芝败亡

黄巢北上后，一度还是很活跃、很厉害的。僖宗四年（877年）二月，他甚至打下了天平军治所郓州（今山东泰安东平县），杀节度使薛崇。三月，黄巢又打下了沂州，其部队扩充到好几万人。

在这几万人里头，隐藏着一个狠角色，正是后来的后梁开国皇帝朱温。

宣宗大中六年十月二十一日，公元852年12月5日夜，朱温出生于宋州砀山县一个叫午沟里的地方。宋州即今河南商丘，砀山即今安徽宿州砀山县，砀山在晚唐时是宋州所辖十县之一，隶属宣武军。那么，午沟里又在哪里呢？《读史方舆纪要》载："又县南有午沟里，朱温生长于此。"《清一统志·徐州府二》载："（午沟里）在砀山县东北接丰县界，北去丰县五十里。朱温生长于此，尝改为衣锦乡。"由此可知，这个午沟里应该位于安徽、江苏、山东三省交界处，因为历史上行政区划不断调整，跟宿州砀山、徐州丰县、山东单县都能扯上点儿关系。

历朝开国皇帝的出生地，搁在今天都是被争抢的稀缺旅游资源。唯独朱温的出生地没人争，都说就是砀山的，而且砀山当地到现在也没搞清楚这个午沟里究竟在哪儿。为啥呢？我分析大概率是因为朱温虽然贵为一朝开国之君，但所作所为着实令人不齿。

朱温的父亲名叫朱诚，是一名乡村教师。母亲姓王，名字不详。两口子有三个儿子，老大朱全昱，老二朱存，朱温行三。朱诚这文化水平看来也不咋地，朱温，猪瘟，给孩子取的什么破名儿！但冥冥中自有天意，朱温后来果然成了唐朝的"瘟疫"。

朱温还未成年，朱诚就去世了。他家的日子本来就过得不咋地，现在没了顶梁柱，更是急转直下。王氏不得不带着三个孩子到宿州萧县地主刘崇家中当佣工。王氏织布洗衣，朱全昱和朱存放牛种田，最小的朱温只能去放猪。

朱温从小就不像个本分农民，干活儿总偷懒，惹得刘崇经常用鞭子抽他。偏偏刘崇他妈特别喜欢朱温，还总劝儿子："朱三非常人也，汝曹善遇之。"朱三这孩子不是一般人，你要善待他。人老就成精了，这老太太眼光真不是一般的厉害！

一般人讲朱温早期的经历，讲到这里就没有了。我不一样，偏要接着往下讲，因为我知道大家特别想知道刘崇后来的下场，他经常虐待朱温，朱温发达后还不得整死他？

哎，还真就不是！没有刘崇，一家人早饿死了，这一点朱温是很清楚的。后来他当上了大梁皇帝，直接将恩人刘崇召入朝中为官。梁国人尊称刘家老太太为"国婆"，称呼刘家为"豢龙刘家"。刘崇历任殿中监、商州（今陕西商洛商州区）刺史。他的后代在后梁、后唐、后晋、后汉都是当官的。

所以，这就告诉了我们一个朴素的道理：为富者别太丧良心了，还是要保持点儿仁的，多做一点善事，多帮助一些穷人，说不定就是在给自己积攒善缘！

成年后的朱温不出意外地成了村里的二流子，种地他不想干也不会干，但打架斗殴、偷鸡摸狗这种事总有他和二哥朱存。村里人一提起这兄弟俩就头疼。

突然有一天，这哥儿俩就从村里消失了。

没错，他们参加起义了。僖宗四年（877年），黄巢北上路过萧县。朱存和朱温告别母兄和刘崇一家，果断投奔了义军。这一年朱温26岁。

黄巢虽然战果不凡，但毕竟孤军作战、势单力薄，面对日夜赶来的官军，他只能撤离山东，于四月去了河南驻马店，与尚君长的弟弟尚让合兵一处，占据了遂平县西边的嵖岈山。顺便说一句，这个嵖岈山现在已经是国家5A级旅游景区了。

再说王仙芝，正月时他打下了鄂州（今湖北武汉武昌区），目前正计划攻打宋州（今河南商丘），但是兵力不足，只得派人来找黄巢。黄巢还是挺够意思的，立即赶去增援。二人合力，于七月二十一日进攻宋州。宋威手握三个藩镇的军队，却一败涂地，被围在宋州城中。

关键时刻，郑畋举荐的张自勉领七千忠武军赶来增援，一战击败义军，解了宋威的倒悬之危。

这一战义军的损失是比较大的，被迫向湖北转移，并且王仙芝和黄巢又分兵了。黄巢本想去打蕲州和黄州（今湖北黄冈），却为曾元裕所败，折损四千余人。他敏锐察觉到湖北的官军越来越多了，又掉头回山东折腾去了。

宋州之战也让宰相间的矛盾彻底激化。王铎忽然改弦更张，又开始挺卢携了，两人奏请让张自勉把兵权交给宋威，郑畋不同意。八月，三个宰相当朝争吵。王铎和卢携要辞职，郑畋也要辞职，僖宗被迫当起了和事佬，劝完这边劝那边。

其实应该听郑畋的，他推荐的崔安潜、张自勉都是能征惯战之辈，在战场上的表现也都不错。反观宋威，屡战屡败还养寇自重，致使义军一再逃脱。但明显王铎和卢携联手的声音更大一些，僖宗没听郑畋的。

此时的王仙芝还在湖北折腾，接连攻陷安州（今湖北孝感安陆市）和随州（今湖北随州随县），在打死前来救援的山南东道节度使李福的儿子后，又转攻复州和郢州，吓得前来救援的忠武军和宣武兵抱头鼠窜。

姜还是老的辣，王铎挑唆了郑畋和卢携的矛盾，他自己却授意招讨都监杨复光招安王仙芝。

这里插播个知识点，中晚唐军职中但凡带个"监"字，一定是宦官。杨复光是福建人，在宣宗大中年间入宫。时任内常侍的大宦官杨玄价见他聪明伶俐，又会舞枪弄剑，"慷慨负节义，有筹略"，心生欢喜，便将他收为义子，改名杨复光。懿宗上台后，杨玄价成为炙手可热的左神策军中尉。在他的栽培下，杨复光多次出任地方监军。

这是个有心人。别的监军到了藩镇就是作威作福，遇到打仗能躲就躲，遇到功劳能抢则抢。杨复光却把挂职真正当成了锻炼，有打仗的机会他就上，趁机猛补军事知识技能，逐渐成长为一名杰出的军事统帅人才。不夸张地说，在军事才能这块儿，全唐朝的宦官也就数杨思勖和杨复光了。也正因为如此，所以王仙芝起义爆发后，僖宗便重用杨复光为招讨都监。

作为宦官中的豪门望族，杨氏家族可不是只有杨复光一人。他还有个堂兄杨复恭，时任枢密使。虽然都是福建人，但二杨并无血缘关系，杨复光本姓乔，义父是杨玄价，杨复恭本姓林，义父叫杨玄翼，杨玄价和杨玄翼都是宣宗朝神策军中尉杨钦义的干儿子。杨复光尚武，杨复恭崇文，一个在外当招讨都监，一个在朝中任枢密使。这种权力布局真是太到位了！

招安看似妥协，其实很实惠，朝廷编制那么多，还缺王仙芝一个位置吗？用一个官位就能平息一场动乱，其实相当划算。十一月，杨复光派人联络王仙芝，承诺将替他上奏僖宗，讨个官职。

王仙芝早就想接受招安了，立即同意，并马上派大将尚君长、蔡温球等人作为代表，赴邓州与杨复光谈判。

结果这事儿被宋威知道了，王仙芝如果接受招安，本帅就没用了，不行，必须得给他们搅黄了。于是，他派人在颍州城（今安徽阜阳颍州区）西南的路上把尚君长等人劫走，并于次月上奏朝廷，说他在战场上擒获了反贼二号人物尚君长。

僖宗当然很高兴！高兴了没几天，杨复光的表奏到了，说他已经说服王仙芝招安，尚君长等人是谈判代表，宋威截胡纯属破坏招安大计。

哎，这下王铎和卢携又撕破脸皮了，公说公有理，婆说婆有理，搅得僖宗头都大了。但卢携有田令孜这座靠山加持，况且王仙芝只是私下里对杨复光表态要接受招安，没有辅助的证据。僖宗宁可信其无，决不信其有，诏命将尚君长等人公开处决于长安城东狗脊岭，以儆效尤。

我们不妨大胆假设一下，如果杨复光的计划成功了，王仙芝肯定会被招安。黄巢在农民军中的声望和影响力远不及王仙芝，即便他还想继续战斗，估计也很难闹出后来那么大的动静。最高决策层一反一复间，唐王朝续命几十年的可能就没了。

二号人物都被杀了，那还招安个屁呀？！王仙芝大怒，随即南渡汉水，于僖宗五年（878年）正月初一打下了荆南治所江陵（今湖北荆州江陵县）的罗城（外城）。紧要关头，山南东道节度使李福和驻守襄阳的五百沙陀骑兵及时赶到，于荆门击败义军。王仙芝只得纵火焚城，大掠而去。江陵城中本有三十万户人口，经他扫荡一番后，"死者什三四"。

但这已经是王仙芝能量的最后释放了。招讨副使曾元裕随后拍马赶到,在申州(今河南信阳)以东重创草军,打死一万余人,招降一万余人。王仙芝元气大伤,匆匆逃走。

这时僖宗终于搞清楚确实是宋威成心破坏招安了,将宋威的招讨使职务转授给了曾元裕。宋威不久病死。但这对卢携没有太大影响,因为曾元裕也是他的人,而且他还推荐另一个自己人——西川节度使高骈节制荆南。僖宗也同意了。

王仙芝的末日来临了!二月,当他行进至黄梅(今湖北黄冈黄梅县西北)时,被曾元裕大军包围。经过激战,义军五万余人阵亡,王仙芝也在突围时战死,被传首京师。

王仙芝的死因和庞勋一样,都是因为认识水平上不去,斗争不够坚决,左右摇摆,错失了很多良机。但我们仍然要肯定王仙芝的历史功绩,他是唐末农民起义领袖中提出"平均"口号的第一人,一手推动唐末农民大起义走向高潮。朝廷不仁,以百姓为刍狗。不满的人很多,可敢于抗争的,尤其是敢于带头抗争的寥寥无几。事实就是如此,若无出头鸟,皆为待宰鸡。就冲这份勇气,我们就该给王仙芝点赞。

06. 李克用起兵

王仙芝虽然死了,但他发起的这场大起义严重冲击了唐王朝在基层的统治秩序,各地的民变和兵变犹如雨后春笋一般噌噌往外冒。民变先不说了,这里只说兵变,规模比较大的有两起,一个是浙西狼山兵变,一个是代北沙陀兵变。

僖宗二年（875年）四月，时任浙西狼山（今江苏南通）镇遏使的王郢因为剿匪立功没有得到物质奖励，一个气不过，聚众六十九人兵变。当年浙东那么空才给了裘甫机会，显然朝廷没有充分吸取教训，两浙依旧那么空。王郢唱着"这城市那么空，这回忆那么凶"，一面攻城略地，一面急速膨胀，很快就有了一万人马。他还组建了舰队，顺江南下，直捣浙东。中间经过一年多的拉扯，到僖宗四年（877年）二月时，王郢在明州（今浙江宁波）被埇桥（今安徽宿州）镇遏使刘巨容射杀，起义失败。

相比之下，沙陀兵变闹出的动静就大多了，而且直接改变了中国历史走向。

平定庞勋之乱，沙陀功居第一。懿宗对朱邪赤心是又爱又怕，册拜其为云州（今山西大同）大同军防御使，并要求朱邪赤心到长安面圣。朱邪父子一到长安，就被留了下来。为了笼络他们，懿宗赐了国姓，还把他们列入宗室谱系。朱邪赤心摇身一变成了李国昌，朱邪克用也变成了李克用。

这里说个题外话，为什么李姓会成为中国大姓？公安部户政管理研究中心2019年1月公布的官方数据显示，2018年中国李姓人口达到1.009亿人，为全国第二大姓。这么算的话，全国每14人中就有1人姓李，比例确实很高了。但在唐以前，李姓虽然有陇西李氏和赵郡李氏两个郡望，还不能算大姓。唐朝李家上台后，一方面自家不断繁衍生息，另一方面为了拉拢贤才各种赐姓，这才导致李姓人口激增。

但李姓同时也是血缘构成最复杂的一个姓，因为唐皇不仅给其他姓氏的汉人赐国姓，比如徐世勣改李世勣，张忠志改李宝臣，董秦改李忠臣；还赐给好多少数民族头面人物国姓，比如突厥族的李遮匐，靺鞨族的李谨行、李多祚、李怀光，契丹族的李窟哥、李尽忠、李楷固、李光弼，库莫奚族的李可度、李大酺、李诗琐高、李全略，高句丽族的李怀玉，回鹘族的李思忠（嗢没斯）、党项族的李思恭，铁勒族的李光进、李光颜（本姓阿跌）、粟特族的李抱真、李抱玉，沙陀族的李国昌、李克用，等等。

但李国昌父子不甘寄人篱下。经过一番运作，趁着西北党项人闹事的机会，李国昌成功获得振武军节度使一职。振武军是从朔方军里分出来的一个藩镇，实际控制今陕西绥德以北及内蒙古南部地区，治所在今内蒙古呼和浩特和林格尔县。当然了，朝廷没让他们父子在一块儿。李克用任云中守捉使、沙陀副兵马使，驻守蔚州（今河北张家口蔚县）。

在镇压庞勋起义过程中，李国昌父子已经看穿了朝廷的虚弱，萌生了割据一方的野心。李国昌到振武军以后，多次无故诛杀军中宿将，其实是为了给他的沙陀部下腾位置，彻底掌握振武军大权。懿宗很是担忧，下诏调李国昌任云州刺史、大同军防御使。但李国昌翅膀已经硬了，借口生病，拒不接受。懿宗无可奈何，只好听之任之。

这不，懿宗埋下的雷现在炸了。僖宗五年（878年）正月，当王仙芝攻打荆南时，云州沙陀军中的几个大将，李尽忠（不是契丹李尽忠）、康君立、盖寓、薛志勤、李存璋、程怀信、王行审等人就蠢蠢欲动了。

我特意考察了一下这几个人的民族和籍贯，除李尽忠不详外，其余几个确定都是汉人，不是蔚县人，就是大同人。这起码说明了两点：第一，代北当时已经胡化得比较厉害了，这里的汉人与胡人杂糅，民族界限已经很模糊了。第二，沙陀军实际上是一个胡汉联合体，沙陀能有多少人呀？汉人才是主体。

当时，代北连年饥荒，馈运不济，军需保障严重跟不上。时任大同军防御使段文楚（段秀实的孙子）只能缩减军粮供应。将士们之前每餐能吃四菜一汤，现在只有一个菜了，当然大为不满。段文楚也不惯着他们，闹一次就惩罚一次。

李尽忠等人一合计，干脆反了得了，干吗听朝廷的，咱们自己刨闹（大同方言）更香！但他们自忖不具备领导全体沙陀人的号召力，就想到了李国昌，可李国昌远在内蒙古，急切赶不过来，于是他们又想到了蔚州的小李子。

众人推康君立去蔚州劝说李克用举兵。这一年李克用年仅23岁。这小子颇有李世民当年的风范，年纪轻轻，野心勃勃，一听就动心了。但他还有顾虑："吾父在振武，俟我禀之。"康君立说："今机事已泄，缓则生变，何暇千里禀命乎！"李克用一想也对，时间紧迫，事不等人啊，就同意干了。

其实，康君立走后，李尽忠他们就动手了，夜袭云州城，生擒段文楚。然后，他们修书请李克用来云州主持大局。李克用接报，立即率军启程，同时号召代北各地的沙陀人在云州会合。等到二月初四抵达云州时，他手上已经有了近万人马。李克用以残忍手段杀害了段文楚等人，随即上书朝廷，要求任命他为大同军使。

僖宗头都大了，王仙芝、黄巢匪乱还没搞定呢，代北又反了沙陀人。这时，李国昌的表奏到了，要求朝廷立即任命大同防御使，还说逆子李克用如果抗命的话，他将率领振武军大义灭亲、讨平叛乱。没想到这个李国昌关键时候还是讲大义的，僖宗感动得稀里哗啦，一面派人去云州宣慰，一面要李国昌传话给李克用：只要李克用恭迎新任军使上任，朝廷不仅既往不咎，还会给他一个满意的官职。

李国昌都快乐疯了，他的如意算盘打得响啊，听皇帝这个意思，吾儿这次起码能弄个节度使当当，父子二人各占一镇，何愁沙陀大业不成?!

四月，僖宗的诏书到了，李国昌父子看完傻了眼。诏书是这么写的：以前大同军防御使卢简方为振武军节度使，李国昌改任大同军节度使。大同军原本只是个防御使，管辖云州、蔚州、朔州三州，现在朝廷将其调整为节度使级别，以待李国昌。父子占据两镇？想得美，只给一镇，你们父子商量去吧！

李国昌父子以实际行动做出了回答。李国昌杀了振武军监军，李克用抗拒卢简方，父子两人带领全体沙陀人造了反，代北一片战火。

这场战争断断续续打了两年多。一方面，沙陀虽然凶悍，毕竟人数少，朝廷有明显的兵力优势。另一方面，位处抗陀一线的河东军十分不稳定。短短两年时间里，河东一镇发生了四次兵变，换了六任节度使。朝廷实在没辙了，把宰相郑从谠派了过来，才稳定了河东的局面。

胜利的天平逐渐向朝廷倾斜了，这时，有两位杰出的将领发挥了关键作用。

第一位叫作赫连铎。我在《四祸交织》里讲过，文宗开成年间，吐谷浑酋长赫连氏因不堪忍受吐蕃人统治，率部东归朝廷，被安置在代北地区。这位赫连铎正是老酋长的儿子。沙陀人和吐谷浑人都想当代北的老大，明里暗里一直较劲。打沙陀人，赫连铎当仁不让，别说政治上有好处，没好处他也会卖力地干。

第二位是卢龙节度使李可举。细心的小伙伴注意到了，卢龙的当家人又换姓了。懿宗咸通十三年（872年），卢龙节度使张允伸病死，其子张简会继位，遭到平州刺史张公素的驱逐。张公素不久暴毙，同罗族大将李茂勋成了节度使。僖宗三年（876年），李茂勋致仕，其子李可举接任。

僖宗五年（878年）底，李国昌派兵攻打党项人，振武兵力空虚。赫连铎趁机进军，一举攻破振武军。李克用赶紧带兵去迎老父亲。可等他们父子回到云州时却吃了闭门羹，守兵已经重新投靠了朝廷。没办法，父子俩只能分别躲到蔚州和朔州。

僖宗七年（880年），朝廷调集各路大军攻打二州。李克用留大将高文集镇守朔州，亲率主力迎战李可举。他前脚刚走，赫连铎接连说降高文集、李国昌的族弟李友金，还有沙陀部落联盟中的萨葛酋长米海万和安庆酋长史敬存。朔州不战而下，沙陀联盟土崩瓦解。

后院起火，李克用慌了神，也顾不上李可举了，马上回师朔州。结果，七月时他在药儿岭（地址不详）被李可举打了埋伏，战损七千余人，连李尽忠和程怀信都被打死了。李克用败逃，在雄武军（今天津蓟州区）被追上，又损失了一万精兵，主力尽灭。

与此同时，赫连铎也击败李国昌，拿下了蔚州。

李家父子仓皇如丧家之犬，只得向北方大漠草原逃去。

第三章

满城尽带黄金甲

01. 流动南下

王仙芝的失败只是他个人的失败，这场声势浩大的起义仍旧如滚滚潮流向前推进。站在这波新潮头上的男人便是"菊花天王"黄巢。

由于情报工作不到位，朝廷一直以为乱党的主要头目就是王仙芝和尚氏兄弟，直到蕲州招安失利后，才知道还有一个叫黄巢的。

王仙芝战死后，他的残部分成了两股，尚让带一股去亳州（治今安徽亳州）投了黄巢，王重隐、曹师雄带另一股转战江西。刚开始时，王重隐、曹师雄这路比较猛，把江西折腾了一溜够。所以，招讨都统曾元裕便驻军江汉，派兵追击二寇。

这又是一个严重的战略误判。因为真正的王者不是王重隐、曹师雄这种小虾米，恰恰就是黄巢。黄巢也有心挑起这杆大旗，干脆自称"冲天太保均平大将军"，建立起政权，定元"王霸"。从称号中的"冲天"二字就可以看出，黄巢并没有忘记落第时的耻辱，他就是要让"冲天香阵透长安"。

起初，他转回老家山东，毕竟人头地头都熟嘛！但朝廷现在对山东已经很重视了，随着官军越来越多，黄巢吃不消了，就通过天平军节度使张裼[①]请降。朝廷当然愿意，给了黄巢一个右卫将军的职务，

[①] 裼，音替。

让他率部到郓州投降。

但黄巢完全是忽悠朝廷,趁着谈判拉扯的窗口期养精蓄锐,然后突然转向河南。这给朝廷吓得够呛,一面火速调军驰援洛阳,一面召曾元裕速速北返。

黄巢一看河南不好搞,山东又回不去,干脆去江西找王重隐、曹师雄吧!可等他渡过长江、进入江西后,王重隐已经被消灭了,曹师雄转战浙江。

朝廷担心黄巢去浙西找曹师雄,一面催令曾元裕、杨复光追击黄巢,一面根据卢携的建议,又将高骈由荆南调往浙西。高骈的实力毋庸置疑,上任不久就把曹师雄灭了。

黄巢果然来到浙西,还顺便收了皮日休。有研究者认为,皮日休是被俘后受到胁迫,才不得不加入起义军的。但我倾向于认为这是皮日休的主动选择,他就是恨透了腐朽的唐王朝。

后人提及皮日休,第一时间想到的肯定是他的《汴河怀古》:

尽道隋亡为此河,至今千里赖通波。
若无水殿龙舟事,共禹论功不较多。

都说隋朝不咋地,但人家好歹还留下了一条造福后世的大运河。隋炀帝如果不是胡搞瞎搞亡了国,他现在的历史评价起码能和大禹并列吧!很多人对这首诗理解浅了,以为皮日休单纯就是在怀古,其实他是在影射大唐跟大隋一样,已经没几天可蹦跶了,并且你们这些自以为是的大唐君王其实还比不上人家隋炀帝呢!隋炀帝泉下有灵,肯定会对皮日休说,兄弟,你懂我!

黄巢非常赏识皮日休。皮日休还曾写过一首《牡丹》进献黄巢。诗曰:

落尽残红始吐芳，佳名唤作百花王。

竞夸天下无双艳，独立人间第一香。

表面上是写晚春开放的牡丹堪称百花之王，其实就是隐喻黄巢为百姓登高一呼、揭竿而起的气魄和精神。

别看人家是个文人，但勇气这块儿刚刚的。

黄巢深知高骈厉害，不敢久留，又做出一个大胆决定，走浙西山路突入了福建。哎，这下形势就豁然开朗了！因为福建在当时属老少边穷地区，是唐王朝统治的薄弱地带，驻军很少。义军在这里横冲直撞、所向披靡，当年底便攻克福州。

高骈认为黄巢下一步极有可能经福建扫荡两广，便向朝廷上报了一个行动计划：分大将张璘率兵五千至郴州（今湖南郴州）堵截，王重任率兵八千至循（今广东惠州）、潮（今广东潮州）二州堵截，他本人则提主力翻越大庾岭追击黄巢；为保万全，可再调荆南军在梧（今广西梧州）、昭（今广西桂林平乐县）、桂（今广西桂林）、永（今湖南永州）一带堵截。

如果朝廷采纳了这个建议，可能黄巢就被封死在岭南了，但朝廷讨论一番，居然没听高骈的。

果不其然，黄巢后续的每一步都跟高骈预料的分毫不差。

在张璘的追击下，黄巢吃了一些败仗，麾下大将秦彦、毕师铎、李罕之等人投降了高骈。福建是不能待了，黄巢咬咬牙，干脆又扑向了广东。

不到一年的时间，他从山东一路打到了广东。有人说了，干吗非得流动呀，就不能学毛主席开创根据地，在山区打游击吗?!

答案是不能！原因有三：第一，黄巢的军队人数众多，在农业生产水平低下的唐代，尤其还是在山区，根本无法获得充足的食物，只能去大城市找吃的，以战养战。第二，义军如果待着不动，就会遭到优势官军的围攻；但只要动起来，官军就很难集结优势兵力，只能被牵着鼻子到处跑。第三，只有运动起来，才能不断补充兵员。当然有人造反意志不够坚定，比如秦彦、毕师铎、李罕之等人。但全国各地到处都是对朝廷不满的穷人，义军一到，不分河南人、山东人、安徽人还是浙江人、福建人、广东人，纷纷投军。所以，尽管义军到处跑，却是越跑越壮大、越跑越强悍。

话说回来，黄巢去了广东，朝廷反而心安了，接下来只要把乱党挡在长江以南，然后聚拢优势兵力徐徐图之就可以了。机灵鬼王铎马上冒了出来，主动申请去江陵坐镇，保卫长江防线。僖宗很高兴，关键时候还是王相有担当，总比郑畋和卢携天天在朕面前争吵强，当即任命王铎为荆南节度使、南面行营招讨都统。

这时黄巢已经突入广东，兵围广州城。义军完全可以拿下广州，但黄巢围而不攻，于僖宗六年（879年）五月让被俘的浙东观察使崔璆致信城中的岭南东道节度使李迢，要李迢代为上奏朝廷，说他愿意接受招安，条件是朝廷要授任他为天平军节度使。

很多人理解黄巢已经王仙芝化了，也想妥协了。但我认为黄巢其实是想给北归找个幌子，只有回到北方，他才能颠覆唐王朝。

黄巢这一出又给朝廷整崩了，郑畋和卢携吵得一塌糊涂。郑畋现在主张招安了，但不同意把天平军给黄巢，而是建议就地授任黄巢为岭南东道节度使，将他留在岭南，然后逐步消灭。卢携则坚决主张进军剿匪，因为他这伙的高骈现在屡屡得胜，他相信高骈很快就能灭了黄巢。

僖宗决定先试探下黄巢的底线，就答复说招安可以，但天平军节度使不能给。黄巢退而求其次，不给天平军也行，让我做岭南东道节度使也可以。这就和郑畋对上了，如果按郑畋的意思办，马上就可以磋商招安事宜了。可左仆射于琮却说广州是个重要港口，宝货所聚，怎么能拱手给黄巢呢？僖宗就拿定主意了，岭南东道节度使也不给，愿意接受招安的话，只给一个正四品的率府率。率府率是东宫六率之一，甚至都不是皇帝这条线上的，妥妥的边缘岗位。

在中书省起草诏书时，郑畋怒怼卢携："贼军百万，横行天下，国家的安危全靠我们几个人来谋划。高骈消极作战，养寇自重，你却想依靠他，这样下去是会耽误国家大事的。"这就挑明了是说卢携和高骈结党。卢携气得拂袖欲走，结果袖子甩到了桌案的砚台上，他有火没撒成，气上加气，抓起砚台摔到了地上。僖宗听说后勃然大怒，身为宰相居然跟民间糙汉似的争吵，有失国家体面，当即将二人罢去相职，贬为太子宾客、分司东都。湖北的王铎可是乐坏了。

黄巢最初的确考虑过"据南海之地，永为巢穴"，可义军将士多为北方人，受不了岭南湿热的气候。入春后，当地疫情流行，导致义军减员高达十之三四。部下都劝黄巢北归。黄巢还拧巴呢，朝廷的诏书到了，这给他气的，本将军坐拥十余万精兵，你居然只丢给我一根没有肉的骨头？！当即下令攻城。当天，广州就沦陷了，李迢被杀！

行啊，既然皇帝给脸不要脸，那我黄某人可就不客气了！我要从南走到北，我还要从白走到黑，我要人们都看到我，都得知道我是谁……

02. 黄王北伐

十月，黄巢以"百万都统"的名义发表北伐政治宣言，提出了

"禁止刺史殖财产，县令犯赃者族"的具体政治主张，随后挥师西北进入广西，一举拿下桂林。

为什么要去桂林呢？因为桂林有灵渠。灵渠是秦朝时凿成的一条东西向运河，位于桂林兴安县境内，连接着东面的海洋河和西面的大溶江，海洋河是湘江的源头，大榕江是漓江的源头。所以，黄巢攻取桂林的目的呼之欲出，就是由漓江经灵渠进入湘江，然后顺着湘江北上长江。

有一个被很多历史研究者忽略的现象，黄巢大军途经广西，居然得到了广西各族人民的热烈响应。至今广西仍有不少有关黄巢的传说在流传，比如《黄昭》《黄巢城》《黄巢战朱温》《黄巢剑》《黄曹城的传说》等。这里面的"黄昭""黄曹"都是指黄巢。这说明什么呢？这说明黄巢反抗李唐暴政的斗争得到了各族人民的拥护和支持。什么种族的、民族的、地域的区分都是表象，世界上只有两个阶级——压迫阶级和被压迫阶级。天下穷人是一家！

义军抵达桂林后编造数千木筏，走灵渠上湘江，经永州和衡州，当月二十七日即进抵潭州（今湖南长沙）城下。

这么看的话，朝廷当初的安排是对的，朝中文武也不全是酒囊饭袋。王铎到任后亲自坐镇江陵，另外任命泰宁军节度使李系为湖南观察使，驻守潭州。李系不仅手握五万精兵，还有五万地方团练武装，端的是兵强马壮。

但认识论和方法论有时候是两张皮，认识上去了，不代表能力就一定够。王铎本人就没啥真本事，他看重的这个李系更加没本事，坐拥十万人马，居然吓得不敢出战。义军奋勇攻击，仅一天便攻克潭州。黄巢下令不收俘虏，十万官军血染湘江。

随后，尚让率义军主力，号称五十万人马，又扑向江陵。李系尿了，王铎更尿了，将城防一股脑儿丢给部将刘汉宏，自己躲到了襄阳（今湖北襄阳）。这锅太大，刘汉宏可不想背，王铎前脚刚走，他就洗劫了江陵城，随后向尚让投降。这厮真不是个好东西，心想反正也要投降了，这江陵的财富肯定保不住，还不如先紧着我刘某人呢！义军兵不血刃进占江陵，然后马不停蹄扑向襄阳。

王铎为什么退保襄阳？黄巢又为什么非要进攻襄阳？因为襄阳是连接华中和中原的交通要道，无论是从北方进取华中，还是从华中北上中原，都得打这里过。春秋时楚庄王问鼎中原、后世岳武穆北伐金国乃至南宋吕文焕阻击蒙古，都在此地。黄巢只要拿下襄阳，就撬开了中原的大门，那洛阳就危险了。

王铎能守住襄阳吗？他要有这本事，老母猪都会上树了。但有两个人可以，这两人便是新上任的山南东道节度使刘巨容和江西招讨使曹全晸①。

徐州人刘巨容可是个奇人，奇在四张名片：第一张，武状元，早年他想考文状元，没考上，于是改考武举，居然考中了。第二张，名道士轩辕集的徒弟，跟轩辕集学过一些道术，自称会炼金术。第三张，桂林戍军，当年八百桂林戍军里头就有一个他。庞勋覆灭前，刘巨容归降朝廷，辗转任埇桥镇遏使。第四张，剿灭浙西王郢的功臣，刘巨容在宁波亲手用筒箭射杀了王郢。无须质疑，这是个能人。

开封人曹全晸也是一员骁将，之前是宋威麾下的淄州（今山东淄博淄川区）刺史。天平军节度使张裼病死，牙将崔君裕作乱，曹全晸从淄州出击，平定了叛乱。朝廷觉得这人可以，便任命为江西招讨使。

十一月，刘巨容和曹全晸联手在荆门（今湖北荆门）设伏，重创了义军。这是官军的一场大胜，不仅极大地杀伤了义军的有生力量，"俘斩十分之七八"，而且完全挫败了黄巢由襄阳北上中原的战略意图。

---

① 晸，音拯。

黄巢被迫率残部向东转移。这时，只要刘巨容和曹全晸咬着不放，消灭黄巢还是有可能的。但刘巨容却按兵不动了，还对曹全晸说："国家喜负人，有急则抚存将士，不爱官赏，事宁则弃之，或更得罪。不若留贼以为富贵之资。"用词虽然不同，但内容和宋威一模一样，就是要养寇自重。还是曹全晸更有担当一些，可他正要渡江追击黄巢，朝廷却突然来了诏命，将他的江西招讨使转授给了泰宁军大将段彦谟。这还追个啥啊?!

临阵换将，这是兵家之大忌。

这一放就麻烦了，义军很快补充了兵员，从湖北一路打到了浙江，大掠十五州，众至二十万人。

长江防线失守，王铎难辞其咎，被僖宗罢免相位。卢携重新成为宰相，力主任命淮南节度使高骈为招讨都统："骈有文武长才，若悉委以兵柄，黄巢不足平。"

就在黄巢由桂林北上当月，朝廷将高骈从浙西镇海军调整到了淮南军，目的就是在淮河构筑起第二道防线，并确保东南财赋安全。僖宗当然同意，马上任命高骈为都统。高骈传檄天下，征召四方勤王之师，并征募了七万新兵，威望大振。

为了讨个彩头，转年正月，僖宗甚至下诏改了元，不用"乾符"了，用"广明"。这个年号改得其实很不好，为什么不好，咱们后文再说。

高骈一上任就奏效了，他的大将张璘在江西屡屡击败义军，迫使黄巢一路败退至信州（今江西上饶）。偏巧当地暴发疫情，义军元气大伤。而且，朝廷此时已经征调感化军、忠武军、泰宁军、天平军进驻淮河要塞潋水（今河南沙河），淮河防线不说固若金汤吧，起码已经有重兵把守了。

但这难不倒黄巢，他一面用重金贿赂张璘，使其减慢进军速度；

一面致信高骈，说要投降。

高骈起了私心，招降黄巢可是大功一件，而且是他个人的功劳，但如果等诸道大军来了击败黄巢的话，功劳就不只是他一个人的了。两相权衡，还是招降对他更为有利。所以，他上奏朝廷，说黄巢已经接受招安，乱党不日当平，就不劳各道人马旅途劳顿了，都各回各家各找各妈吧！僖宗在田令孜、卢携的忽悠下，当即诏准。

诈降这出，黄巢玩了已经不是一次两次了，可叹高骈一代名将居然信了。他的本事也就够对付南诏，对付黄巢他差远了。

当黄巢获知各道人马已经原路折返后，立即抓住有利战机，一战杀死张璘，随即挥师北上，经浙江、安徽，于七月由马鞍山采石矶北渡长江，屯兵滁州天长。

为了把自己摘干净，高骈还上表"告急"："贼六十余万屯天长，去臣城无五十里。"其实义军根本没有六十万，高骈故意把敌人说得很强大，是为了表示兵败不关他的事，谁来了都得败。

问题是朝廷不知内情啊，一听黄巢居然有六十万人马，顿时吓破了胆。僖宗又气又急，下诏责备高骈，说都怪错信了他才遣散诸道兵马，致使贼人乘无备渡江。高骈接着上表甩锅，说他只是遵旨行事，没有自专，不该怪他，还说他最近抱恙在身，不便出战。这不是耍流氓吗?!

僖宗已经顾不上和高骈打嘴仗了，眼下只能寄希望于在溵水挡住黄巢了。

本来呢，溵水有四道大军驻守，兵力绝对是够用的。没想到，偏偏就出事了。

从徐州来的感化军途经许昌，因为嫌弃伙食不好而在城内鼓噪。忠武军节度使薛能好一顿安抚，才把感化军安抚住。这时，他派往前线的大将周岌还没走远，听说后立即回师许昌，将感化军一股脑儿杀光，顺手又杀了薛能，自称留后。已经进驻潲水的感化军大将时溥有样学样，也回师徐州囚禁了节度使，自称留后。泰宁军的齐克让担心遭到周岌袭击，火速撤回兖州。

四道大军转眼只剩曹全晸统领的天平军了。

前无阻击，后无追兵，九月，几十万义军跟逛街似的，溜溜达达地渡过潲水，踏上了淮北的大地。尽管长子已经战死，但曹全晸还想战，可他孤军作战，很快就被义军击败，曹全晸血洒疆场。

其实，只要高骈发兵追击，黄巢绝无可能轻松渡淮，曹全晸也不会战死，可高骈就是按兵不动。

03. 进占东都

渡过淮河后，义军如入无人之境，一路披靡，于十一月十日攻占汝州。汝郑把截制置都指挥使齐克让上奏僖宗，说黄巢自称"天补大将军"，还传檄四方，要求各地官员"各宜守垒，勿犯吾锋！吾将入东都，即至京邑，自欲问罪，无预众人"。

僖宗想问卢携怎么办。可被高骈摆了一道的卢携又羞又惭，装病不朝。

然后，田令孜就站了出来："请选左右神策军弓弩手守潼关，臣自为都指挥制置把截使。"但连僖宗都知道神策军的真实水平："侍卫将士，不习征战，恐未足用。"田令孜顺势提议："昔安禄山构逆，玄宗幸蜀以避之。"

田干爹提议幸蜀，是因为他早有安排。年初黄巢打死张璘后，田令孜就预感到形势不妙，萌生了把心腹安排到大西南当节度使的念头，这样万一哪天在朝中待不住了，起码有个安全去处。于是，三月他奏请僖宗任命哥哥陈敬瑄和左神策军大将杨师立、牛勖①、罗元杲节制三川。

四个人，三个岗位，按理说不好抉择，但这难不倒僖宗，也不用走考查程序什么的，干脆就赌步打球吧，前三名就是节度使了。最终，陈敬瑄得了第一名，杨师立第二名，牛勖第三名。要我说，也不是陈敬瑄球技高，他是田令孜的哥哥，杨师立等人不敢赢他。前三名一个萝卜一个坑，陈敬瑄任西川节度使，杨师立任东川节度使，牛勖任山南西道节度使。一场球赛下来，整个大西南都成了田令孜的自留地。

田令孜首倡幸蜀，他的党羽宰相崔沆和豆卢瑑②马上敲边鼓。这个说当年安禄山仅有五万兵力，与黄巢的六十万大军相比不值一提，那个说哥舒翰守潼关还有十五万人马呢，咱现在连几万人都凑不出来。总而言之，言而总之，都是一个意思：陛下，咱们跑路吧，去蜀地！

僖宗很不高兴，好嘛，不是你家的江山，你们当然无所谓啦！他难得执拗地对阿父说："卿且为朕发兵守潼关。"

这时的田令孜还不敢撅僖宗，只得应承下来。当天，僖宗亲临左神策军检阅部队，并组建了拦截指挥部，以左神策军马军将军张承范为兵马先锋使兼把截潼关制置使，右神策军步军将军王师会为制置关塞粮料使，左神策军兵马使赵珂为勾当寨栅使，至于总指挥——左右神策军内外八镇及诸道兵马都指挥制置招讨等使理所当然地给了阿父

---

① 勖，音序。
② 瑑，音 tuan，四声。

田令孜，枢密使杨复恭出任副使。

形势万分危急！第二天，齐克让的奏疏又到了，奏报黄巢大军已进入东都境内，他现在只能退保潼关，请皇帝早发援军、军粮。僖宗赶紧诏命张承范等率神策军弓弩手两千八百人先行赶赴潼关。

十七日，黄巢进入东都。注意我的用词，是进入，而不是攻入，东都已经没兵了，拿什么抵抗？东都留守率百官出城，列队迎接义军入城。这位留守是谁呢？说出来大家的下嘴唇能砸地上，正是写出《直谏书》的刘允章。

这就很尴尬、很现实了！刘允章其实代表了体制内很常见的一类人。一来他们身处体制内，有的官职还不低，对体制运行中存在的问题远比圈外人看得要清楚。二来他们有自己的见解，这些见解大多是对的，如果这么办，肯定能缓解甚至解决那些问题。三来他们内心忧国忧民，并且在语言和文字上也能很好地表达出这种架势。可有一条，一旦大难临头，面临国家大义和个人私利的抉择时，他们一定选后者。

我们来分析一下刘允章的抉择。他是东都最高行政长官，黄巢大军压境，他其实有三个选择：第一，率领全城军民坚守抗敌，哪怕别人开城投降了，他也可以像安南都护蔡袭那样以身殉国，如此则不失为大唐朝的忠臣良将，《烈臣传》里肯定有他一席之地。第二，实在怕死，他还可以逃呀，撤往京师长安。虽说弃守东都有过，但敌我力量对比太过悬殊，情有可原，罪不至死，顶多也就是贬官外放。但刘允章偏偏选择了第三种——投降，而且还是带着麾下文武箪食壶浆以迎黄师。为什么呢？因为这么选择他的利益才能实现最大化，首先是能活命，其次是有功劳，在朝廷那儿他是叛徒，在黄巢这儿他可是功臣，说不定还能在新政权里混个宰相当当！

这正应了那句话，人人愤世嫉俗，人人同流合污。看问题一看一个准，私下里批评比谁都多，个个都是忠臣良将、辅国能臣。但第二天上班见了领导，点头哈腰比谁都勤，只要是领导的主张，我坚决拥护。领导完蛋了，说你也跟着毁灭吧？不，你是你，我是我，我早发现问题了，你这么搞早该毁灭了！说起大道理头头是道，做起选择来毫不犹豫。我们回过头再看刘允章写的《直谏书》，简直跟吃了苍蝇一样恶心。

黄巢之乱平定后，朝廷追究降官，刘允章坐罪贬官，黯然病死。

四天后，僖宗才得到东都陷落的确切消息。而直到这时，那两千八百弓弩手居然还没出发呢！为啥没出发？因为怕啊，区区两千八百弓弩手，又不是斯巴达三百勇士，焉能挡住黄巢的几十万大军？！这就是一个有去无回的任务！

僖宗急了眼，于次日直接任命田令孜为汝、洛、晋、绛、同、华等州都统，命他立刻带领神策左右两军驰援潼关。作为朝廷直属部队，神策军的总兵力并不少，但由于分镇关中各地，短时间内难以集中。饶是如此，长安的神策军也有数万之众，如果全部投入潼关前线，即便不能根本性扭转战局，起码能挡黄巢一阵子，为各地勤王军争取宝贵的增援时间。

但田令孜小算盘打得噼啪作响，神策军是他的立身之本，他才舍不得全送到潼关当炮灰呢！至于他本人，江山社稷对他来说就是个屁，再大也大不过咱老田的个人利益，让他亲临一线，皇帝干儿你可真敢想！不过，为了给僖宗一个交代，田令孜准备推张承范等出去当这个炮灰。

二十五日，张承范硬着头皮带两千八百弓弩手自京师出发。他也知道田令孜指望不上，干脆直接向皇帝喊话，请朝廷尽快安排援军和粮草。僖宗手上除了汗毛啥也没有，只能忽悠："卿辈第行，兵寻至矣！"爱卿你们先行一步，援兵随后就到！

义军在洛阳的军纪十分严明，"供顿而去，坊市晏然"。休整十多天后，黄巢继续向西进发，他要打到长安去、解放全中国。

十二月初一，张承范率众抵达潼关。他们是饿着肚子到的，因为粮食已经在半路上吃没了，满以为齐克让这边有粮食，不承想潼关守军已经断粮好几天了。粮食不够，兵也不够，两人的兵力加起来也只有不到一万五千人。当年哥舒翰阻击安禄山好歹还有二十万精兵呢！张承范和齐克让大眼瞪小眼，内心的苦涩无以言表！

说来也寸，张承范前脚进潼关，气儿还没喘匀呢，农民军的主力就到了！高骈确实有夸大，但也不算夸得太大，农民军确实有几十万人之众。那行军场面太过震撼，"白旗满野，不见其际"，"举军大呼，声振河华"。几十万人齐呐喊，连华山都得抖三抖。

张承范、齐克让也算对得起僖宗和大唐了，挥军出城，拼死作战。激烈的战斗从中午一直打到傍晚，守军将士本就饿着肚子，经过半天苦战，大家实在挺不住了，四散奔逃。齐克让深知大势已去，当时就逃了。张承范等人退入关中，再次派人回长安催援军。

惨烈的战斗又持续了一天两夜，初三早晨，潼关告破，王师会自杀，张承范率残部西撤。

途中，他陆续遇到来自奉天、博野和凤翔的援军，但已经没有意义了，张承范长叹一声："汝来晚矣！"几路人马一齐向长安退去。在东渭桥，他们撞见了田令孜刚招募的新军。这些新军衣甲鲜明，饱食终日，一个个小脸白嘟嘟、胖乎乎的。将士们勃然大怒："此辈何功而然，我曹反冻馁！"当场哗变，先抢劫了新军，随后转投农民军，引导着黄巢大军扑向长安。

04. 满城尽带黄金甲

初四，僖宗匆忙授任黄巢为天平军节度使。满足这事儿其实也分个即时满足和延迟满足，即时满足才是真正的满足，延迟满足不是满足。现在想拿天平军节度使收买黄巢，晚了，涨价了！

初五早朝，僖宗宣布贬卢携为太子宾客、分司东都。这是田令孜的主意，卢携的每个建议都是他说服僖宗同意的，他怕僖宗怪罪，就把所有责任都推到卢携身上。东都已经沦陷，现在让卢携分司东都，其实就是要他去死。

百官退朝后，听说潼关乱军已经入了城，个个跟没头苍蝇似的到处乱窜。还是皇上圣明，跟着田令孜的五百神策军，带着福王、穆王、泽王、寿王及几个妃嫔，从金光门出城，向西逃去。他们保密工作做得很到位，百官完全不知情。

这里史书的记载可能有误，我查了很多资料也没搞清楚福王、穆王、泽王到底是谁，他们既不是懿宗的儿子，也不是僖宗的儿子，更不是宣宗的儿子。所以，史官很有可能把这几个王号搞错了。只有寿王是对得上号的，他是僖宗的七弟，也就是后来的唐昭宗。

僖宗出逃，长安沦陷，是为"天子九逃，都城六陷"的第四逃、第四陷。

一看皇帝跑了，士兵和百姓争先恐后冲入宫中抢掠。也对，这些东西本就是老百姓的，拿回自己的东西，很正常啊，没毛病！

下午，黄巢先锋大将柴存进入长安。洛阳有刘允章，长安有张直方。大家还记得吧，我在《四祸交织》里提到过此人，他是"北狄杀手"张仲武的儿子，继任后因"嗜酒凌虐士卒"被卢龙军驱逐。和刘允章一样，张直方也带领文武官员数十人前去灞上迎接黄巢。

从十一月十七日攻克东都，到十二月初五进占长安，黄巢仅用十八天就拿下了大唐两京。

黄昏时分，义军主力簇拥着黄巢开入长安城。义军将士身着红衣，外披金甲，车骑如流，辎重塞途，千里络绎不绝。长安百姓早就听说义军进入东都后纪律很好，所以一点儿都不害怕，站在街道两旁观看义军入城式。义军将士居然还把战利品随手散给百姓。尚让对百姓说："黄王起兵，本为百姓，非如李氏不爱汝曹，汝曹但安居毋恐。"黄王起兵本就是为了百姓，不像李唐压根儿不爱你们。你们只管安居乐业，不要恐慌。

可惜史书没有记载黄巢此刻的言行。我替他补上吧："待到秋来九月八，我花开后百花杀。冲天香阵透长安，满城尽带黄金甲。我，做到了！"

在家中呆坐了一下午的卢携服毒自杀。

入住田令孜宅邸的黄巢志得意满，下步该干吗？当然是称帝了呀！历代农民起义都是如此，底层宣泄愤怒，上层窃取果实，打倒皇帝做皇帝，黄巢也不例外。

但这就是他短视了，当务之急并不是称帝，而是抓捕僖宗。全城倒是大索了，可他没有派兵出城搜索追击。僖宗再不济，那也是大唐的头儿，只要他还活着，就能调集军队来反攻。这是黄巢犯下的巨大错误，足以致命，后来也确实致命了。

六天后，义军将未能逃脱的李唐宗室屠戮殆尽。义军劝说前宰相于琮出任新朝宰相。于琮说，我是唐家老臣，又是驸马，不能辅佐草寇。义军大怒，一刀把他砍死。于琮的老婆广德公主哭着对黄巢说："今日我绝不独存，贼军速速杀我。"黄巢不屑对一个女流逞英雄，没有理会。广德公主返回房中自缢而死。同为宣宗的后代，懿宗、僖宗父子还不如一个女人。

十三日，黄巢于大明宫含元殿即皇帝位，国号"大齐"，建元"金统"。这个年号大有深意，黄巢说了，僖宗用的"广明"年号其实就是暗喻他黄某人将取代李唐天下。因为，"唐"字去掉里面的东西，留下一个广字旁，再加上一个"黄"字，就是"广"的繁体字，"明"字可以拆分为"日""月"，所以"广明"就是指黄家日月。如今他顺天应人，以金代黄，一统日月，故名"金统"。

黄巢册立妻子曹氏为皇后，大封百官。新政权的高级干部中有一部分是唐朝旧臣，比如崔璆出任大齐宰相，张直方任检校左仆射，裴渥为翰林学士。张直方可能没啥特别感觉，但曾为黄巢阶下囚的崔璆和裴渥想必是恍若隔世：萧瑟秋风今又是，这就换了人间?!

当然，绝大多数唐朝文武都采取了不配合的态度，以致黄巢不得不颁布诏命，说唐朝三品以上官员全部停任，但四品以下仍可保留原有官位，只要到大齐宰相赵璋的宅第投报官位姓名，马上官复原职。但这样也没什么效果，黄巢怒了，杀！

宰相豆卢瑑、崔沆以及前宰相刘邺、太子少师裴谂[①]（裴度之子）、御史中丞赵濛、刑部侍郎李溥、京兆尹李汤等陆续被杀。还有一些官员举家自杀。张直方因为在家中夹壁墙藏匿公卿，也被杀了。就连已死的卢携都被从坟墓中挖了出来，重新弃市。

大齐政权对官员这么狠，对老百姓怎么样呢？

---

① 谂，音沈。

05. 秦妇吟

黄巢占据长安近四年。这四年里长安城是个什么情况？史书的记载特别少，好在有韦庄。

少年时代的韦庄肯定想不到，他60岁之前的人生会被科举这座大山压得死死的，年年赶考，年年落榜，每次都满怀希冀而去，每次都满载失望而归。我们从他写的落第诗《关河道》中可以感受到他的无奈与抑郁：

> 槐陌蝉声柳市风，驿楼高倚夕阳东。
> 往来千里路长在，聚散十年人不同。
> 但见时光流似箭，岂知天道曲如弓。
> 平生志业匡尧舜，又拟沧浪学钓翁。

理想是"志业匡尧舜"，道路却是"天道曲如弓"，以致他几乎要绝望了，想当一个钓鱼的老头。

韦庄还写了一首《长年》表达自己的政治抱负：

> 长年方悟少年非，人道新诗胜旧诗。
> 十亩野塘留客钓，一轩春雨对僧棋。
> 花间醉任黄莺语，亭上吟从白鹭窥。
> 大盗不将炉冶去，有心重筑太平基。

看到没，人家的志向可不是当官发财，而是要让大唐重新走向太平。

当然不是他不行，只是一个没有资源的人想在晚唐这种社会里出人头地太难了。

外人看韦庄，京兆韦氏，哎呀，名门之后，住的还是首都核心区的大宅子，生活一定很滋润。其实，韦庄的日子过得那叫一个苦，做饭不敢多烧柴火，下锅的米是按粒数的，偌大的宅子晚上就点一根蜡烛，小偷都不敢来！吃烤肉时，哪怕少了一片，韦庄都能知道。他有个八岁的儿子夭折了，入葬时妻子给儿子穿上了生前最爱的衣服，韦庄却给扒了下来，说衣服还能给其他孩子穿，最后只用一张旧草席裹着孩子出殡。这还不是最绝的，最绝的是他居然还把那张破草席带了回来，挺好的东西，埋了怪可惜的！这哪里像个"志业匡尧舜""有心重筑太平基"的诗人，比泼留希金还泼留希金。

但随着黄巢起义爆发，连这种安稳的穷日子对韦庄来说都是一种奢望了。黄巢大军攻入长安。韦庄当时刚刚科举落第，想跑没跑脱，被堵在了城里。这一堵就是将近两年。这两年韦庄的日子肯定过得挺难的，长安粮食一天一个价，他一个穷书生免不了要啼饥号寒。直到僖宗九年（882年），他才瞅了个空子，举家从长安跑到了洛阳。

在洛阳，韦庄遇到了一个从长安逃难来的妇人。两人一番畅谈，韦庄感慨丛生，回家就写下了著名的《秦妇吟》：

中和癸卯春三月，洛阳城外花如雪。东西南北路人绝，绿杨悄悄香尘灭。路旁忽见如花人，独向绿杨阴下歇。凤侧鸾欹[①]鬓脚斜，红攒黛敛眉心折。借问女郎何处来？含颦欲语声先咽。回头敛袂谢行人，丧乱漂沦何堪说！三年陷贼留秦地，依稀记得秦

---

① 欹，音七。

中事。君能为妾解金鞍，妾亦与君停玉趾。

中和三年（883年）春三月，我在洛阳城外散步，四周繁花盛开如雪，但各处路上都不见行人的踪影，更没有尘土扬起，只有绿色的杨树静悄悄地矗立着。忽然，我看到路旁有一个美貌妇人坐在树荫下休息。她头发蓬松，鬓角散乱，眉头紧蹙，一副心事重重的样子。我问她，你从哪儿来啊？她未语泪先流，然后才对我说："我是因为战乱才流落至此的。长安沦陷已经三年了，我还记得城里发生的事呢！如果您愿意下马，我可以给您讲一讲我的遭遇。"

前年庚子腊月五，正闭金笼教鹦鹉。斜开鸾镜懒梳头，闲凭雕栏慵不语。忽看门外起红尘，已见街中擂金鼓。居人走出半仓惶，朝士归来尚疑误。是时西面官军入，拟向潼关为警急。皆言博野自相持，尽道贼军来未及。须臾主父乘奔至，下马入门痴似醉。适逢紫盖去蒙尘，已见白旗来匝地。

前年腊月初五早上，我早起打开镜盒，却忽然犯懒不想梳头了，就靠在栏杆上，教笼子里的鹦鹉说话。忽然看见院门外尘土飞扬，不久又听见街上有人在敲鼓。街坊邻居们都慌慌张张地走出门来。那些上班的公务员也接二连三地赶回家中。有消息说，黄巢马上就要打到京城了。我觉得他们在瞎掰。这时有官军从西边来，说要去潼关阻击草贼。大家都很紧张。过了一会儿，又有消息传来，说禁军已经顶住了草贼，他们一时半会儿进不了长安城。奴家悬着的心也就安了。谁知我家夫君骑着马狂奔回来，失魂落魄的样子就跟喝醉了似的，他说："我看见皇帝出城了，草贼已经打进城了，他们的白旗到处都是。"

扶羸携幼竞相呼，上屋缘墙不知次。南邻走入北邻藏，东邻走向西邻避。北邻诸妇咸相凑，户外崩腾如走兽。轰轰混混乾坤动，万马雷声从地涌。火迸金星上九天，十二官街烟烘烔①。日轮西下寒光白，上帝无言空脉脉。阴云晕气若重围，宦者流星如血色。紫气潜随帝座移，妖光暗射台星拆。家家流血如泉沸，处处冤声声动地。

不一会儿，草贼果然来了。街坊邻居们扶老携幼地互相呼唤着，上房顶的上房顶，爬墙头的爬墙头，南家跑到北家躲藏，东家躲到西家去，北家的女眷们凑在一起，都很茫然无措。户外乱兵奔驰，就像是狂奔的野兽一样，踩踏得天地都轰隆隆作响。我远远看见皇宫起火了，不一会儿城里的十二条主街都冒起了烟火。夕阳西下，黯淡无光，老天爷也只能默默凝视着这人世间。阴云笼罩，就好像重重包围着长安城一样。宦者星宿呈灾难之象。皇帝出奔，紫气也随之发生移动，连台星也被妖光射散了。家家户户都有血光之灾，到处都有哭喊的惨叫声。

舞伎歌姬尽暗捐，婴儿稚女皆生弃。东邻有女眉新画，倾国倾城不知价。长戈拥得上戎车，回首香闺泪盈把。旋抽金线学缝旗，才上雕鞍教走马。有时马上见良人，不敢回眸空泪下；西邻有女真仙子，一寸横波剪秋水。妆成只对镜中春，年幼不知门外事。一夫跳跃上金阶，斜袒半肩欲相耻。牵衣不肯出朱门，红粉香脂刀下死。南邻有女不记姓，昨日良媒新纳聘。琉璃阶上不闻行，翡翠帘间空见影。忽看庭际刀刃鸣，身首支离在俄顷。仰天

---

① 烔，音铜。

掩面哭一声，女弟女兄同入井；北邻少妇行相促，旋拆云鬟拭眉绿。已闻击托坏高门，不觉攀缘上重屋。须臾四面火光来，欲下回梯梯又摧。烟中大叫犹求救，梁上悬尸已作灰。妾身幸得全刀锯，不敢踟蹰久回顾。旋梳蝉鬓逐军行，强展蛾眉出门去。旧里从兹不得归，六亲自此无寻处。

那些舞伎呀、歌姬呀、婴儿呀、小女孩儿呀，都被抛弃了。我东邻家的妇人出落得倾国倾城，被一些草贼强行抓走，塞上了战车。我还记得她在奔驰的车上不断回头，泪流满面。她被逼着学习女红，给草贼缝制军旗，还得学习骑马。有时她在马上看到丈夫，都不敢回头看，只能偷偷地抹眼泪。西邻少女也是一个大美女，眼睛就像秋水一样好看，从小养在深闺，大门不出、二门不迈。有个草贼闯入她家，动手动脚要污辱她。她拼死抵抗，居然就被杀害了。南邻的女人不知姓什么，昨天才嫁进门，我连她的模样都没看清。忽然听见她家院里有刀剑之声，不一会儿我过去看，却看到她已经尸首分离了。她的姐妹们仰天痛哭，一起跳了井。北邻少妇正准备逃走呢，首饰摘了，妆也卸了。但草贼已经在拍打她家的大门了。她情急之下爬上了屋顶。草贼找不到人，就纵起火来。她想要下来，可楼梯已经被烧毁了。我听见她在冲天的火光中大声呼救。但火势太大了，我们都没办法。大火过后，就看到了她悬在房梁上，已经被烧成了焦炭。草贼也闯入了我家中，我不敢有丝毫的抗拒，只能梳好头发化好妆，强颜欢笑地跟着草贼走了。从此以后，我就没法回家了，连亲戚也断绝了来往。

一从陷贼经三载，终日惊忧心胆碎。夜卧千重剑戟围，朝餐一味人肝脍。鸳帏纵入岂成欢？宝货虽多非所爱。蓬头垢面眉犹赤，几转横波看不得。衣裳颠倒语言异，面上夸功雕作字。柏台多半是狐精，兰省诸郎皆鼠魅。还将短发戴华簪，不脱朝衣缠绣被。翻持象笏作三公，倒佩金鱼为两史。朝闻奏对入朝堂，暮见喧呼来酒市。

我落入贼人之手已有三年，整天都提心吊胆的，夜晚睡在军营里，每天只能在早上吃一顿人的心肝。虽然我和那个草贼同居三年，但哪里有什么情爱呀?！他给我的金银财宝倒是不少，可这都不是我想要的。那个人蓬头垢面，还长着红色的眉毛，我怎么看他都觉得不顺眼。他们这些人连衣服都穿不明白，听口音都不是长安人，立过功，就会在脸上刺字。那些台省里的大官都是妖精鼠辈，明明是短头发，偏要戴上簪子，回到家里都不脱朝服，和衣就睡下了。做三公的，连笏板都能拿反；做两史的，金鱼袋都能挂反了。他们早上去上朝，晚上就到酒店里饮酒作乐。

一朝五鼓人惊起，叫啸喧呼如窃语。夜来探马入皇城，昨日官军收赤水。赤水去城一百里，朝若来兮暮应至。凶徒马上暗吞声，女伴闺中潜生喜。皆言冤愤此时销，必谓妖徒今日死。逡巡走马传声急，又道官军全阵入。大彭小彭相顾忧，二郎四郎抱鞍泣。沉沉数日无消息，必谓军前已衔璧。簸旗掉剑却来归，又道官军悉败绩。

有一天黎明时分，五声鼓响过后，城里的百姓都被惊醒了，大家都不知道发生了什么，只能窃窃议论。听说昨天有探子深夜骑马入宫，说是官军已经收复了赤水镇。赤水镇在长安城西渭南县东，离长安只有一百多里。如果官军早晨出发，晚上就能到长安了。贼人们都很恐慌害怕，而我们这些被掳掠的女人则躲在屋子里偷偷地高兴。大家都以为今天就是草贼们的末日了，血海深仇可以报了！不一会儿，又有人骑马来报，说官军已经进城了。这时，黄巢的兄弟和军将们都惶惶如丧家之犬，趴在马鞍上哭泣。可一连过了几天，毫无动静。我们都以为黄巢已经向官军投降了，不承想没多久他们又挥舞着刀剑回来了，还说官军被他们打跑了。

> 四面从兹多厄束，一斗黄金一斗粟。尚让厨中食木皮，黄巢机上刲①人肉。东南断绝无粮道，沟壑渐平人渐少。六军门外倚僵尸，七架营中填饿殍。长安寂寂今何有？废市荒街麦苗秀。采樵斫尽杏园花，修寨诛残御沟柳。华轩绣毂皆销散，甲第朱门无一半。含元殿上狐兔行，花萼楼前荆棘满。昔时繁盛皆埋没，举目凄凉无故物。内库烧为锦绣灰，天街踏尽公卿骨！

官军虽然被击退了，但仍然包围着长安城，不许城外的粮食入城。城中粮价飞涨，一斗粟居然价值一斗黄金。听说连尚让也只能吃树皮，只有黄巢能吃得上人肉。由于粮食断绝，百姓一批一批地饿死，埋在沟壑里，都快把沟壑填平了。军营门外躺满了僵尸，连军营里头也到处是死人。长安城冷冷清清的，连个人影都看不到，当年繁华的市集现在长满了麦苗。杏园里的花木早就被人砍走，拿去修缮军营、构建工事了。一切华美的屋宇、锦绣、丝毂②，都已消散。朱门甲第的富贵大家已破败了一大半。皇宫里的含元殿、花萼楼荆棘丛生，野兔、狐狸到处都是。总而言之，当年的繁华富庶都已经消失了，满眼所见已不复旧貌。皇帝的内库被付之一炬，人在天街上走，脚下踩

---

① 刲，音亏。
② 毂，音胡。

踏的都是公卿贵族的骸骨。

来时晓出城东陌，城外风烟如塞色。路旁时见游奕军，坡下寂无迎送客。霸陵东望人烟绝，树锁骊山金翠灭。大道俱成棘子林，行人夜宿墙匡月。明朝晓至三峰路，百万人家无一户。破落田园但有蒿，摧残竹树皆无主。路旁试问金天神，金天无语愁于人。

那天早晨我瞅准机会，逃出东门，城外的风景就好像塞上一样荒凉。路上我经常看见巡逻的兵丁。山坡下的驿站寂无人烟，不见一个客人。东望霸陵，人烟断绝，骊山上的树木虽然依旧繁盛，但金碧辉煌的宫殿楼阁已经消失不见了。往来的大路遍布荆棘，行人晚上只能露宿在断墙脚下。第二天清晨，我到了三峰路，当年这里可是个人口稠密的地方，现在不见一个人影儿。田园破败，长满了蒿草，竹子无人照料，都已经残败得不成样子了。途经一处神庙，我问山神到底发生了什么。山神无语，似乎比人还要惆怅。

庙前古柏有残栦①，殿上金炉生暗尘。一从狂寇陷中国，天地晦冥风雨黑。案前神咒不成，壁上阴兵驱不得。闲日徒歆奠飨恩，危时不助神通力。我今愧恧拙为神，且向山中深避匿。寰中箫管不曾闻，楚上牺牲无处觅。旋教魔鬼傍乡村，诛剥生灵过朝夕。

山神托梦给我说，庙前的古柏已经被砍光了，只剩下残留的新

---

① 栦，音会。

芽。殿上的铜香炉早就黯然失色了，落满了灰尘。自从黄巢攻陷长安，天昏地暗，风雨如晦。香案上的神水失去法力，咒语不灵了，壁画上的阴兵阴将也不会显神通了。平日里受百姓的祭祀供奉，危难关头却帮不上忙。我算什么神啊，我真是太惭愧了，只好躲到了山里。现在我的庙里已没有箫管之声，也没人来给我献祭了。我实在没辙儿了，只好派魔鬼到附近的村子里，害死几个百姓，起码能落点儿供品。

妾闻此语愁更愁，天遣时灾非自由。神在山中犹避难，何须责望东诸侯！

我听了山神的话更加惆怅了，原来这是天降大灾于此。神还要躲到山里去，那就不必责怪东边的那些藩镇了。

前年又出扬震关，举头云际见荆山。如从地府到人间，顿觉时清天地闲。陕州主帅忠且贞，不动干戈唯守城。蒲津主帅能戢兵，千里晏然无犬声。朝携宝货无人问，暮插金钗唯独行。

去年时我经过潼关，一抬头就看到了荆山。这种感觉就好比从地狱来到人间，顿觉神清气爽。驻守陕州的官军主帅忠贞不贰，没有兴兵动武，就是守好城池，护住一方百姓。蒲津的主帅也能约束住士兵，千里太平，连犬吠声也没有。清早身上带着珍宝出行，无人过问。傍晚时头上插着金钗，孤身行走，都没有强徒来抢劫。

明朝又过新安东，路上乞浆逢一翁。苍苍面带苔藓色，隐隐身藏蓬荻中。问翁本是何乡曲？底事寒天霜露宿？老翁暂起欲陈辞，却坐支颐仰天哭。乡园本贯东畿县，岁岁耕桑临近甸。岁种良田二百廛，年输户税三千万。小姑惯织褐绨袍，中妇能炊红黍饭。千间仓兮万丝箱，黄巢过后犹残半。自从洛下屯师旅，日夜巡兵入村坞。匣中秋水拔青蛇，旗上高风吹白虎。入门下马若旋风，馨室倾囊如卷土。家财既尽骨肉离，今日垂年一身苦。一身苦兮何足嗟，山中更有千万家，朝饥山上寻蓬子，夜宿霜中卧荻花！

第二天早晨在新安东郊，因为找茶水喝，邂逅了一个老汉。老人家面带草色，躲藏在芦花堆里。我问他是哪里人，大冷天的为什么要睡在芦花堆里？老人家挣扎着站起来，想要说些什么，却仰起脸来无声落泪。后来，他说他是新安本地人，原先是个富贵人家，家有良田二百廛①，每年缴税三千万。家中的姑娘女红纺织无所不精，妇人们也会做红黍饭。他们家原有粮仓千间，储粮万箱。黄巢经过后，虽然损失了许多，但还剩下一半。可自从官军开到洛阳，每天都会跑到村里劫掠，不分昼夜。他们洗劫我们的架势，比跟黄巢打仗勇猛多了。家里被抢得一干二净，一家人也只能散伙儿，各谋生路去了。现在我就是个孤苦无依的老头。我一个人受苦受难不值一提，可是山里还有成千上万家难民，他们白天饿了只能到山上挖草根，夜里霜降，也只能睡在芦花堆里。

妾闻此老伤心语，竟日阑干泪如雨。出门惟见乱枭鸣，更欲东奔何处所？仍闻汴路舟车绝，又道彭门自相杀。野宿徒销战士魂，河津半是冤人血。适闻有客金陵至，见说江南风景异。自从大寇犯中原，戎马不曾生四鄙。诛锄窃盗若神功，惠爱生灵如赤子。城壕固护教金汤，赋税如云送军垒。奈何四海尽滔滔，湛然

---

① 廛，音缠。

一境平如砥。避难徒为阙下人，怀安却羡江南鬼。愿君举棹东复东，咏此长歌献相公。

听了老人的伤心话，我哭了一整天。告别了老人，我继续向东赶路，可是陪伴我的只有猫头鹰凄厉的叫声，我都不知道再往东我还能去哪儿?!听说去汴州的陆路、水路都中断了，又听说徐州军发生了内讧。郊野、河边全是士兵相杀的死尸。恰好遇到一个从金陵过来的客商，他说江南十分太平，人民安居乐业。是啊，自从黄巢北上后，江南反倒太平了。那边的军帅对付盗贼很有办法，而且还很爱护子民。那边的城池坚固，谁来了也攻不下。那边也很富庶，百姓上缴的赋税特别多，军队也很强大。当四海八方都乱得如滔滔洪水的时候，独有江南一方土地却平坦如砥。我是个长安人，现在却逃难在异乡。因为渴望安全，反而羡慕做江南的鬼。我希望你赶快乘船向东去，把这首长诗献给江南的相公。

当年杜甫用《哀王孙》记录了安史之乱，如今韦庄用《秦妇吟》见证了黄巢之乱。《秦妇吟》是韦庄的生平力作，一经问世就霸占了热搜榜。世人争阅传诵，有人甚至将其制为幛子悬挂起来。这首现存最长唐诗的历史地位和文学地位相当之高。后人将其与《孔雀东南飞》《木兰辞》并称为"乐府三绝"。

可文章走红后，韦庄却惶惶不可终日，到处回收抄本，收到一份就烧毁一份。他还写了《家戒》，要求家人不要再提这篇诗文。甚至于他后来在成都编纂的《浣花集》也不曾收录此诗，以致宋元明清徒闻其名、不见其诗。直至近代西方人抄底敦煌石窟的藏书，《秦妇吟》才得以复出人世，被收藏于巴黎图书馆。盗宝者应王国维之邀，将抄录的《秦妇吟》寄回中国。王国维又做了校勘整理，才让这首失传千年的长诗重见天日。

这是为什么呢？因为，统治阶级不愿意看这些写实的诗句。"华轩绣毂皆销散，甲第朱门无一半。含元殿上狐兔行，花萼楼前荆棘满。昔时繁盛皆埋没，举目凄凉无故物。内库烧为锦绣灰，天街踏尽公卿骨！"文人的嘴，哄人的鬼，我们可没这么惨，他说得太邪乎了！这还不是最刺激的，最刺激的一句是"适逢紫盖去蒙尘，已见白旗来匝地"，大难临头，皇帝丢下臣民自己先跑了，这就相当于扒了僖宗的裤衩。另外，"神在山中犹避难，何须责望东诸侯"，其实就是在指责山东诸侯不作为，可这些人现在都是平叛功臣，个个身居高位、手握重权，谁能受得了你这虎狼文字?！尤其是新安老翁说官军与匪军没有任何区别，甚至比匪军还残暴，这也太直白了！

好在这是一位逃难妇女的口述史，韦庄要说我亲历、我看见、我听见，估计全家人早整整齐齐埋一堆儿了。

06. 疯狂反扑

再说僖宗。出城后，他经过当年太宗智退突厥的渭水便桥，一路向西逃窜。

逃的时候太仓促，连马都没带够，以致四王只能徒步而行。行至斜谷①，寿王李杰实在累得不行了，躺在一块石头上休息。田令孜从后面拍马赶上，偷懒呢，快起来，赶紧走！李杰用讨好的口吻说："田军容，我走得脚都疼了，您能不能给我一匹马？"田令孜骑在高头大马

---

① 在陕西省终南山，谷有二口，南曰褒，北曰斜，故又称褒斜谷。

上训斥他："这是深山，哪儿来的马？"说着就用鞭子抽打李杰，让他立即起身赶路。李杰吃了一鞭子，回头瞪着田令孜，只是不说话。田令孜无所谓，不就是一个亲王嘛，我还能怕了你不成？！

人们都说，田令孜后来就是死在了这一鞭子上。

途中，凤翔节度使郑畋赶来救驾。黄巢北渡长江后，僖宗又对卢携和高骈失望至极了，将郑畋召回长安任礼部尚书，但不久又外放凤翔。讲真，如果僖宗从一开始就采纳郑畋的平乱方略，绝不至于到眼下这般田地。郑畋劝僖宗到凤翔去。僖宗说，不了，朕要去兴元（今陕西汉中），那里更安全些，关中剿匪的事情就拜托爱卿你了。郑畋说，要我干活可以，但你得给我都统的权力。僖宗同意了。

僖宗本想就在兴元落脚了，但这边田令孜力劝他移驾成都，那边陈敬瑄也频频遣使来迎。僖宗同意了，于八年（881年）正月初启程赶往成都。路线都是现成的，当年玄宗早替他蹚好了。僖宗走过玄宗走过的路，吹过玄宗吹过的风，和老祖宗来了一场错位时空的相拥，于二十八日抵达成都。他和玄宗是唐代唯二出奔四川的皇帝。

明明都是田令孜害的，可僖宗有眼无珠，在抵达成都后即升任阿父为左金吾卫上将军兼判四卫事，封晋国公，陈敬瑄也成为检校左仆射、使相。晚唐三诗杰，皮日休现在已经是大齐政权的翰林学士了，忙得很，顾不上写诗嘲讽僖宗。韦庄和罗隐这两位资深落榜生目前都比较闲，都写诗嘲讽了。韦庄写了《立春日作》：

九重天子去蒙尘，御柳无情依旧春。
今日不关妃妾事，始知辜负马嵬人。

罗隐写了《帝幸蜀》：

马嵬山色翠依依，又见銮舆幸蜀归。

泉下阿蛮应有语，这回休更怨杨妃。

行文虽异，意思相同：当年玄宗还能推杨贵妃出来背锅，现在不行了吧？

僖宗并不傻，他也意识到该做些什么了，先是下诏征调各地藩镇发兵收复长安，然后又做出一系列人事调整：重新起用王铎、郑畋为相，以郑畋为京城四面诸军行营都统，杨复光为京城西南面行营都监。

郑畋集结关中、西北、河北的藩镇军队，同盟起兵，传檄天下。刚上任，他就建功了。三月，郑畋指挥军队在宝鸡岐山县境内的龙尾陂成功伏击了尚让的军队。这是一场大胜，"斩首二万余级，伏尸数十里"。长安沦陷，僖宗出奔，很多藩镇都在犹豫观望，有的甚至已经投降了黄巢。但龙尾陂一战让大家看到了朝廷的实力，也看到了胜利的希望，咱还得跟着朝廷干哪！

四月，联军逼近长安，满以为会打几场硬仗，没想到黄巢一触即溃，居然全军撤出长安。经过齐军的迫害，首都群众又心向朝廷了，箪食壶浆，以迎王师。他们拿官军当子弟兵，可官兵却拿他们当发财树。当天夜里，泾原节度使程宗楚、义武军节度使王处存、前朔方节度使唐弘夫率军入城，乱军强取豪夺，奸淫掳掠，无恶不作。

不承想黄巢是佯装败退，等官军主力入城后，他突然回师重创官军，又夺回了长安。黄巢恼恨长安百姓欢迎官军，下令"洗城"，洗刷刷的洗。长安百姓八万余人被杀，路上血流成河。可怜首都市民被官军和农民军轮番踩躏，惨不忍睹。宁为太平犬，莫做乱离人啊！

然后，双方就展开了漫长的拉锯战。其间冒出很多新的枭雄，有邠宁节度使①朱玫、河中节度使②王重荣、河阳节度使诸葛爽、宥州（内蒙古南边缘与陕北交界处）刺史拓跋思恭。朱玫、王重荣、诸葛爽之前都投降黄巢了，但龙尾陂之战后他们又反正了，先后被朝廷授予节度使。拓跋思恭是平夏党项的酋长。

这些人都发挥了一定的作用，但要说作用最大的，那一定是杨复光。

杨复光驻守邓州。在这里，他碰到了一个凶悍的敌人——朱温。

事实证明，朱温生来就是吃军人这碗饭的。参加义军后，他因作战勇猛、屡立战功，受到黄巢瞩目。队伍南下岭南时，朱存战死，朱温则成长为一名小队长。到大齐政权建立时，他已经是黄巢手下独当一面的大将了。黄巢命他攻占邓州，阻扼由荆襄北上的官军。

杨复光迎战失利，被迫弃守邓州。天大地大，该去哪里呢？他想了想，决定去许州（今河南许昌）投奔忠武军节度使周岌。

周岌也已投降黄巢。按理说，杨复光这时就不该去许州了，万一周岌拿他的人头当投名状怎么办？但杨复光想把周岌重新争取到朝廷这边，不惜犯险来到许州。

五月，周岌忽然设夜宴，邀请杨复光参加。左右都觉得周岌这是要下手了，纷纷劝杨复光不要去："周公臣贼，将不利于内侍，不可往。"但杨复光的态度是决绝的："事已如此，义不图全。"毅然决然地仅带几名随从赴宴。

酒至酣处，周岌终于说起了大唐朝。杨复光当场洒泪，许久才开口道："大丈夫应以恩义立身，周公你从小百姓一跃而成为公侯，都是当今天子给你的。你为什么要舍弃大唐十八位天子而向贼人称臣呢？"

---

① 晚唐时又号静难军。
② 晚唐时又号护国军。

这话戳到周岌的肺管子了，很痛，也哭了："我力量不足，迫于无奈才降了贼，其实我内心还想反正。今日请您过来，正是为了此事。"行，话都说开了！二人互交底牌，当场沥酒为盟，立誓同心讨贼。

杨复光怕夜长梦多，周岌变卦，连夜派养子杨守亮干掉了黄巢的监军。从这一刻起，忠武军又重新倒向朝廷。

但忠武军并非铁板一块，前节度使薛能的部下——蔡州（今河南驻马店汝南县）刺史秦宗权并不听命于周岌。为了做好团结工作，杨复光亲率三千士兵赶赴蔡州，劝说秦宗权捐弃前嫌，帮助周岌一同讨伐黄巢。秦宗权佯装答应，派大将王淑将兵三千随杨复光出征。王淑出工不出力，行至半途逗留不进。杨复光果断诛杀王淑，火并了这支蔡州军。

这时，他手上已经有八千人马了。杨复光将这八千人分为八军，每军一千，各设一个都头统带，组建了晚唐著名的军事力量——忠武八都。八都中有七人的姓名见诸史书，分别是鹿晏弘、王建、韩建、晋晖、张造、李师泰和庞从。顺便说一句，鹿晏弘和王建早年也是私盐贩子。

随后，杨复光带领忠武八都一战大败朱温，收复邓州，并乘胜挺进至蓝桥（今西安蓝田县蓝桥镇）。

偏在这时，他母亲病危了，杨复光是个大孝子，匆匆折返邓州。他前脚刚进家门，母亲就去世了。社稷飘摇，风雨如晦，杨复光也顾不上守孝了，草草安葬完老母，就重返军中了。

为了安抚秦宗权，八月，杨复光奏请僖宗升蔡州军为奉国军，以秦宗权为防御使，随后会合河中节度使王重荣进屯咸阳武功。朱温退屯长安东渭桥，与二人隔渭水对峙。

十月发生了一件大事，全军都统郑畋突然失势。凤翔府库空虚，导致不能及时发放粮饷和犒赏，将士们怨声载道。行军司马李昌言利用这股不满情绪，突然回师凤翔，逼走郑畋，自称留后。僖宗能怎么办呢？只好授任李昌言为凤翔节度行营招讨使，把郑畋召到了成都。

郑畋一倒台，王铎开心了，这下彻底没人和他争了，跑到僖宗面前一顿表演，"恳款流涕"，说他是宰相，国难当头，理应发挥宰相的模范带头作用，恳请僖宗任命他为诸道都统。郑畋没法用，不用王铎用谁?! 僖宗于九年（882年）正月任命王铎为诸道行营都统，杨复光为京城南面行营都监使。

07. 高骈摆烂

不知道大家注意到没有，有个人始终没动静，这个人就是高骈。

高骈的问题就在于私心太重。一来他是卢携的人，卢携被害，他对田令孜、对僖宗都极为不满；二来郑畋和王铎现在都上来了，这都是恩公卢携生前的敌人，也就是他高某人的敌人，他才不会为他们所用呢；三来他自度不是黄巢的对手，与其和黄巢拼个两败俱伤，还不如保存实力呢！

当然，样子还是要做做的。僖宗八年（881年）五月，高骈发布了《檄黄巢书》，并于扬州东塘集结八万精兵和两千艘战船，摆出一副要勤王的架势。僖宗激动到不行，高骈肯出手，何愁黄巢不灭?! 孰料高骈借口风浪太大、不利出兵，愣是盘桓了三个月之久。僖宗派人催促，高骈却说浙西镇海军节度使周宝和浙东观察使刘汉宏图谋不轨，为了东南半壁的稳定，他不能离开淮南。这给僖宗气的。

问题是他这一按兵不动，朝中就对他很有意见了。很多人已经不只是批评了，甚至猜测高骈可能暗中和黄巢达成了某种交易，再加上高骈又两次表请僖宗移驾扬州，说他想挟天子以令诸侯的也大有人在。

僖宗也正因为对高骈彻底失望，才让王铎当了都统。

高骈就酸了，专门写了一首《闻河中王铎加都统》嘲讽："炼汞烧铅四十年，至今犹在药炉前。不知子晋缘何事，只学吹箫便得仙。"哎呀，我高某人炼丹都四十年了，至今未能成仙，还得继续守在丹炉前。不像王子晋只会吹个箫，就能成仙了。言外之意，王铎是老太太吃棒棒糖——只会舔。

其实，这就是他不地道了。王铎能力是不咋地，但起码人家有人臣的担当，不像他只会躲在扬州说酸话。两京沦陷，僖宗出奔，高骈是第一责任人。如果他出兵在长江挡住黄巢，如果义军渡过溵水后他出兵追击，黄巢绝不可能这么顺利地拿下两京。僖宗对他寄予厚望，催他出兵的中使派了一拨又一拨，但他就是按兵不动。

五月，僖宗干脆解除了高骈除盐铁转运使以外的其他职务，只保留了一个侍中的虚衔。

高骈上表抗议，话还说得特别硬，那小词儿净往僖宗脸上甩。先是推卸责任，"是陛下不用微臣，固非微臣有负陛下"。然后就是指责僖宗无能，信用奸臣，"不思宗庙之焚烧，不痛园陵之开毁"，将来免不了要步秦王子婴、汉更始帝的后尘，当了亡国之君。其实这话写得很好，但不该出自高骈之口，心里想可以，黑纸白字地写给皇帝看，这很不应该。

僖宗气坏了，让郑畋草诏骂回去。说朕不用你，你真是猪油蒙了心，都统都让你当了，还说不用你？可你是怎么回报朕的信任的呢？先是放任黄巢渡江，然后是不派兵追击，致使两京沦陷、宗庙焚烧、园陵开毁，逼得朕跑路。整整三年，你没有分一兵一卒来靖难。你还把朕比作秦王子婴、汉更始帝，这是臣子该说的话吗？

这就是互揭老底了，狗咬狗一嘴毛，没戏，掰了，彻底掰了，掰得不能再掰了。打这以后，高骈连例行的贡赋都断了。

高骈之所以对僖宗的召唤置若罔闻，其实还有一个原因，他现在有更重要的事情要做，那就是悟道升仙。

知道他痴迷道术，心术不正的小人就贴上来了。此人姓吕，名用之，江西鄱阳人，早年跟方士学过一些道术。僖宗年间，吕用之在扬州的市集中干卖大力丸的勾当。他听说高骈特别迷信，便通过高骈一个亲信的推荐，站到了高骈面前。两人一聊，高骈被吕用之忽悠得一愣一愣的，张口闭口"先生"，还请吕用之入了幕府。

这种傻大款打着灯笼都难找，吕用之又把自己的狐朋狗友诸葛殷、张守一、萧胜等人引荐给高骈。这些人一个比一个能编，一个比一个会忽悠人。

在引荐同乡诸葛殷之前，吕用之先忽悠高骈："玉皇大帝惦记着你呢，特意派了一个神仙下凡来帮助你。你要善待这尊真神，为了留住神仙，可以给他凡间的要职。"高骈谨记在心。第二天，诸葛殷就来了，破衣烂衫，满身脓疮，臭不可闻。严重洁癖的高骈居然毫不嫌弃，和诸葛殷膝盖顶膝盖地挨着坐，还亲自给诸葛殷布菜斟酒。诸葛殷时不时就用手挠疮，挠得满手脓血。左右实在受不了了，偷偷对高骈说，这厮是个骗子吧，有这么肮脏的神仙吗？高骈微微一笑很倾城："你们不懂，这都是幻象，是神仙在故意试探我们呢！"他的爱犬在诸葛殷身边嗅来嗅去，其实是闻着这味儿太上头了。高骈很诧异。诸葛殷也真能编："几百年前，我曾经在玉皇大帝面前见过这条狗，没想到它居然还认得我！"高骈当即惊为天人。

诸葛殷出任主管盐铁的要职，聚敛钱财高达数十万缗，其凶邪狡诈连吕用之都自愧弗如。富商周师儒的宅邸建得奇美无比，堪称扬州第一。诸葛殷竟直接向周师儒索要，周师儒当然不给。但这难不倒诸葛殷，某日他对高骈说："府城之中有妖怪作祟，如果让它得了逞，这里将有远胜天灾人祸的大难呀！"高骈急了："为之奈何？"诸葛殷遥指着周师儒的宅邸说："应当在那下面建一座斋坛，请神官镇压妖怪！"高骈马上派人把周师儒一家从府中赶了出来。时已入冬，骤降雨雪，可叹周家老小顶着军士们飞舞的皮鞭，可怜兮兮地在泥泞不堪的道路上连滚带爬。当天，诸葛殷就搬进了周府。

张守一本是河北衡水、沧州一带的农民，走投无路之下来投奔吕用之。吕用之看中的就是他无依无靠这点，当时就拍着胸脯说："你只要和我一条心，我保你荣华富贵享之不尽。"这天，吕用之忽然神色凝重地对高骈说："你和宰相郑畋不合。我算到他已经派了法力高强的术士来刺杀你，今晚就到！"高骈十分害怕，计将安出？吕用之说："张先生尝学斯术，可以御之。"然后，张守一就让高骈换上女装躲到另外的房间，他则睡进了高骈房中。当天晚上，张守一故意把铜器扔到门外的台阶下，发出很大的响声，又将预先藏好的猪血洒在庭院里。第二天一大早，他装作很轻松地对高骈说："敌人还是很厉害的，连我都差点儿着了他们的道。"高骈都感动哭了："先生啊先生，您对我高骈有救命的大恩呀！"

萧胜向吕用之行贿，想获得盐城监司的肥缺。吕用之倒是跟高骈说了，可高骈面露难色，明显不太同意。吕用之察言观色，马上进言道："我不是为萧胜说话，日前我收到天上神仙写来的书信，说盐城的井里有一把宝剑，只有灵官[①]才能把它取出来。萧胜作为神仙身边的人，当然该派他去啊！"事关神仙宝物，高骈马上点头答应。萧胜到盐城几个月后，淘了一把铜匕首敬献给高骈。吕用之装模作样地验过后，煞有介事地说："这是北帝所佩带的宝剑，得到它的人可获得神力

[①] 灵官，道教的护法尊神。

加持，百里之内任何兵器都伤不到他。"高骈乐疯了，命人在匕首上镶嵌宝玉，从此贴身携带、寸步不离。

当然了，论整活儿还得数吕用之。

日常和高骈相处时，吕用之经常无厘头地"叱咤风雨，顾揖空中"，说他刚刚看见一群神仙从空中路过。高骈肉眼凡胎看不着啊，马上诚惶诚恐地跪地下拜。吕用之就在一旁比比画画，脸不红心不跳地扯谎，那是玉皇大帝，那是王母娘娘……左右谁敢不配合或者说点儿不同意见，用不了多久就从世界上永远消失了。

某日，吕用之忽然说："后土夫人①派特使向我借兵马和李筌②所撰写的《太白阴经》。"天上的领导都布置任务了，高骈无比重视，当即派人发动两个县的群众编织了数千领苇席，在上面画上兵将，交给吕用之拿到庙庭上烧给后土夫人。至于《太白阴经》这个任务就简单多了，写在五彩笺上，放到后土夫人神座旁边即可。高骈还嫌落实不到位，又让人在后土夫人像旁立了一个名叫韦郎的绿衣少年像。咱也不知道这是什么脑回路，给女神送个小哥哥使使?! 看来高大人不仅懂人性，还通神性啊! 庙宇落成后，有看不惯的人在西庑房的房梁上题了一首诗："四海干戈尚未宁，谩劳淮海写仪刑。九天玄女犹无信，后土夫人岂有灵。一带好云侵鬓绿，两行嵬岬拂眉清。韦郎年少耽闲事，案上休夸《太白经》。"淮南百姓竟相传诵。

江阳县有个姓薛的县尉，有一天对高骈说："昨天晚上我巡警至后土夫人庙前，发现有无数阴兵。其中一个阴兵对我说：'请替我们转告高王爷，后土夫人派我带数百万兵将在此地巡逻，这样高王爷就不必担心外敌入侵了! '说完，那个阴兵就消失不见了!"

---

① 后土夫人，道教神话中的大地之母。
② 李筌，唐代著名道士，号达观子。

这个本子编得太有创意了,而且刚好为新落成的后土夫人庙做了一拨营销。吕用之等人大喜,争相打赏薛某,不久就把薛某提拔为六合县令。

扬州久雨不停,高骈让吕用之想想办法。吕用之做皱眉状:"我算过了,扬州将有一场大火灾,届时全城将化为灰烬。最近淫雨霏霏,是因为我派金山下的毒龙用小雨润地。如此就不会爆发大的火灾了,不过我估计小火还是不可避免的!"高骈连连称是,夸奖吕用之考虑周到,哪里会想到吕用之每晚都派人到扬州城中的废旧庙宇纵火。

僖宗为了拉拢高骈,曾专门下诏在扬州为高骈建生祠。吕用之又整活儿了,先是大张旗鼓地派人到宣城采集碑石,等石料运到扬子县时,他又让人趁夜色用五十头牛偷偷把碑石拉到了扬州城内。天亮后,扬子县令当托儿,上报说碑石不知去向,已重金悬赏能找到碑石的人。傍晚时分,有人"无意中"在城内发现了碑石。吕用之当即兴冲冲地跑去告诉高骈,说碑石原来是被神仙移到了街市之上。高骈惊喜非凡,当即命人在碑石旁竖起一根大木柱,上面用金字写道:"不因人力,自然而至。"

接下来就该把碑石运到碧筠亭了。场面很隆重,有仪仗队,还有鼓乐,一路吹吹打打,好不热闹。可走到一半时,牛车突然无法前进。吕用之告诉高骈:"人牛拽不动。"主公,还是您来试试吧!高骈便提笔写了几个红色的篆字贴到碑石上。哎,牛车居然真的动了。此情此景震惊了围观群众:"碑动也。"其实是吕用之偷偷命人在土里埋石头卡住牛车,再给高骈一个展示法术学习成果的机会,卡牛车的石头肯定是趁人不注意挪走了呗!

但此事还有下文。第二天,有个村妇跑到扬子县衙提起诉讼:"昨天晚上有里胥跑到我家借耕牛拖碑石,害得我家牛的腿都受伤了,公家得赔我。"周围的人们都笑弯了腰。但有什么用呢?！大家都知道,就高骈一个人蒙在鼓里,所有局都是做给他看的。

高骈有匹名叫大乌的爱马,由于喂马人照顾不周,病得都快死了。喂马人怕高骈降罪,求到了吕用之。这有何难?！吕用之忽悠高骈:"我命令隋朝大将、大司徒陈杲仁的亡灵到淮东办一件事情,他说没有马,还说知道主公您有一匹爱马名叫大乌,希望主公能借给他一用。"话音刚落,管马厩的小官"刚好"跑来报告:"大乌身上直冒黑汗,怕是不行了。"高骈缓缓点点头说:"吾已借大司徒矣。"过了一会儿,大乌就死了。

吕用之自称磻溪真君,张守一自称赤松子,诸葛殷自称将军,萧胜自称是秦穆公的女婿,各种洗脑高骈,时而单独洗脑,时而群体洗脑。可叹高骈堂堂国之上将,能文能武,竟被一群江湖骗子玩得团团转,还穿上了女人的衣服,真是辱没先人啊!

为了窃据淮南最高权力,吕用之又搞了一个策划,在一块青石上刻上"玉皇授白云先生高骈"几个大字,偷偷放到了高骈道院的香案上。高骈看见后,蹦着高地来找吕用之解读。吕用之满眼都是亮晶晶的东西:"恭喜高公,玉皇大帝这是要召你上天,位列仙班了。我估摸用不了多久,前来迎接您的鸾鹤就要到了。我们几个下凡的时限也快到了,届时咱们一起上天。"高骈喜极而泣。吕用之语重心长地说:"其实当神仙并不难,只是很多学道的人不能抛下俗务,所以才不能成仙!"高骈信以为真,将政事一股脑儿丢给吕用之打理,连姬妾都戒了,自己躲到道院里日夕斋醮、炼金烧丹,谁也不见!

他都傍上天上的皇帝了,当然不把人间的皇帝放在眼里了。

08. 收复长安

　　高骈是指望不上了，那还能指望谁呢？放心，有人！

　　就在僖宗和高骈闹掰后不久，朝廷统战工作开花结果：朱温居然反正了。

　　朱温能投降，河中王重荣是首功。为了打破东边官军的封锁，黄巢命朱温从同州（今陕西渭南大荔县）进取河中。奈何杨复光和王重荣太能打，朱温所部严重减员，只能向黄巢求援。

　　可他连续上了十道奏表，居然没有任何回复。再一打听，他气坏了，原来是大齐左军使孟楷把他的表奏都按住了。孟楷和朱温不和，此时想借王重荣之手除掉他。朱温一筹莫展。

　　杨复光敏锐地察觉到了这种异常，又使出老一套——招降，派奸细潜入同州，以高官重金收买了朱温的部将胡真和谢瞳。二人收钱办事，力劝朱温投降。

　　终于，朱温顶不住了，于九月杀了黄巢的监军，举城向王重荣投降。

　　招降归招降，但杨复光就是看朱温不顺眼，想干掉他。奈何狡猾的朱温大拍王重荣的马屁，说他娘也姓王，一笔写不出两个"王"字，认王重荣做了舅舅。王重荣自然要帮外甥说话："如今招降黄巢兵马，投降的一律赦免，况且朱温骁勇可用，杀了他怕是不祥。"杨复光不好驳王重荣的面子，只得作罢。

　　如果王重荣听杨复光的话，现在就干掉朱温，唐王朝还是有可能续命的。但历史的变迁就是这样，往往系于一念之间。

　　王重荣上奏朝廷。僖宗高兴坏了："是天赐予也！"当即下诏赐朱温名"全忠",并加封为左金吾卫大将军、河中行营招讨副使。

朱温摇身一变,从此成了朱全忠。显然,僖宗希望朱温全心全意、全头全尾地忠于朝廷。可他完全没有意识到,"全忠"这俩字儿其实很不吉利,"全"字拆开是"人王","忠"字拆开是"中心",连起来就是"人王中心",人王中心那就是皇帝了。傻狍子僖宗万万想不到,未来取他李家天下的正是他亲自命名的这个朱全忠。

朱全忠这一投降,对黄巢的影响太大了:一方面,同州是长安东北门户,朱全忠投降后,山西的藩镇,比如河中王重荣、河东郑从谠就能过来了;另一方面,在朱全忠的带动下,齐军的一些高级将领也动了反水的心思。

饶是如此,黄巢仍具有较强实力。王重荣忧虑万分地对杨复光说:"贼军势大,我如果投降贼军便有负国恩,如果讨贼却又力量不足,这该如何是好?"

杨复光早有方略,答案是一个人——李克用。

话说两年前兵败后,李国昌父子向北跑了。跑到哪里去了呢?游牧于阴山以北的达靼部。达靼其实就是我在之前的故事里提到过的室韦。室韦与契丹同出一源,以兴安岭为界,南边是契丹,北边是室韦。后来可能是因为靺鞨人崛起,室韦人不断西迁,落脚于阴山地区。中唐以后,管室韦叫"达靼",又称"达怛""鞑靼"。

别人不知道李国昌父子去哪儿了,但赫连铎知道啊,重金贿赂达靼酋长,要求除掉李国昌父子。李克用得知后,趁着一次和达靼各部酋长游猎的机会,特意展示了他惊人的射术。无论目标是一根马鞭、一片树叶还是一根针,李克用都能射中。达靼酋长们都很佩服他。喝酒时,李克用故意说:"我得罪了大唐天子,想重新归附却没有门路。如今黄巢为患中原,如果天子肯赦免我的罪过,我就和诸位一同南下,勤王建功,岂不快哉?!人生短暂,我才不要老死在这片大沙漠呢！"达靼人听明白了，知道他不会久留，那就不必杀他了，杀了他还得罪了沙陀人，不划算啊！

李克用确实也后悔了，当初他误判了形势，以为朝廷不行了才举的事。没想到大唐王朝乃百足之虫，僵而不死，朝廷一组织反击，他就被打败了。不过没关系，历史马上又给他机会了。

年初二月时，朝廷征召代北监军陈景思率沙陀李友金、吐谷浑赫连铎、萨葛米海万和安庆史敬存入援京师。但这些部落加在一起也没有多少人。走到绛州（今山西运城新绛县）时，绛州刺史、沙陀人瞿稹给陈景思提了一条建议："黄巢实力雄厚，咱们这点儿兵去了也派不上什么大用场，反而有可能失败。不如先回去募兵，等兵力够了再说！"陈景思觉得有道理，得了，那就回去募兵吧！

回到雁门关以后，他们不到半个月就募集到了三万人马。但这三万人都是代北的杂胡，各个民族都有，一个比一个彪悍，不服管。李友金就劝陈景思："如今咱们虽说有兵了，但没人能管得了他们，这也是个问题。我哥李国昌和我侄李克用在代北素有威望，这些杂胡都服他们父子。如果您能奏请朝廷赦免他们的罪过，让他们戴罪立功，出来统率代北人马，肯定一呼百应。消灭黄巢也指日可待！"陈景思听了，马上派人到成都请示僖宗。

僖宗现在是病急乱投医，甭管是谁，只要肯帮朕对付黄巢，多大的罪过都能宽恕！马上同意。李友金随即亲率五百骑到达靼迎接李国昌父子出山。李国昌父子喜出望外。李克用还说服达靼各部出兵一万，随他南下，直奔老家代州。

朝廷是让你南下勤王，谁让你去代州了？因此，卢龙李可举、云中赫连铎、河东郑从谠都很紧张，勒兵戒备。僖宗得知后，就想到了义武军节度使王处存，王处存和沙陀李家世代通婚，他让王处存告诉李克用："如果真是诚心归附朝廷，就先去朔州待命。否则，朝廷就要征调人马讨伐你们父子了。"李克用听命，还据朔州。

其实李克用也不是不想南下平叛，主要是河东郑从谠卡着他的必经之路呢，他不敢从河东过境。

杨复光对王重荣说："李克用骁勇善战又兵精粮足，我们的父辈曾经一起共过事，我知道他也有立功报国之念。他之所以迟迟没有南下，是因为和河东郑从谠不合。如果能让朝廷诏命郑从谠放行，李克用一定会来。他若是来了，黄巢就不足为惧了！"

王重荣大喜，随即禀告王铎。王铎也觉得这是个好办法，立即以墨敕召李克用火速入关平乱，同时晓谕郑从谠放李克用过境。僖宗也正式任命李克用为雁门节度使。

李克用马上率领四万人马南渡黄河，进驻同州。齐军天不怕地不怕，就怕沙陀军。因为沙陀军的制服是黑色的，远远望去就跟一群飞翔的乌鸦似的，所以齐军又管沙陀军叫"鸦儿军"。

朱全忠投降和李克用复出，成为僖宗和黄巢斗争的关键转折。

僖宗十年（883年）正月，李克用一战击败黄巢的弟弟黄揆，进占沙苑（今渭南大荔县东南四十余里）。

田令孜看平叛大功即将告成，赶紧跳出来摘果子。他对僖宗说，平叛取得突破性进展是杨复光援引李克用的功劳，说到底还是我们北司宦官的功劳，南衙文武大多无能，比如王铎讨伐黄巢久不建功，应该拿掉他的都统职务。

僖宗同意了，当即将王铎贬为义成军节度使，副都统崔安潜贬为东都留守。那么，平叛大局谁来主持呢？当然非老田莫属了！田令孜列数自己建议幸蜀、收传国宝、列圣真容、散家财犒赏三军等功劳，并让忠于自己的宰相和地方藩镇上表为他请封。僖宗遂任命田令孜为十军兼十二卫观军容使，其实就是总指挥。至此，"阿父"升级为"十军阿父"！这个听着就很拉风的称呼在历史上只有田令孜一人获得过。

次月，僖宗又改任朱全忠为宣武军节度使。宣武军下辖汴（今河南开封）、宋、亳、颍四州，治所设于汴州，相当于今河南东部、山东西部、安徽西北部地区。僖宗还说了，待收复长安后，即让朱全忠回老家上任。这下朱全忠就更来劲了，加紧与各路唐军围攻长安。

李克用会合诸道人马，于梁田陂（在今陕西渭南华州区西三十里）大破尚让指挥的十五万齐军，"俘斩数万，伏尸三十里"。黄巢预感到情形不妙，为了打破官军的包围圈，又分黄揆攻陷了长安东边的华州。

李克用左右开弓，一面兵围华州脚踢黄揆，一面进屯渭桥拳打黄巢。每天晚上，他都会派大将薛志勤和康君立潜入长安，斩杀齐军将士，焚烧军械物资，搅得齐军上下人心惶惶。黄巢派尚让救援黄揆。但三月时，李克用还是打下了华州。

官军云集，猛攻黄巢。李克用的沙陀军尤其厉害，打得齐军节节败退。四月十四日，李克用自光泰门攻入长安。黄巢力战不胜，只能撤退。

各路官军入城后，到处杀人放火，抢劫强奸，整个长安化为一片焦土。乱世里，官军也是匪，而且是比农民军更凶悍的匪。皇帝小儿远在后方，此时不发国难财更待何时？朝廷如果问起来，都推到黄巢身上就行了。

杨复光遣使成都告捷，僖宗喜出望外，下诏封赏功臣。

其中，获利最大的是两个少数民族将领。一个是党项酋长拓跋思恭，被赐国姓，改名李思恭，封夏国公，拜定难军节度使，统辖位处今陕北、内蒙古南部的夏（今陕西榆林靖边县）、绥（今陕西榆林绥德县）、银（今陕西榆林）、宥（内蒙古南边缘与陕北交界处）、静（今陕西榆林米脂县）五州。不久，他弟弟李思孝又获得了保大节度使①一职。党项人从此在西北成了气候。另一个就是功居第一的李克用，年仅28岁就被封为检校司空、宰相、河东节度使。其父李国昌出任雁门节度使。

09. 黄巢败亡

黄巢虽然退出长安，但仍然手握十五万人马。为了迷惑官军，他放风说要去徐州，实则取道商洛退往河南。途中，黄巢命令士兵将掳掠来的珍宝都丢弃在路上。追击的官军忙着捡宝贝，齐军得以平安撤离。

黄巢想割据豫东的周口、驻马店地区，准备拿下蔡州和陈州（今河南周口淮阳区）。蔡州很顺利就拿下了，首鼠两端的奉国军节度使秦宗权接战失败，立即投降。但陈州刺史赵犨②早有防备，一战击杀孟楷。黄巢大怒，于六月进围陈州。

打了这么多年的游击，黄巢也累了，并且他已经迷上了当皇帝的感觉，这次来陈州就没打算再挪窝了，命人在陈州北门外建筑宫殿，就准备在这儿过日子了。不追僖宗是巨大错误，停留陈州则是致命错误。十来万人马留在这个小地方，吃啥喝啥？吃喝都没了，那还嘚瑟个啥？论游击战，黄巢绝对是祖宗，别说一个李克用了，就算来十个

---

① 保大节度使，即原先的鄜坊节度使，下辖坊州（今延安黄陵县、铜川宜君县）、鄜州（今延安富县）、丹州（今延安宜川县）、延州（今延安市区）。

② 犨，音抽。

一百个李克用他也不怕。可现在他舍本逐末，弃优长而选短板，这是自取灭亡！

赵犨俨然张巡附体，将陈州守得固若金汤。很快，齐军的粮草就吃光了。当了四年皇帝的黄巢完全忘却了"黄王起兵，本为百姓"的初衷，居然搞了一项惨绝人寰的发明——"舂磨寨"。他命人造了几百座（一说三千座）碓硙①，从附近各州抓捕百姓囫囵个儿投入碓硙，连肉带骨压成肉饼，发给士兵食用。但这事儿的细节有值得商榷的地方，比如不掏出内脏的话，那岂不是连大肠内的粪便都压了进去，这种肉饼怎么能吃？

早在古代，民间就有"黄巢杀人八百万"的说法。黄巢起义前后十年，算上阵亡的农民军、被打死的官军以及死于战乱的百姓，八百万其实都不算多。

赵犨眼巴巴盼着朝廷大军，但都年底了还不见朝廷一兵一卒，只得向邻近藩镇求救。忠武军周岌、感化军时溥、宣武军朱全忠陆续率兵前来救援。但他们都不是黄巢的对手。僖宗十一年（884年）正月，朱全忠被击败，不得不向李克用求救。

这时的李克用已经走马上任河东节度使，占了李唐龙兴之地太原，风头正劲，顾盼自雄。二月，他亲率五万大军南下增援。打黄巢果然还得看李克用的！四月，李克用会合朱全忠，先后击败了驻守太康（今河南周口太康县）的尚让和驻守西华（今河南周口西华县）的黄邺。黄巢失去两翼的庇护，不得不解除对陈州的围困，退屯陈州北面的故阳里。

朱全忠担心黄巢北上打他的汴州（今河南开封），就先回去了。

---

① 碓硙，音对味。碓是一种木石做成的捣米器具，主要用于舂米；硙则是石磨，用于磨粉。碓硙即舂米和磨粉的用具。

果不其然，五月时尚让北上进攻汴州。朱全忠挫败了尚让的进攻，再次向李克用求救。李克用趁黄巢从中牟（今河南郑州中牟县）北边的汴河王满渡过河时，突然发动袭击。齐军主力遭受重创，尚让等人投降了时溥，葛从周等将领则投降了朱全忠。

黄巢率残兵败将向东北方向逃去。李克用留主力在宣武军，率轻骑昼夜追赶，日行二百里，一直追到黄巢的老家冤句。这时，他身边仅剩三百骑，人马俱疲，连吃的都没了。这就没法追了，无奈的李克用只好回撤。

然后，时溥就捡了漏，他不仅有吃的，还有人，派大将李师悦和降将尚让继续追击黄巢。

六月十七日，黄巢死于泰山狼虎谷。

具体细节，唐史三大典记载有出入。《旧唐书》和《资治通鉴》说他遭外甥林言出卖杀害。但《新唐书》则说是黄巢主动让林言杀他的。走投无路的黄巢对外甥说："我原打算为国讨伐奸臣，洗涤朝廷的污浊。事成而不退，这是我的过错。我不想让他人获利，你拿我的头献给天子，可以得到富贵。"林言不忍下手。黄巢只得自刎，但还未断气。林言这才砍下黄巢的头颅，又杀了黄巢的兄弟和妻儿，将他们的首级装在木盒里去投时溥。不承想半路撞上另一支官军，不由分说就把林言杀了，反向时溥邀功，说是他们干掉了黄巢一家。

时溥大喜，将黄巢首级及家眷二十余人解送成都。为了根除后患，他还杀了尚让，把尚让的老婆送到了妓院。时溥的部将李师悦得到了黄巢的符玺，一并进献僖宗，被火箭式提拔为湖州刺史。

对于官方而言，黄巢就是贼，被列入两唐书《逆臣传》。这其实挺别扭的，黄巢连臣都不是，怎么能算逆臣呢?！但对百姓来说，黄巢则是为民请命、为民申冤、为民报仇的大英雄。大家怀着朴素的阶级情感，特别不希望他就这么死了。所以，历史上还有一种说法，说黄巢并没有死，而是出家当了和尚。宋人邵博的《河南邵氏闻见后录》和陶毂[①]的《五代乱离记》都有相关记载。陶毂还说老和尚黄巢写过一首诗："三十年前草上飞，铁衣著尽著僧衣。天津桥上无人问，独倚危栏看落晖。"但我认为这不可能，原因很简单，以黄巢的性格，但凡他还活着，绝不可能消消停停当和尚，肯定还会继续折腾的。

一代枭雄黄巢至此下线。黄巢之兴，在于顺应了民意；黄巢之败，在于背弃了初衷。从"黄王起兵，本为百姓"到"黄巢起兵，杀八百万"，这是一个极富争议的历史人物。但我认为，起码有两点是不必争论的：

第一，黄巢起义的正当性。我们不能因为黄巢后来的蜕变，就否定了这场大起义的正当性。朝廷虽然无道，但百姓就是不能反抗，这是一种屁股坐在统治阶级那边的流氓观点。

第二，黄巢杰出的军事才华。历史学家黄仁宇统计过，黄巢四渡长江、两越黄河，空前绝后。后世的李自成、洪秀全都不如他，黄巢绝对是流动作战的祖宗。吕思勉在《隋唐五代史》中评价道："黄巢之用兵，可谓极飘忽之致，此固自古以来所谓'流寇'者皆然，然未有若巢之尤甚者也。"岑仲勉在《隋唐史》中也说："不徒明代以前任何革命首领未尝作过如此大冒险，即近而太平天国，专就此一点而论，亦未能与之媲美。"

七月，僖宗在成都大玄楼举行受俘仪式。他愤怒地质问黄巢的姬妾："你们都是官宦人家的后代，世受国恩，为何服侍贼人？"最前头的一个女子说出一番震古烁今的话来："狂贼凶逆，国家以百万之众，失守宗祧，播迁巴蜀。今陛下以不能拒贼责一女子，置公卿将帅于何地乎！"僖宗被噎得半晌说不出一个字来。

---

① 毂，音古。

黄巢的女人能活吗？当然不能！弃市前，西川百姓同情这些弱女子，争相给她们送酒喝，喝吧喝吧，喝醉了就不疼了。其余人一边哭一边喝，唯独上面那个妹子既不喝酒，也不哭泣，从容赴死。唐朝的女人啊，真是让人由衷地竖大拇指！

黄巢的余部大多归了秦宗权，剩下的以"浪荡军"自称，跟着他侄子黄皓四处转战。黄皓坚持斗争近二十年，直到昭宗光化四年（901年）才被剿灭。

王仙芝、黄巢发起的这场起义是唐朝规模最大的农民起义，前后持续十年，席卷了今山东、河南、安徽、浙江、江西、江苏、福建、广东、广西、湖南、湖北、陕西十二省，严重冲垮了唐王朝在基层的统治秩序，大大加速了唐王朝的覆灭进程。

尤其是史上最强落榜生黄巢，他真正做到了王维所写的"一身转战三千里，一剑曾当百万师"，纵横南北东西，将大唐王朝打得如纷纷飞花已坠落，往日辉煌早已成空。黄巢不仅证明了打进长安比考进长安容易，也证明了族谱点名比金榜题名简单多了！

其实，区区一个大唐算什么，黄巢最大的历史贡献是替中国铲除了门阀制度这颗毒瘤。"五姓七望"说了，我家十代荣宠，凭什么输给你十年寒窗？黄巢听后点点头，世家是吧？门阀是吧？好，好，好，待到秋来九月八，我花开后百花杀，杀杀杀！于是，"甲第朱门无一半""天街踏尽公卿骨"。宋代为什么"取士不问家世，婚姻不问阀阅"？就是因为门阀早被黄巢杀得差不多了。自此，后世寒门读书人才有了不被士族豪强干扰的稳定的上升通道，宋明文官集团才有了崛起的可能。

与黄巢一道退出历史舞台的还有皮日休，从此下落不明。可能只有两种：第一种，他被杀了，或死于乱军之中，或死于朝廷的秋后算账。第二个，他躲起来了，从此隐姓埋名，不敢再写诗了。

10. 上源驿之变

在送黄巢最后一程的路上，功劳最大的是李克用，然后是朱全忠，最后才是时溥。但捡漏的时溥居然获封钜鹿郡王，还压了朱、李一头。而且，曾经并肩作战的李克用和朱全忠现在已经闹掰了。

让我们把时针拨回到两个月以前。当时，李克用因为缺粮停止追击黄巢，转身回到宣武军。

五月十四日，朱全忠特地在汴州城内上源驿设宴款待李克用一行。气氛本来很好，直到李克用喝高了，有的没的对着朱全忠一顿输出，估计话撂得挺狠，都说到朱全忠脸上了。朱全忠气得咬牙切齿。宣武军大将杨彦洪劝他趁机干掉李克用，这样将来角逐天下就少了一个强大对手。朱全忠连黄巢都能背叛，区区一个李克用算个毛线，当时便同意了。

当天晚上，经过精心准备的宣武军突然发难，火箭就跟不要钱似的往上源驿中招呼。沙陀将士被惊醒，与冲进来的宣武军展开格斗。这么大的动静都没惊醒李克用，这得喝了多少酒?! 侍从郭景铢实在没辙了，硬着头皮用水泼醒李克用。李克用得知情况后大惊失色，外有敌兵，内有烈火，吾命休矣！

恰在这时，雷声四起，霹雳闪现，顷刻间降下倾盆大雨来。天不绝李克用啊，一场大雨浇灭了大火。大将李嗣源、薛志勤、史敬思等人扶着李克用翻墙而出，冒着瓢泼大雨，深一脚浅一脚地向城外突围。行至一座桥时，他们遭遇宣武军的截击，奋力拼杀才得以通过。殿后的史敬思不幸战死。李克用等人从城楼系索而下逃出生天。但滞留城中的监军陈景思等三百余人全部被杀。

事发前，杨彦洪曾经提醒过朱全忠："胡人着急的时候会骑马，晚上举事时如果看到骑马的，您就果断射杀。"好巧不巧，当天晚上杨彦洪偏偏骑马出现在朱全忠前方。朱全忠也不知道看清没看清，一箭过去，杨彦洪卒。冥冥中自有天意，害人的事情还是要少干呀！

天亮时，李克用狼狈逃回城外的沙陀大营，当即就要整军攻打朱全忠。夫人刘氏把他拦住了："朱全忠害您，您应该向朝廷申诉。如果擅自举兵攻打朱全忠，那外界就搞不清这里面的是非曲直了。届时，朱全忠还会倒打一耙。"李克用一听，也是，写了一封信臭骂朱全忠，随后就咬着后槽牙西归了。

朱全忠的嘴，哄人的鬼，给李克用来了一个否认三连："我不是！我没有！别瞎说！昨晚上的事我不知道啊，是朝廷派人和杨彦洪通谋害您。现在杨彦洪已经死了，希望您不要对我有意见啊！"这么看的话，他射杀杨彦洪不是看不清，纯粹是为了杀人灭口。这厮的确狠辣！

李克用回到太原即上书僖宗，详述上源驿之变的经过，请求朝廷同意他出兵讨伐朱全忠。僖宗能同意吗？当然不能，大乱之后本就担心你们这些藩镇抢地盘、搞扩张，如果同意，不管谁灭了谁，获胜的一方都将成为朝廷的心腹大患。所以，僖宗就和稀泥了："吾深知卿冤，方事之殷，姑存大体。"爱卿啊，我知道你是冤枉的，但一切以大局为重，好吗？

天子已经表态不支持了，再出兵就是违抗君命！李克用这个憋气呀，再次上表朝廷，不让我讨伐朱全忠也行，但得答应我两个条件：第一，得把陕北的麟州（今陕西榆林神木县）割让给我；第二，要让我堂弟李克修当昭义节度使。僖宗全部答应，还额外赠送李克用一顶陇西郡王的帽子。但李克用仍然愤愤不平，内心对僖宗甚为不满。

后来，李克用受封晋王，朱全忠受封梁王且建立的又是后梁，所以史家称呼他们之间的较量为"梁晋争霸"。梁晋争霸长达四十年，其开端便是上源驿之变。

现在，我向大家介绍下两大军事集团的核心成员。

先看朱全忠集团。

头号智囊陕西渭南人敬翔。敬翔出身名门，其祖先便是"神龙政变"五王之一的敬晖。敬翔当然有真才学，但就是考不上，别问为什么，问就是不懂规矩。为了谋个出路，他投靠了老乡——宣武军观察支使王发。可王发只是个小虾米，帮不上什么大忙。潦倒的敬翔只能靠帮将士们写家书维持生计。

但他信写得好啊，词儿句儿用得特漂亮，谁看了都说好。一传十、十传百，朱全忠知道了，让王发带敬翔来见他。两人见面一番长谈，朱全忠就被敬翔的才学和见识给征服了。朱全忠这个人其实像极了刘邦，虽然是个大流氓，却是个明白的大流氓，从此倚敬翔为股肱。敬翔也毫无保留地将自己奉献给了朱全忠的事业，"尽心勤劳，昼夜不寐，自言惟马上乃得休息"。朱全忠对敬翔深信不疑且言听计从，这是他能成就霸业的重要原因。

武将方面，朱全忠手下可谓人才济济。这里我只介绍在晚唐露脸较多的四员虎将。前两位都是黄巢的菏泽同乡，一个是东明人庞师古，一个是鄄城人葛从周。庞师古没有参加起义，但葛从周是黄巢的老班底，在王满渡之战后才投降朱全忠。第三位是开封尉氏人氏叔琮，这是庞师古的部将。第四位是安徽亳州人张存敬。晚唐朱全忠的争霸战争，主要依靠的就是这四员虎将，几乎所向无前。

朱全忠还有一名贤内助，就是他新娶的老婆张惠。大美女张惠是朱全忠的同乡，出身富贵人家，其父曾经当过宋州刺史。朱全忠微末之时就对张惠垂涎三尺，曾有"丽华之叹"。

"丽华之叹"是个典故，东汉光武帝刘秀发迹前惦记大美女阴丽华，曾发出过"娶妻当得阴丽华"的感叹，后来他果然美梦成真，迎娶了白富美。朱全忠也一样，肯定也说过"找老婆就该找张惠这样儿"的话。"丽华之叹"听着很古典、很浪漫、很高大上，其实这是古今中外多少男人都说过的话。唯一的区别就看你成功与否，成功了，你就是丽华之叹，有志者事竟成；不成功，那就是癞蛤蟆想吃天鹅肉，不自量力。

朱全忠在驻军邓州期间迎娶了张惠。这里面肯定有事儿，但史书没记载，咱也不敢瞎掰。卤水点豆腐，一物降一物，别看朱全忠混不吝，但他对暗恋已久的女神，那真是含在嘴里怕化了、捧在手里怕摔了，几乎言听计从。张惠也不是空有一副好皮囊，人家秀外慧中、饱读诗书、颇知事理，很快成了朱全忠的贤内助。

朱全忠的原则就是：外事不决问敬翔，内事不决问张惠。

再看李克用集团。

首先是智囊盖寓。李克用云州举兵时，张家口蔚县人盖寓就是骨干成员了。敬翔在朱全忠心目中什么位置，那盖寓在李克用心中就是什么位置。朱全忠为了离间他俩，专门派间谍到河东境内散布谣言，说盖寓的影响力已经超过李克用了，早有不臣之心。但李克用不为所动，始终对盖寓深信不疑。

朱全忠有张惠，李克用有刘夫人，也是贤内助。

李克用的武将团队也很强大，便是通俗小说中常常引用的十三太保。

需要指出的是，十三太保不是按年龄，而是按资历排序的。大太保李嗣源是李克用的义子，沙陀人，也是后来的后唐明宗。二太保李嗣昭，汉人。三太保李存勖是李克用的长子，后来鼎鼎大名的后唐庄宗是也。四太保李存信，同罗人。五太保李存进，汉人。六太保李嗣本，汉人。七太保李嗣恩，吐谷浑人。八太保李存璋，汉人。九太保李存审，汉人。十太保李存贤，汉人。十一太保史敬思，粟特人。

十二太保康君立，汉人。武力值最高的是十三太保李存孝，他本名安敬思，和十一太保史敬思同名不同姓，也是粟特人。

根据史书记载，李存孝每战必为先锋，而且喜欢单打独斗，总是一个人挥舞着铁挝冲击敌人军阵，给敌人以窒息的压迫力。他打仗有个习惯，带两匹马，骑一匹，牵一匹，以便及时更换马匹，确保机动性。民间有"王不过项，将不过李"的说法，意思是说，当王的没有强过项羽的，为将的没有赛过李存孝的。

不夸张地讲，李存孝在晚唐的武力值，相当于汉末的吕布，是无敌的存在。

11. 赢家老田

这时，朝中政治格局也发生了质的变化，田令孜居然成了唯一的受益者。

收复长安后不久，僖宗十年（883年）六月，杨复光突然病逝于河中，年仅42岁。

平定王黄大起义，杨复光其实功居第一。

首先，他一心为公，绝对忠于大唐和君王。这场漫长的战争其实对大唐臣子也是一场政治上的大考。在巨大的困难和挫折面前，很多人都没能经受住考验，有投降的，有摇摆的。而杨复光不仅从始至终都未动摇，而且从未丧失斗志，始终保持着一个忠臣良将的冲锋姿态。

其次，他全程参与了镇压农民起义的战争，从王仙芝上线一直打到黄巢下线。仅这一点，其他人就没法比，统帅如郑畋、王铎，将领如曾元裕、王重荣、朱温、李克用，都只参与了部分时段。至于鸡贼的田令孜，干脆就是躲在幕后摘果子。杨复光为平叛工作付出的辛劳是巨大的，我甚至怀疑他是累死的。

最后，他的谋划能力和行动能力都很强，极少出错。如果采纳杨复光的策略招降王仙芝，这场动乱可能早早就平息了。他拉拢周岌、稳住秦宗权、组建忠武八都，使忠武军重新站队朝廷，壮大了官军的力量。至于招降朱温和援引李克用，不仅瓦解了黄巢集团，而且为山西藩镇特别是沙陀兵团入援关中扫清了障碍，直接促使平叛进程提速。另外，如果听他的早早干掉朱温，唐王朝续命绝不是空话。

以他的贡献，回朝任个神策军中尉绝对没问题，但可惜人说没就没了。杨复光死后，军中将士"恸哭累日"，其威望可见一斑。僖宗追赠这位杰出的宦官为观军容使，赐谥号"忠肃"。放在整个唐朝宦官圈里，杨复光的功劳和贡献都是最大的，并且还是这个群体当中少数正能量的代表之一。

所有人都很悲恸，唯独田令孜高兴得蹦高高。他在宦官集团内部最大的对手，就是杨复光、杨复恭兄弟。杨复光一死，田令孜马上拿掉了杨复恭的枢密使职务，改任为飞龙使。杨复恭大为不满，借口生病回了蓝田老家。

忠武八都忽然没人领导了，资历最长的鹿晏弘起了歪心思，带领全军向西挺进，说是要去成都护驾。十二月，他们进入山南西道，以武力驱逐节度使牛勖，占据了兴元。鹿晏弘自称留后。僖宗怕他来成都，赶忙授任他为节度使。

但鹿晏弘十分猜忌其余七都中的两个河南人，许昌长葛人韩建和漯河舞阳人王建。这两人确实也值得他忌惮，后来也都是晚唐的风云人物。为了拉拢二建，鹿晏弘明显用力过猛了，"数引入卧内，待之加厚"。他不这么干可能还好点儿，越是这么刻意，二建越是猜疑：

"老鹿以前不这样啊，现在忽然对我们这么好，这是对我们起疑心了，要对付我们！"

田令孜趁机派人招诱二建，到我这儿来吧，跟着我老田吃香的喝辣的，想蘸红糖蘸红糖，想蘸白糖蘸白糖。于是，僖宗十一年（884年）十一月，二建带着张造、晋晖、李师泰，一共五都五千余人，西行入川，投了田令孜。田令孜认他们做了干儿子，还让他们都当上了诸卫将军，号称"随驾五都"。

然后，田令孜就发兵讨伐鹿晏弘了。鹿晏弘放弃兴元，向东逃窜。他和秦宗权结盟，一起攻击山南东道，逼走节度使刘巨容；随后又从湖北进入河南，驱逐了忠武军节度使周岌。鹿晏弘又自称留后。朝廷根本就管不了，只得又授任他为节度使。

十二月，宰相王铎居然也死了。

收复长安前夕，王铎遭到田令孜打压，都统职务被拿掉了。他觉得自己对朱全忠有知遇之恩，想将朱全忠培养成自己的强大外援。但朱全忠的字典里是没有"感恩"这个词儿的，随着羽翼日渐丰满，他对王铎的态度也日趋倨傲。王铎知道这人靠不住，表请回朝。田令孜怎么可能准许他回来，让僖宗将他踢到河北义昌军①当节度使去了。

王铎只能赶往沧州上任。到底是宰相，上任的排场相当之大，带着数不清的金银财宝和几十个侍妾，一路耀武扬威、招摇过市。但现在已经不是和平时期了。十二月他途经魏博时，被魏博节度使乐彦祯的儿子乐从训盯上了。乐从训在高鸡泊（今河北保定定兴县故城镇西南）假扮强盗设伏，将王铎一家及随从三百余人杀得一干二净。僖宗明知道是乐氏父子下的黑手，但也只能装糊涂。

---

① 义昌军就是当年的沧景军、横海军，辖沧（今河北沧州）、景（今河北衡水景县）、德（今山东德州陵城区）三州。

王铎好歹是个宰相，居然死得如此不明不白！

田令孜的好运气还在继续。朝廷几个核心成员，杨复光死了，杨复恭倒了，王铎也死了，就剩一个郑畋了。偏偏凤翔节度使李昌言担心僖宗回到长安后，郑畋会重新执掌大权，屡屡上表弹劾郑畋。田令孜、陈敬瑄兄弟也趁机编派郑畋。郑畋怕李昌言、田令孜等人阻挠僖宗回京，主动称病请辞。僖宗无奈，下诏留郑畋在西川养病。郑畋从此退出政治舞台，于僖宗十四年（887年）病逝，年63岁。

以上这些人都是田令孜的政敌，早在黄巢起义前就是朝廷骨干，如今又有平叛功劳加持，一旦僖宗回京，他们不是宰相就是神策军中尉。没想到形势比人强，他们死的死、倒的倒，居然都完蛋了！

一场王黄大起义下来，田令孜居然成了唯一的受益者，彻底地控制了僖宗和朝廷，成了帝国真正的主宰。僖宗这时才明白，这位阿父其实是一头包藏祸心的大灰狼，可他除了"时语左右而流涕"外，别无他法。

# 第四章 群雄竞起

01. 盐池之争

十二年（885年）三月，僖宗终于结束四年的流亡生涯，带着还乡团回到了老家长安。自个儿的皇帝回来了，那长安百姓还不得箪食壶浆、扶老携幼，齐声高呼欢迎欢迎热烈欢迎，吾皇万岁万岁万万岁呀?!僖宗连打招呼的词儿都想好了：乡亲们哪，我李老五又回来了，朕可想死你们了，你们也很想朕吧？

可现实噼里啪啦地打脸，跟不要钱似的。阔别四年，这还是记忆中的长安城吗？或者说，还有长安城吗？除了皇宫还在，其余都是断壁残垣，看不到半个人影，"荆棘满城，狐兔纵横"。穿越者回去还以为是到了切尔诺贝利呢！一场战乱将天朝首都打成了四五线城市。

人教人，怎么教都教不会；事教人，一教就会。僖宗给整抑郁了，这个24岁的大男孩终于长大了，觉得自己得为家族做点儿什么了。

晚了！

王黄大起义以前，虽然四祸叠加，但朝廷还是能管住全国的，统一大唐既是概念，也是事实。但这场大起义把统一大唐打成了东周列国志，"国命所能制者，河西、山南、剑南、岭南西道数十州"，其余州府几乎都落入大大小小的地方军阀手中。一些强藩，如李克用、朱全忠……已经取得了类似于春秋五霸、战国七雄的地位。当年肃宗带着几千人跑到灵武，振臂一呼，天下景从。可现在就算僖宗摇断了胳膊，也没几个人理他了。简单地说，朝廷已不是当年的朝廷，藩镇也不再是当年的藩镇了。

起义并未彻底平息，秦宗权接管了大部分义军，攻占二十余州，虎踞中原。而且，就在僖宗回銮前一月，他居然还称了帝。

可眼下僖宗顾不上秦宗权，有个迫在眉睫的问题亟待解决：怎么养活手底下这拨人？

从成都迁回的是一整套中央政府和皇宫服务保障机构，仅宦官和朝臣就有一万多人。还有军队呢，王建等随驾五都有五千人马，田令孜另在蜀地招募新军五十四都，这加起来又有六万人。以上七八万人都是吃财政饭的。可朝廷现在只能从几十个州收税，那点儿钱根本不够用。领不到工资，别人还能克服克服，但军人们不干啊，骂娘都算轻的了，有的都想哗变了。

所以，必须得搞钱，而且得抓紧搞钱、搞大钱，慢了不行，不够也不行。田令孜就打起了隔壁老王的主意。

在一众藩镇里头，河中节度使王重荣不是最强的，却是最有钱的。因为河中境内有两个储量惊人的大盐池，都在今山西运城市，一个叫安邑盐池，在今夏县埝①掌镇；一个叫解县盐池，在今盐湖区解州镇。这两个盐池原属国有，但被王重荣趁乱据为己有。靠着这两个聚宝盆，王重荣不仅养活了自己和军队，还能在每年向朝廷上缴三十车盐之余出口创收。

只要收回这两座盐池，朝廷的财政困难将迎刃而解。僖宗当然同意，于四月诏命田令孜兼任两大盐池榷盐使。

王重荣不肯割肉，立即上表抗诉。僖宗派人去做工作。这就很扯淡了，生意问题怎么可能用道理解决，当王重荣是三岁小孩儿呢？！

---

① 埝，音念。

做不通！

田令孜不甘心，又派养子田匡佑出使河中。王重荣耐着性子招待，可田匡佑狗仗人势，态度倨傲，言谈生冷。王重荣忍无可忍，指着他的鼻子尖儿，问候了他和田令孜的十八代祖宗。这下田令孜也怒了，隔壁老王，咱们走着瞧！

五月，僖宗下诏：一是调整了三个藩镇的节度使，王重荣调任泰宁军，泰宁军齐克让调任义武军，义武军王处存调任河中；二是命令河东李克用率军护送王处存到河中上任。这其实就是摊牌了，王重荣，你要么乖乖就范，要么就等着挨削吧！

齐克让和王处存一直很听招呼，变量主要在王重荣和李克用这儿。

李克用现在正忙着参加河北大乱斗呢！

河北道有五个藩镇，总体布局是"西三+东二"，西面北边是义武（定州），中间是成德（镇州），南边是魏博（魏州）；东面北边是卢龙（幽州），南边是义昌（沧州）。河北五镇对李克用崛起的态度迥然不同。义武王处存和李克用家族世代联姻，当然亲李。魏博在西南角，义昌在东南角，和李克用、王处存都不挨着，无所谓。而与义武、河东相邻的卢龙和成德就很恐慌了，说白了这就是地缘政治，谁都不希望有个强大且好战的邻居。

当年平定沙陀之乱，卢龙李可举为什么那么卖力？原因也在于此。现在李克用芝麻开花节节高，如坐针毡的李可举就去捅咕王镕。王镕是老节度使王绍鼎的孙子，年仅12岁。成德军高层当然也同意对付李克用。

僖宗回銮当月，二镇联手进攻义武。义武是个小藩镇，王处存只能向李克用求救。李克用一掺和，就变成河东、义武、卢龙、成德四镇的大会战了。这是四镇的第一次大会战，以后还有。

六月，屡屡失利的卢龙大将李全忠怕回去后挨收拾，临阵倒戈，杀回卢龙。李可举兵败被围，举族自焚。僖宗随即授任李全忠为卢龙节度使。

战事刚结束，王处存就遵诏赶赴河中。可王重荣已经拿定主意要和朝廷对抗了，一面拦住王处存，一面派人做李克用的工作。他用的是离间计：李哥，天子偏袒朱全忠，让我和王处存一起干掉你，我没答应。

李克用一听有朱全忠，当时就炸了，马上表请讨伐朱全忠。僖宗不同意，李克用就一道接一道地上表，都上到第八道了，僖宗还是不松口。这李克用就不干了，皇帝果然偏袒朱全忠。

一看李克用和朝廷要崩，王重荣底气足了、腰杆硬了，上表弹劾田令孜。

02. 二次出奔

问题是田令孜现在底气比王重荣还足、腰杆比王重荣还硬，他手上不仅有五十九都近六万神策军，还有邠宁朱玫，凤翔李昌符（李昌言之弟，李昌言已死），定难李思恭、保大李思孝兄弟等关中藩镇的军队。田令孜想对王重荣动武，但僖宗很犹豫。

王重荣知道田令孜摇人了，赶紧向李克用求援。李克用正在准备讨伐朱全忠，答复说："待吾先灭全忠，还扫鼠辈如秋叶耳！"王重荣急了："待公自关东还，吾为虏矣。不若先除君侧之恶，退擒全忠易矣。"李克用一想，也是啊，朱玫、李昌符这俩货素来亲附朱全忠，干脆把他们灭了得了，顺便向朝廷展示展示肌肉。

于是，十月他又给僖宗上了一道奏章："玫、昌符与全忠相表里，欲共灭臣，臣不得不自救，已集蕃、汉兵十五万，决以来年济河，自谓北讨二镇；不近京城，保无掠扰。既诛二镇，乃旋师灭全忠以雪仇耻。"

说话听音，这道奏表暗藏玄机：首先，将出兵定性为自卫，既然是自卫，那就不是叛乱了。其次，预先通告出兵时间——"来年"，敲山震虎，让朝廷和二镇都哆嗦一阵子。再次，承诺不靠近京城，让僖宗放心，用不着跑路。最后，明确了自保的限度，只收拾朱玫和李昌符，收拾完就撤。一句话，他在政治上提前把自己摘得干干净净。

他想敲山震虎，奈何人家朱玫和李昌符不怕他，李克用你就别又当又立了，我们哥儿俩非让你坐实谋反不可。二人先后上表告李克用的黑状。朱玫还派刺客潜入长安，焚烧仓库，刺杀文武，作案后一律自称是李克用的人。

一时间，京城的空气似乎都凝滞了，人心惶惶。

僖宗被逼到了前台，只能同意对王重荣用兵。田令孜立命大军出击，他想赶在李克用到来之前解决掉王重荣。王重荣一面发兵阻击，一面向李克用求救。

形势逼人，李克用不得不提前出手了。他一出马，一个顶四个，摧枯拉朽，节节胜利。李思恭、李思孝、朱玫、李昌符各自溃归本镇。李克用确实也是又当又立，先前说大军只在渭北作战，现在却渡过渭水，一路逼近长安。

僖宗除了跑路，还能咋办？！十二月二十五日夜，田令孜又带着僖宗出逃了。百官大部分追着他跑了，一些腿脚慢的被李克用、王重荣的人马堵在了城中。

僖宗此次回京待了还不到九个月，连个年都没过上。这是"天子九逃，都城六陷"里的第五逃、第五陷。

　　李克用没有追击僖宗，也不能追击，追击皇帝这说不过去啊！他和王重荣带着滞留京师的朝臣撤回河中。临走前，乱军又把长安刮地皮似的洗劫了一遍，顺手给皇宫放了一把火。

　　僖宗急急如漏网之鱼，惶惶如丧家之犬，一路向西狂奔。途经鄠县（今西安鄠邑区）时，他们遭到山贼洗劫，宗正府携带的历代先帝神主牌位都被抢走了。这些山贼也是，完全不给皇帝面子，还把皇帝祖宗的牌位拿回去当柴烧，可惜了那些好木料啊！

　　然后，他们就到了凤翔。依着僖宗的意思，就待在凤翔得了。田令孜担心留在凤翔会受李昌符挟制，非要僖宗到兴元去。三川都是他的地盘，去兴元还是他田某人说了算。

　　几天后，李克用和王重荣的奏表到了，说他们已经撤了，恳请陛下还宫，并处死祸国殃民的田令孜。这下僖宗就更不想走了，明明可以回长安，为什么要去兴元？他也终于意识到田令孜擅权弄政，误了他，也误了大唐，不仅不叫阿父了，还给田令孜上眼药，重新任命飞龙使杨复恭为枢密使。

　　既然撕破脸皮，那田令孜也就不客气了，于十三年（886年）正月初八晚劫持僖宗逃出凤翔。

　　为了保密，他事先都没告诉百官，以致百官大多留在了凤翔，只有翰林学士杜让能（初唐名相杜如晦七世孙）等少数几个大臣追了出来。这些追出来的大臣途中还遇到了乱兵，被洗劫一空，有的连衣裳都被剥走了，只剩了个裤头。

　　至此，大唐朝臣被人为地分作了三拨，一拨留在凤翔，一拨被李克用带到了河中，还有一小拨跟着僖宗。

　　僖宗要太子少保孔纬（孔子·第四十世孙）回凤翔召集百官。是啊，没了百官，给谁当皇帝呀?！孔纬倒是把他的旨意传到了，可凤翔百官不干了，哦，跑路的时候把我们当累赘，都不带通知一声的，现在没人使唤了，想起我们来了？再说了，去了兴元还是得听田令孜的，我们不去，请皇帝还宫长安。

臣子集体和皇帝顶牛，僖宗真不如找块豆腐撞死得了！

局势仍在急遽变化。田令孜劫持僖宗出逃，摆明了是信不过朱玫和李昌符。二人大为不满，干脆倒向李克用、王重荣。二位哥哥在上，兄弟们一时糊涂办了错事，现在我们幡然醒悟啦，求原谅！随后，他们一面表请诛杀田令孜，一面派兵追僖宗回来。

皇帝在谁手上，这事儿很关键、很重要！

后有追兵，田令孜带着僖宗马不停蹄地逃。最危险的一次，朱玫的军队居然攻进了中军大营。乱军之中，刀枪无眼，僖宗的左右被杀掉了好多人。田令孜害怕了，从此"蒙面以行"，唯恐追兵优先"照顾"他。

关键时刻，随驾四都立功了。不是五都吗，怎么剩四都了？少了一个韩建。

五都里田令孜最欣赏韩建，所以他回来后就把韩建安排到潼关当防御使，兼任华州刺史，不久又升华州为藩镇，赐号镇国军，加韩建为节度使。可韩建是怎么报答义父的呢？田令孜征讨王重荣，他没有出兵助阵。李克用、王重荣南下，他没有发兵阻击。甚至僖宗和田令孜出奔，他都没有跟来。说白了，韩建心里一直有杆秤，犯不着为了一点儿虚头巴脑的情分，把实实在在的利益弄丢了。剩下王建、晋晖、张造、李师泰四个只能跟着僖宗、田令孜跑路。

这里面隐藏着后来的前蜀皇帝王建。王家祖祖辈辈以做饼卖饼为生，到王建这儿不卖饼了，以贩盐为主业，兼营杀牛、偷驴。他在同辈兄弟中排行第八，所以乡人们骂他"贼王八"。我严重怀疑现在骂人的"王八"一词儿就是从他这儿来的。

常在河边走，哪有不湿鞋？终于有一天，王建失手了，被捕了。这家伙也不知道有什么特异功能，居然能说服狱卒放了他，躲入武当山中。僧人处洪在山里偶遇王建，当时便惊为天人："年轻人，我看你骨骼惊奇，必是万中无一的旷世奇才，何不投军谋个出路呢？！"王建还真听了，当即下山投了忠武军。

人这东西有时候就得高人点拨，处洪一句话劝出了一个前蜀皇帝。

僖宗的车队人员混杂，有文武，有宗室，有军人，还有跟着出逃的百姓，路窄人多，车驾走不快。田令孜急了，让王建开路，谁挡杀谁。王建带领五百军士，手执长剑，一顿砍杀。可怜百姓以为跟着皇帝能有个保障，不料却死在了皇帝的刀剑下。

当年刘备兵败新野，舍不得百姓，哪怕逃难都得带上。两相对比，僖宗真是被钉在了历史的耻辱柱上。

行至大散岭（在今宝鸡市西南五十二里）时，僖宗又遭遇险情。李昌符为了阻拦车驾，派人火烧大散岭栈道。烟尘腾跃，起火的栈道随时都有可能断裂坠落，地主家的傻儿子僖宗哪儿见过这种阵势，吓得龙腿都哆嗦了。

王建挺身而出，将传国玉玺背在身上，双手扶着僖宗从烟火中一跃而过。晚上露宿荒野时，僖宗就枕着王建的腿睡。睡醒后发现王建的腿都被他压麻了，僖宗就解下自己的袍子，眼泪汪汪地赐给王建："以其有泪痕故也。"爱卿，收下吧，这上面斑斑点点都是朕的眼泪啊！

当年你红火的时候笑得比谁都大声，没想过会有这么一天吧？

03. 襄王李煴

过了大散岭，田令孜悬着的心就下来了一大半，调派兴元军固守散关（在今宝鸡市南郊秦岭北麓），阻击追兵。

跑了皇帝，朱玫原本十分懊恼，但他的士兵意外抓到了一名掉队的宗室，一查，是肃宗的玄孙嗣襄王李煴[①]。这倒霉孩子在逃亡途中病了，虚弱得没法赶路，竟被田令孜随意丢弃在一处废弃的驿站中。朱玫瞅着这个孩子，忽然眉开眼笑，立即打道回府。

朱玫有什么想法呢？他想改立天子，重建中央。大部分文武都在他和李昌符手上，再凑个皇帝，这朝廷不就齐活儿了吗？姓李的多了，用谁不是用，非得可着僖宗那个熊玩意儿？再说了，僖宗听田令孜的，他朱某人立个听自己话的傀儡岂不更好？！

说来也怪，唐朝姓朱的似乎都和皇家犯冲。从初唐的吃人魔王朱粲，到朱滔、朱泚兄弟，到朱克融，再到朱玫，乃至后来的朱全忠，无一不是如此。

朱玫说干就干，回到凤翔就召集百官宣布："我立李氏一王，敢异议者斩！"李昌符当然也同意。文武百官连个屁都不敢放。这事儿就这么定了。

四月，朱玫于凤翔尊奉襄王李煴监军国事，随后立即护送李煴回长安。途中，他放出风去，说襄王要践祚了。其实是在试探各方的态度。哎，万万没想到啊，形势比他预料的还要好，山西藩镇和河中百官立即上表襄王劝进。

[①] 煴，音韵。

襄王这一冒头，不仅对僖宗的政治影响很大，经济影响也不小。按理说，皇帝在兴元，各道贡赋应该送往兴元才对，可大家不约而同地送往长安。这说明大家早看僖宗不爽了，只要不是他，别人都能接受。兴元小朝廷没钱没粮，文武和禁军都吃不饱肚子，僖宗干着急没办法，成天坐着抹眼泪，茫然无措。

一看成死局了，无解了，田令孜决定甩锅走人，于四月推荐杨复恭为左神策军中尉、观军容使，他自请出任三川都监。

僖宗巴不得他走呢，滚滚滚，赶紧滚，马不停蹄地滚，朕被你坑惨了！田令孜随即离开兴元，跑到成都投了陈敬瑄。

这是历史性的一刻。僖宗朝前期政治其实就是田令孜的独角戏，他的判断失误和决策失误是导致唐朝急转直下的主要原因，他把大唐祸祸了个够呛，把僖宗推到火坑里，现在拍拍屁股走人了。

杨复恭的春天终于到了！他刚上台就排田，以雷霆之势清除朝中的田令孜余党，将随驾五都中的王建、晋晖、张造、李师泰四人全部踢到蜀地当刺史，滚吧，找你们的干爹去吧！

大家可能注意到了，还是没有韩建。杨、田两大宦官家族势不两立，韩建可能是唯一一个在两大家族间左右逢源、怎么都吃得开的人了。他居然又神奇地搭上了杨复恭，依旧任镇国军节度使。

五月，又来了一记重锤。襄王大肆封赏将帅，尤其是重点笼络了高骈，不仅加为宰相，还把僖宗拿掉的盐铁转运使、都统等职务都还给了高骈。甚至连大神棍吕用之都得了一个岭南东道节度使的官位。高骈早和僖宗撕破脸皮了，见襄王这小子如此上道，马上打配合，上表劝襄王顺天应人、尽快称帝。有他带头，各地藩镇明确表示支持襄王的居然占到了六七成。

僖宗面临着空前的信任危机。

不过，也不全是坏消息，比如李昌符居然派人来向他表忠诚了。

起初，李昌符也支持朱玫另立中央，但他很快就转过弯来了，一起娶的媳妇，怎么入洞房的却是朱玫?!拥立大功是人家朱玫的，他有什么？朱玫当上摄政王，肯定不会带他玩，他就得靠边站了！李昌符越想越憋屈，转头又来抱僖宗的大腿，陛下，臣一时糊涂办了错事，请陛下原谅臣。

乱世最能看透人性，公道不在人心，是非在乎实力，一切都跟着利益流转。田令孜和韩建这对父子，李昌符和朱玫这对战友，昨天还肩并肩，今天就背靠背了。

这时，朝中执政的宰相已经换成了杜让能和孔纬。杜让能给僖宗出主意，让杨复恭出面拉拢王重荣。当年杨复光和王重荣可是并肩战斗过的战友，杨复恭出面应该好使！僖宗当即同意。

哎，杨复恭出面果然好使！王重荣马上来信，表态坚决拥护僖宗，不仅派人送来十万匹绢，解了兴元朝廷的燃眉之急，还自请讨伐国贼朱玫。

这局面一下子就打开了！僖宗也来劲了，继续努力，准备争取到李克用的支持。

李克用忽然成了香饽饽，僖宗和襄王都向他抛媚眼。沙陀集团内部有分歧，李克用摇摆不定，难以抉择。就情感而言，他是真看不上僖宗，但盖寓的一番话点亮了他："皇帝出奔，天下人都认为是我们的错。所以，只要我们出兵灭了朱玫和襄王，就可以洗白了。"李克用一听，有道理，马上传檄邻近藩镇，说朱玫和襄王是造反，他李克用一贯支持僖宗，要率军讨逆、为国除奸。

政治上的局面倒是扳回来了，但兴元朝廷的军事处境仍然很危险。朱玫深知，要想襄王坐得上、坐得稳，就必须得灭了僖宗，所以派大将王行瑜猛攻散关。王行瑜可是邠宁军中头号悍将，相当能打，一出马就拿下散关，正一步步向兴元逼近。

关键时刻，历史给了一个人露脸发迹的机会。

04. 李茂贞崛起

深州博野（今河北保定北蠡县）人宋文通长得不咋地，史书的记载是"鼠形"，就是说他身形似鼠、獐头鼠目、贼眉鼠眼，但此人其实相当有勇有谋。

晚唐乱世，平民百姓要想有口饭吃，最好的出路就是去当兵。宋文通走的就是这条路，参加了成德博野军。后来，该军到奉天（今陕西咸阳乾县）防秋，宋文通因作战勇敢，被提干为队长。黄巢进占长安期间，他追随郑畋在龙尾陂大败尚让，因功被提拔为神策军都将。

为了阻击王行瑜，僖宗诏命宋文通等人屯驻大唐峰（在今陕西汉中略阳县东南）。当所向无前的王行瑜撞上身形似鼠的宋文通就不得行了，屡战屡败。

这下就该朱玫头疼了。十月，他赶紧让襄王称帝，遥尊僖宗为太上皇。但这已经是无用功了，先前还表态支持的各地藩镇现在都装起了哑巴。杨复恭传檄关中，不管是谁，只要能得到朱玫首级，他就是下一任邠宁节度使。朱玫气急败坏，对前线的王行瑜撂狠话，拿不下兴元就怎样怎样。王行瑜慌了，得了吧，你要拿我怎样，我还是先拿你怎样吧，于十二月十日回师长安，杀了朱玫。

乱军又把长安百姓抢了一圈儿。其实这时的长安百姓已经没什么财产了，那也得抢，身上不是有衣服嘛，都给你扒喽！时已入冬，可怜"士民无衣冻死者蔽地"。襄王朝廷的文武着急忙慌地带着他奔往河中，却不知王重荣早已暗中倒向僖宗。王重荣杀了襄王，将其首级送往兴元。

十四年（887年）正月，僖宗下诏封赏有功之臣。朱玫已死，其邠宁节度使一职给了王行瑜。宋文通升检校太保，拜武定军节度使[①]，同时赐国姓，更名李茂贞，赐字正臣，列入宗室属籍。

乱世里果然机会多，像朱全忠、韩建、王建、李茂贞这种草根，如果放到和平年代，累死他们也不可能取得现在的成就。

僖宗立即清算田令孜，削除他一切官爵，长流端州（今广东肇庆端州区）。这纯属政治上作秀，人家田令孜现在成都美着呢，根本不予理睬。

然后，急不可耐的僖宗就踏上了回家之路。三月十八日，御驾抵达凤翔。李昌符盛情款待，聊表忠心。吃饱喝足，僖宗要继续赶路，李昌符却把他拦住了，说长安宫室还没修缮好呢，陛下回去也没地儿住，这样吧，您先留在凤翔，等宫室修好了再回去！僖宗一想也有道理，朕这么爱风光的人，住得差了可不行，就在凤翔暂住下来。

其实他是落入了李昌符的算计。当初支持襄王，李昌符那也是积极分子呀，追击僖宗他也有份儿，他怕僖宗回去后发现他和朱玫往来的书信文件，这才挽留僖宗。

每次僖宗提出要走，李昌符都有挽留的理由。次数多了，僖宗就明白了，这厮摆明了是不让朕走。凤翔城里的空气日渐紧张，僖宗的人和李昌符的人剑拔弩张。

六月初六，杨复恭义子、天威都头杨守立和李昌符的车队争路，互不相让。这给李昌符气的，凤翔可是我的地盘儿。两拨人马发生冲突，僖宗派中使劝架，不听，打得头破血流。当天晚上，杨复恭就下

[①] 管辖今陕西、甘肃、四川交界之地，治洋州（今陕西汉中洋县）。

令禁军进入战备状态。李昌符果然撕破脸皮，于次日纵兵火烧行宫。凤翔军和禁军展开激烈巷战。最终，李昌符失利，不得不退保陇州（今陕西宝鸡陇县）。

僖宗派李茂贞讨伐李昌符。关中这地界儿最能打的确实就数李茂贞了！七月，陇州刺史杀了李昌符一家，向李茂贞投降。僖宗龙颜大悦，于同月加封李茂贞为宰相、凤翔陇右节度使，赐爵陇西郡公。

陇右节度使现在已经是一个空壳子了，真正具有含金量的是凤翔节度使一职。凤翔背靠秦岭，西辖陇山（六盘山），北接北山[①]，渭水横贯其中，号称"三山环绕，一水中分"，不仅扼守着长安的西大门，还把控着关中入蜀的交通要道。如此战略要地给了李茂贞，可见僖宗对他的信任。

05. 高骈之死

当朝廷乱成一锅粥的时候，一向安稳的淮南却爆出了个大瓜：高骈死了！

自打高骈一心扑在炼丹求道事业上后，吕用之就把持了淮南军政大权，专行威福，顺他者昌，逆他者亡，无所忌惮。淮南人都知道淮南有两个一哥，一个是打引号的高骈，一个是不打引号的吕用之。

吕用之十分好色，看见哪个女人漂亮，甭管人家嫁没嫁人、嫁给了谁，说薅过来就薅过来。

[①] 北山，陕西省关中地区北部山系。

有一天，他看上了都知兵马使毕师铎的小妾，直接派人通知毕师铎，让你小妾到我府上见我。毕师铎太了解他的德行了，那是奔着见面去的吗？就各种借口，说啥也不同意。但这难不倒手眼通天的吕用之，某日他趁毕师铎外出，率众闯入毕府，就在毕师铎的家里，就在毕师铎的床上，就在众目睽睽之下，把人家小妾祸祸了。

毕师铎是不是拎着两把大刀就去找吕用之算账了呢？想多了啊，他不敢，但又不甘心戴绿帽，干脆就把小妾给休了。哟，这是给我甩脸子呢？！打这以后，吕用之隔三岔五给毕师铎小鞋穿。

僖宗十四年（887年）三月，毕师铎收到一份署名高骈的命令，内容是让他率一百骑兵屯驻高邮（今江苏扬州高邮市），以防秦宗权南侵。这明显是扯淡，如果秦宗权真的来攻，区区一百骑兵能顶个屁用？！摆明了是让毕师铎送人头。毕师铎那个无奈啊，但他一个黄巢降将能咋办呢？！

吕用之对毕师铎的态度大变，以前正眼都不带看老毕的，现在居然"待之加厚"。这下，毕师铎从头到脚、从内到外都被恐惧因子占据了，他感觉即将大祸临头了。淮南军府的人也在背地里议论，老毕这关怕是过不去了！毕师铎的母亲派人传话给他："设有是事，汝自努力前去，勿以老母、弱子为累！"是祸躲不过，你尽管去好了，不必担心我们。毕师铎随即出镇高邮。

然后，有人就来找他了。来人是高骈的儿子高四十三郎。高骈被架空，高骈能接受，但高四十三郎接受不了，本该传给我的家业怎么能让吕用之这个神棍截胡了呢？绝对不行！他知道毕师铎和吕用之的恩怨，特来捅咕毕师铎，说吕用之正在劝他父亲杀掉毕师铎。

这下毕师铎就没法忍了，污我姬妾，还要杀我，欺人太甚！当即联合了一帮对吕用之不满的外地将帅，合兵向扬州进发。

四月，毕师铎的人马抵达扬州城郊大明寺。延和阁上的高骈听到城外的鼓噪声，忙问发生了啥事。左右告诉他毕师铎在攻城。高骈大惊，随即把吕用之喊来一顿训："我觉得你的很多说法和做法都很荒诞，你要好自为之！"吕用之继续诓他："毕师铎造反了，但我已经做出妥当处置，高公不必担忧！如果毕师铎还冥顽不灵的话，我只需九天玄女的一道灵符就能灭了他。"

双方半斤八两，战局陷入僵持，只能各自摇人。毕师铎去摇同为黄巢降将的宣歙①观察使秦彦。吕用之去摇庐州（今安徽合肥）刺史杨行密。没想到，这一摇摇出一个南吴太祖来。

杨行密本是合肥长丰的一个农民。此人有特长，一是天生神力，力能扛鼎，有万夫不当之勇；二是耐力惊人，昼夜能行三百里路。瞅瞅，简直就是西楚霸王项羽和神行太保戴宗的魔法叠加。

杨农夫参军后，迅速崭露头角，当上了牙将。有位同僚嫉妒他，搞定了庐州刺史，非要杨行密去外地戍守。杨行密答应得很干脆，还来找这人道别。这人假惺惺地问他有什么需要帮助解决的。杨行密呵呵一笑，别的不需要，只要你的项上人头，说罢抽刀砍掉了那人的脑袋。刺史吓坏了，对高骈说："杨行密太狠了，我可不敢干，你还是让他当刺史吧！"高骈倒是很欣赏杨行密，还真就奏请朝廷任命杨行密为庐州刺史。

这边毕师铎和吕用之顶牛，那边秦彦和杨行密拼速度，结果秦彦率先抵达。

这下高骈就急了，对吕用之火力全开："我将你视为心腹，可你御下无方，耽误我至此等境地！淮南百姓连遭天灾，肚子都吃不饱，不能再戕害他们了。为今之计，应当派一员大将带着我的手书晓谕毕师

---

① 歙，音设。宣歙，又号宁国军，领宣（今安徽宣城宣州）、歙（今安徽黄山歙县）、池（今安徽池州）三州，治宣州。

铎，让他即刻罢兵。"行，听你的，但具体派谁那就是我吕某人说了算了。吕用之派心腹许戡送高骈的手书给毕师铎，却被毕师铎就地斩杀。

吕用之知道高骈已经对他很不满了，故意在第二天带着全副武装的一百士兵入见。高骈吓得躲进寝室里，半晌才硬着头皮出来喝骂："得非反邪？"你们莫非要造反吗？！并命令左右亲兵将吕用之等人赶出去。吕用之出来后举着马鞭恨恨地说："吾不复入是矣！"我再也不会进这个门了！

从这一刻起，高骈彻底清醒了，与吕用之彻底决裂。但这份觉醒到得太迟了！

眼见城池将陷，吕用之撇下高骈，自己跑了。可秦彦和毕师铎入城后也没有解放高骈，而是将他们一家软禁在道院里头。高四十三郎傻了眼，他这是引狼入室了。

不久，杨行密与吕用之合兵一处，也来到扬州城下。

事到如今，高骈后悔万分，哭着对从事卢涚[①]说："予三朝为国，粗立功名。比摆脱尘埃，自求清净，非与人世争利。一旦至此，神道其何望耶？"部将申及曾向他献计："乱党兵力一般，防守松懈。我愿保护您趁夜出城。然后，我们调发各镇兵马，回来洗刷耻辱。如果您迟疑不决，我就不能再侍候左右了。"可这时高骈的心态已经彻底崩了，他不敢！申及只得自己逃走了。

杨行密不仅兵力占优，能力也占优，打得秦彦、毕师铎满地找牙。明明是自己能力不够，秦彦和毕师铎却怀疑高骈暗中对他们用了厌胜之术。

九月初四，女巫王奉仙对毕师铎说："扬府灾，当有大人死应之，自此善也。"扬州将有灾祸，得死一个大人才能除灾。秦彦当时就接

[①] 涚，音税。

道:"大人非高令公耶?"这岂不是应在高公身上吗?!随即命人去杀高骈。

侍者见有军人闯入,高呼有贼。末日来临,当年的那个高骈又回来了,他很平静地说道:"此秦彦来。"随即整理衣裳,坐等乱军。面对闯入的乱军,高骈破口大骂:"军事上有监军及诸将署理,尔等来这干什么?!"乱军慑于高骈往日的威严,纷纷后退。但总有胆子特别大的,有人可不惯着他,上前就将高骈一顿胖揍,随即拖到台阶下痛骂:"你辜负天子的恩宠,陷百姓于水深火热之中,罪恶数不胜数,还有什么话可说?!"这话骂得高骈哑口无言,仰起头闭上了双眼。一道血光之后,世间再无高骈。

乱军将高骈一家不分老幼全部杀死,就地埋在了道院里。

一代名将死得那叫一个窝囊。当年高骈在安南、西川是何等的英明果敢,又是何等的骁勇善战。他本可以成为帝国干城,与李靖、李勣、郭子仪、李光弼等人一道"图形凌烟阁",却在巅峰时期匪夷所思地自甘堕落,不仅身死族灭,还被《新唐书》列入了《叛臣传》。

剖析高骈堕落、覆灭的原因,我觉得主要有三条:第一个,迷信,不信人力信鬼神,为了长生不死,被几个文化水平远低于他的江湖骗子玩儿得团团转,沦为千古笑柄。第二个,没有担当,放黄巢渡江而不追击,僖宗出奔他不勤王,写信骂僖宗,话还撂得特别狠,眼里心里只有自己的小九九,拥兵自重。第三个,不思进取,你说你不帮僖宗也行,那就专心经营自己的事业,学朱全忠、李克用他们搞搞扩张,说不定也能在这乱世里头弄个皇帝当当。可他坐拥雄师劲旅,偏要在淮南躺平。但在乱世里躺平是不可能的,你躺着也会有人来搞你,连装死人家都得过来补一刀。

高级将领搞迷信的危害有多大?我想,高骈用李唐的国运和自己的生命做出了一个响亮的回答。奈何后世自认聪明的蠢货还是奋不顾身、前赴后继呀！

高骈蠢，秦彦和毕师铎比他还蠢。高骈其实就是淮南的皇帝，留着他大可以挟"天子"以令"诸侯"，杀了他却给了敌对者站上道德高地的机会。这下好了，杨行密果然马上打出为高骈复仇的旗号，公开为高骈发丧，带着全军将士披麻戴孝，大恸三日。其实他杨行密和高骈有什么交情？说白了不就是为了拉拢高骈的旧部嘛！吕用之也假惺惺地披麻戴孝哀哭三天。

十月，杨行密攻破扬州，秦彦、毕师铎率残部撤离。

扬州作为江淮枢纽，万商云集，"雄富冠天下"，而且风光旖旎，有"天下三分明月夜，二分无赖是扬州"的美誉。但经过这场劫难，这座城市已不复昔日的繁华和美丽，"城中遗民才数百家，饥羸非复人状"。

吕用之狡猾，杨行密比他还要狡猾，他被人家利用了。此前，吕用之在招诱杨行密出兵时曾撒过一个谎："我有五万块银锭埋在宅子里。等大帅攻破扬州之日，我愿意全部献给您！"等到大局已定后，某日，杨行密在检阅三军时突然看着吕用之说："仆射许此曹银，何食言邪！"你之前答应犒赏三军，怎么食言了呢？他当天就处决了吕用之，用的还是极其残酷的方式——腰斩。早就等红了眼的仇家们一拥而上，片刻间就把吕用之的肉剔得一干二净，只剩了一副骨架。诸葛殷、张守一、萧胜等人也陆续被族灭。杨行密的士兵在抄没吕用之府邸时，没有找到银锭，只找到一个桐木做的人偶。人偶手脚都戴着镣铐，胸口写着"高骈"两个大字，上面还插着一枚大铁钉。

都以为吕用之爱高骈爱到要死，其实就数他恨高骈了。

06. 僖宗驾崩

十五年（888年）二月二十一日，时隔十四个月，僖宗终于再次回到了长安。

这些年僖宗玩得太疯，又到处颠沛流离，身体终于垮了。三月初二，他突然病倒，御医们束手无策。朝廷不得不考虑继承人的事儿了。僖宗年纪不大，只有两个儿子，还都夭折了，那就只能考虑先帝的儿子们了。截至目前，不算僖宗，懿宗的儿子还剩老六吉王李保、老七寿王李杰和老八睦王李倚三个。

百官的意思是立吉王李保，这孩子最成器。但他们说了不算，僖宗说了也不算，得杨复恭点头才行。现在的杨复恭已然全面接了田令孜的班，当着左神策军中尉、六军十二卫观军容使，封爵魏国公。他当然不会随大流，那样拥立大功就不在他了，便于初五奏请册拜寿王李杰为皇太弟。

僖宗也同意，三个弟弟他最喜欢的就是李杰。他两次出奔，李杰都陪伴左右，协助处理军政大事，很是得力。于是，僖宗立即册拜李杰为皇太弟，监军国事。当天，杨复恭便派右神策军中尉刘季述（僖宗朝中尉刘行深义子）将李杰从七王宅迎入宫中。

在时人眼中，寿王李杰无疑是幸运儿。但从后事来看，他简直是倒了八辈子血霉，才接了这么一个烂摊子。唐朝历史上只有两位寿王，一位是玄宗之子、杨贵妃的前夫李瑁，另一位就是李杰。这两人偏偏苦出了天际。可见，和姓王的皇后一样，唐朝的寿王也不是一个好封号。

第二天，僖宗就崩了，年仅27岁。

僖宗12岁即位，在位15年，两次出奔，在外颠沛流离的时间几近六年，接近执政时长的一半。他从发病到去世仅有五天。唯一还算好的，是他最终死在了老家——长安大明宫，比即将接班的弟弟不知强了多少。

僖宗的天分其实很不错，但一是不够成熟，二是毫无政治经验，全部心思都投到玩儿上面去了。王黄大起义后，他总算觉醒了，想做点儿事情，但为时已晚了，形势不会给你时间慢慢成长。他和他爹有愧列祖列宗，既是李家的不肖子孙，又是唐王朝的罪人，更是中国历史的罪人。这爷儿俩在位时长偏偏还不短，各15年，整整祸害了国家和人民30年。生活在他们父子当政年代的中国人真是够倒霉的。

根据遗诏，皇太弟李杰更名李敏。初八，22岁的李敏即位，是为唐昭宗。后来，他专门下诏改名李晔，成为继武宗后第二个在位期间改名的唐朝皇帝。

百官觉得昭宗比不上吉王李保，宦官觉得昭宗好控制，其实他们都想错了。昭宗看着面，骨子里其实刚得很。他早在心中立下了振兴大唐的宏愿，刚即位就摆出大刀阔斧的架势，削减宫中开支，"尊礼大臣，梦想贤豪"。

朝野上下额手称庆，终于盼来一位有道明君了！唐朝文武看昭宗，就跟明朝文武看崇祯似的，都觉得天降贤君、复兴有望了。嗯，是有望，但都是奢望！

这时的昭宗年纪轻轻，雄心勃勃，却不知命运馈赠的所有礼物早已在暗中标好了价格。他面对的这个烂摊子可比当年肃宗面临的那个要烂得多得多。

关中地区，邠宁朱玫和凤翔李昌符出局，变成了邠宁王行瑜、凤翔李茂贞、镇国韩建三强鼎立。另外，李茂贞的哥哥李茂庄任了秦州节度使①，王行瑜的弟弟王行约任了同州节度使②。党项人李思恭、李思孝兄弟仍然占据定难、保大两镇。

河南道地区，秦宗权依旧横行，全道一片战火。

河东道，也就是今山西地区，总体变化不大。晋北仍然是云中赫连铎的。晋中是河东李克用的。晋西南的河中王重荣因为严刑峻法，年前被部下给干掉了，现在的当家人是王重荣的哥哥王重盈。

晋东的昭义变化比较大。昭义军下辖五个州，刚好横跨太行山，山西边是位处山西的泽州（今山西晋城泽州县）和潞州（今山西长治潞州区），山东边是位处河北的邢州（今河北邢台）、洺州（今河北邯郸广平县）和磁州（今河北邯郸磁县）。僖宗八年（881年），昭义频频兵变，大将孟方立上台。李克用从孟方立手上夺走潞州和泽州，还逼着僖宗任命堂弟李克修为昭义军节度使。昭义军事实上已经分裂为孟方立控制下的东昭义和李克用控制下的西昭义。

河北道的变化要比河东道大。义昌、成德、义武三镇还是老样子。卢龙李全忠在僖宗十三年（886年）病死，其子李匡威即位。主要是魏博现在很乱。

魏博的地缘政治局面其实挺不错的，北面有成德作为屏障，东边是弱小的义昌，西边和李克用不挨着，仅南边和朱全忠相邻，但朱全忠现在对魏博还没有野心，所以它外部无忧。可是，因为魏博版神策军——牙兵的存在，魏博内耗严重，节度使走马灯似的换。《四祸叠加》结尾时，魏博节度使还是何弘敬，短短三十年间换了五个节度使，现在当家的是杀害王铎的乐彦祯。

僖宗十五年（888年）二月，乐彦祯因为另行培养亲兵，激起了

---

① 秦州节度使，晚唐时期又号天雄军。
② 同州节度使，晚唐时期又号匡国军。

牙兵们的不满，被迫辞职出家。他儿子乐从训率军攻打魏州，却被牙将罗弘信击败，还被反包围在了内黄（今河南安阳内黄县）。乐从训遂向朱全忠求援。

江淮现在是孙儒和杨行密争雄。高骈死后，秦宗权趁势派弟弟秦宗衡率大将孙儒进取淮南。秦宗衡招徕丧家之犬秦彦、毕师铎，合兵攻打扬州。杨行密不敌，暂时退回庐州。因为朱全忠的威胁，秦宗权不得不召弟弟回军。孙儒看秦宗权要完，反水杀了秦宗衡，自立门户，不久又杀掉秦彦和毕师铎。孙儒势大，杨行密智广，两人都想独霸江淮，目前正斗得难分难解。

变化最大的是四川。杨复恭上台时，将随驾四都都外放到了西川。其中，王建出任壁州（今四川巴中通江县）刺史。这厮趁乱取利，擅自攻占利州（今四川广元），自居防御使，大肆招兵买马，羽翼日渐丰满。僖宗十四年（887年），他又攻取阆州（今四川南充阆中市），野心已暴露无遗。

陈敬瑄就坐不住了，因为王建和东川节度使顾彦朗是神策军中的战友，他怕这两人联手图谋西川。田令孜听了却呵呵一笑："建，吾子也，不为杨兴元所容，故作贼耳。今折简召之，可致麾下。"王建是我义子，我只要写封信就能把他召来！陈敬瑄同意了。

王建接到义父的信很开心，把家眷托付给顾彦朗，随后就带着两千精兵向成都开进。有部下提醒陈敬瑄："王建，虎也，奈何延之入室？彼安肯为公下乎！"陈公，王建可是虎狼之辈，怎么能把他召来呢？他才不是甘居人下的人！陈敬瑄又反悔了，传令让王建原路返回。

此时王建已经走到鹿头关（今四川德阳东北），他本就是带着野心来的，见陈敬瑄如此涮他，勃然大怒，挥军逼近成都。面对陈敬瑄遣使责备，王建理由充足得很："十军阿父召我来，及门而拒之，重为顾公所疑，进退无归矣。"我爹召我来，可我都快到门口了，您却不让我进门。现在，东川顾彦朗又怀疑我动兵的目的，我已经没有退路了，只能前进。

请神容易送神难！这下田令孜也慌了，登上城头打感情牌：乖儿子，听话，快回去吧！王建虽然没上过学，但自修表演艺术到影帝级，率麾下大将集体"髡发罗拜"："今既无归，且辞阿父作贼矣！"干爹啊，我们已经没法回去了，只能辞行当贼去了！

王建的嘴，哄人的鬼，他才不会当贼呢，转头就拉拢顾彦朗一起讨伐陈敬瑄。顾哥，帮我搞老陈和老田，打下西川，咱哥儿俩二一添作五！顾彦朗派兵助战，急攻成都，三日不克。王建退屯汉州（今四川广汉）。

僖宗派宦官调停，但双方都不接受。西川一片战火，连向朝廷纳贡的栈道都被断绝了。

此外，全国各地还有其他军阀在混战抢地盘。这个局面的烈度远比安史之乱后的藩镇割据烈度大，活该昭宗愁断肠。

第五章

昭宗的挣扎

01. 平定秦宗权

事有轻重缓急，昭宗优先解决最痛恨的两个人。第一个当然是伪帝秦宗权，天无二日，这是必须消灭的对象。第二个就是田令孜，当年那一鞭子，昭宗没齿不忘。

秦宗权没有继承黄巢的能力，却继承了黄巢的残暴，甚至有过之而无不及。他的军队所到之处，"屠翦焚荡，殆无孑遗"，甚至用腌渍的尸体充当军粮，以致"北至卫滑，西及关辅，东尽青齐，南出江淮，州镇存者仅保一城，极目千里，无复烟火"。

僖宗从成都回来后即部署讨伐秦宗权，以感化军时溥为都统，辅之以河阳诸葛爽和宣武朱全忠。但时溥纯属机会主义者，本身实力也不济，并未真正出力。实际上卖力干活儿的是诸葛爽和朱全忠。

起初，秦宗权占据绝对优势。但僖宗十三年（886年）诸葛爽病死后，河阳军爆发内讧。秦宗权趁机派孙儒肢解了河阳军。这下压力就都给到朱全忠了。朱全忠深知靠自己的力量挡不住秦宗权，就摇来了山东地区的两个藩镇——天平军节度使朱瑄和泰宁军节度使朱瑾兄弟。

三朱不仅同姓，而且是同乡，都是砀山人。看来砀山这个地方不仅出酥梨，还出猛人啊！二朱担心秦宗权干掉朱全忠后会进军山东，马上答应帮忙。于是，这就形成了"三猪战一禽"的格局。

僖宗十三年七月，秦宗权干掉忠武鹿晏弘，马上扑向朱全忠。转年五月，三朱联合义成军，与秦宗权的军队大战于汴州北边的边孝村。秦军大败，被斩首两万级。如果一场战役斩首都有两万级，那实际被打死的至少翻一倍以上。秦宗权元气大伤，其驻守东都和河南其他州府的部队全部撤防。

边孝村一战把秦宗权从铁核桃打成了软柿子。一看主子不行了，他的部下反水的反水，跳槽的跳槽，随同秦宗衡进取淮南的孙儒反水自立门户，占据荆襄的赵德諲^①则倒向了朱全忠。

河阳军也得以恢复，两名黄巢降将，张全义占据洛阳，李罕之占据河阳，均投靠了李克用。在李克用的举荐下，李罕之任河阳节度使，张全义任河南尹。但没多久这两名老战友就闹翻了，张全义抢先动手，攻破河阳，自任节度使。李罕之从李克用那里搬来七千沙陀骑兵围攻河阳，却被赶来增援的宣武军打得败退泽州。张全义和河阳军从此倒向朱全忠。

这就是乱世，没有忠诚，没有情义，归附和背叛犹如喝水吃饭一样稀松平常，只有赤裸裸的利益。

一看朱全忠行情暴涨，昭宗马上将时溥担任的讨秦都统职务转授给朱全忠。

朱全忠集中全力出击，一路攻城略地，扑向蔡州。经过半年的围城，僖宗十五年（888年）十二月初一，蔡州内部生乱，秦宗权被部下献给了朝廷。

为了庆贺这件盛事，转年正月初一，昭宗宣布改元并大赦天下。他经历的乱事多，为了讨彩头频繁更换年号，在位十六年用了七个年

---

① 諲，音阴。

号。为了方便大家，咱们依旧采用北溟纪年①。

二月二十七日，秦宗权一家被送到长安。意气风发的昭宗亲临延喜门受俘。百官趁机一顿马屁输出，把昭宗捧得飘飘然不亦爽乎。秦宗权一家先是被游街示众，然后献祭于宗庙，最后在独柳下问斩。

大家肯定想不到，杀人如麻的秦宗权居然也怕死。临刑前，他从囚车里探出脑袋，向一旁的监斩官求饶："大人，您看我秦宗权像谋反的人吗？我对朝廷一片忠心，只是无处投效罢了。"嗯，如果称帝都不算谋反，那什么算谋反？一旁看热闹的百姓都笑抽抽了。

乱世里机会多，稍微有点儿本事又肯折腾的，弄个王当当不在话下。但乱世又是一场零和博弈，笑到最后的只有一个人，像秦宗权、朱玫、李昌符这种跳梁小丑，昨天还风光无两呢，今天就是狗命一条。

宗权跌倒，全忠吃饱。昭宗给他加了一长串头衔，什么太尉啊、中书令啊……能加的都加上。此外，秦宗权的地盘和军队也大多落到朱全忠手上，他现在已经是河南道实力最强的藩镇了。

我对具体战争的描述比较简略，以致很多人对朱全忠所取得的成绩认识不深。中原是四战之地，东南西北都有敌人，而且又是一马平川、无险可守的平原。历史上能在这个地方站住脚并最终成就基业的，只有曹操和朱全忠。所以，毛主席曾经评价："朱温处四战之地，与曹操略同，而狡猾过之。"

朱全忠虽然狡猾，但治军很有一套。比如，他创设了臭名昭著的

---

① 龙纪元年＝昭宗元年（889年），大顺元年＝昭宗二年（890年），大顺二年＝昭宗三年（891年），景福元年＝昭宗四年（892年），景福二年＝昭宗五年（893年），乾宁元年＝昭宗六年（894年），乾宁二年＝昭宗七年（895年），乾宁三年＝昭宗八年（896年），乾宁四年＝昭宗九年（897年），光化元年＝昭宗十年（898年），光化二年＝昭宗十一年（899年），光化三年＝昭宗十二年（900年），天复元年＝昭宗十三年（901年），天复二年＝昭宗十四年（902年），天复三年＝昭宗十五年（903年），天祐元年＝昭宗十六年（904年）。

"跋队斩"，规定：凡一军主将战死，所部士兵全部处斩。这既是为了维护主将的威信和安全，也是为了确保军队的战斗力，因为只要主将不退，那士兵就不敢退。

"跋队斩"确实也管用了，但很快又带来了新的问题：战场上刀剑无眼，主将难免战死，士兵们为保命只能逃跑。为了堵塞这个漏洞，朱全忠又参照上古时代的黥面之刑，让全军士兵都在脸上刺上个人的军号，如此逃跑者就很容易被识别和擒获了。他的这个办法后来被宋朝引入刑法领域，即著名的"刺配"。

消灭秦宗权，实现开门红，对昭宗中兴大唐的宏愿是一个巨大鼓舞。然后，他就想搞定田令孜了。偏在这时，卢龙李匡威和云中赫连铎联名奏请讨伐李克用。

02. 讨伐李克用

边孝村之战是朱全忠崛起之路上的关键一战，不仅威名天下扬，而且实力也有了质的飞跃。然后，这个野心家就坐不住了，挑起了对感化军时溥的战争。时溥顶不住，一再向李克用求援。

其实，不是李克用不想搞朱全忠，也不是朱全忠不想搞李克用，只是他们之间卡着一个BUG——魏博。

这时，魏博的话事人已经换成罗弘信了。朱全忠虽然出兵帮助乐氏父子，但罗弘信还是顶住了，并在僖宗十五年（888年）四月击败乐从训，将乐氏父子枭首军门。然后，他以重金厚币向朱全忠提出修好。朱全忠眼看罗弘信已经站稳了脚跟，顺势接受，就退走了。

罗弘信深知李克用和朱全忠之强大，哪个都不想得罪，也不敢得罪，只想保境自安。偏偏这两人总来烦他，而且烦的理由都一样——借路。

这次也一样，只要是拆朱全忠的台，李克用绝不会推辞，他要帮时溥，向罗弘信提出借路。罗弘信不敢不借，但做了指标控制，只限五百人。区区五百人能顶个什么用？到了没多久就被宣武军消灭了。

李克用一直想敲开向河北东扩的大门，但进军河北首先得搞定东昭义三州。是年三月，他发兵攻打东昭义，连下洺州、磁州，进围邢州。孟方立自杀，他的堂弟孟迁被推为留后，并向朱全忠求援。

只要是拆李克用的台，朱全忠也绝不会推辞，立即致信罗弘信借路。罗弘信一碗水端得很平，其实是不敢不平，借路可以，但人数不得超过五百人。

问题是这点儿人不顶用啊！昭宗二年（890年）正月，走投无路的孟迁开城投降，还把朱全忠援助他的人马当投名状献给了李存孝。李克用第一次完成了对大昭义的征服，奏请朝廷分东昭义三州为邢洺磁节度使。

转月，他就北上去搞宿敌赫连铎了。赫连铎实力弱，赶紧向卢龙李匡威求救。李匡威可是个狠角色，江湖人送外号"金头王"，一出马就大败沙陀军。

战后，李匡威和赫连铎一合计，总这么着也不是个办法，李克用隔三岔五就来搞一下，烦死了，不如一劳永逸，彻底搞死他算了。于是，两人联名上书昭宗，要求朝廷讨伐国贼李克用。

他们为什么要奏请朝廷讨伐呢？原因有二：第一，以他们两镇的实力是灭不掉李克用的，必须得有新的力量加进来，而只有朝廷可以调动新的力量，朝廷出了力，他们就可以省力。第二，朝廷如果介入，那事情就升级成朝廷和反贼的事儿了，朝廷肯定要倾尽全力搞李克用，一次不行就两次，一直搞下去，直到李克用被拖垮。这算盘打得是真溜啊！

现在就看昭宗什么态度了。平心而论，昭宗非常痛恨李克用。当年李克用举兵入京、火烧皇宫，逼得他和哥哥僖宗流离失所，吃尽了苦头。那件事田令孜固然有错，但李克用也并非无过。况且，昭宗锐意中兴，肯定是要削藩的。如果削藩，先拿李克用这个最强大的藩镇下手不失为一个好办法，打掉了李克用，其余的藩镇就不敢造次了。可昭宗又有顾忌，因为李克用不仅强大，离关中还近，万一打不赢他，就惹祸上身了。

得了，开会研究吧，而且是扩大会议，扩大到了所有四品以上朝臣。结果，包括杨复恭、杜让能等在内的绝大多数人都反对，支持讨伐的只有两个新宰相——张濬[①]和孔纬。

孔纬前文已经说过了，这里介绍一下张濬。

张濬早年是隐居的山人，但他隐居是为了博名，而且也的确博到了名，经杨复恭举荐入朝为官。僖宗被黄巢赶出长安时，张濬指点汉阴县令献上数百车干粮，解决了僖宗的吃饭问题。僖宗多大方一人儿啊？一个高兴，就让毫无行伍经验的张濬当了兵部郎中。

当初李克用受诏讨伐黄巢，张濬是他的判官，两人处得不太好。得知张濬拜相，李克用颇为不屑，私底下对前来宣旨的宦官说："张濬只会空谈，不懂实干，将来必定祸乱天下。"张濬知道后大为不满，一直琢磨着怎么报复李克用。

昭宗现在就信张濬和孔纬，力排众议，悍然下诏削除李克用的官爵和属籍。官爵好说，主要是把李克用李唐宗室的身份给剥夺了，你不配再姓李了，姓你那个朱什么邪去吧！

---

① 濬，音俊。

我们客观评价这件事。第一，李克用起码最近并没干什么威胁朝廷的事，他不为难朝廷，昭宗你招惹他干吗？第二，昭宗还是太年轻气盛了，做事不留余地，削除官爵也就罢了，居然连属籍也给削了，一出手就把李克用逼进了死胡同，想不跟你翻脸都不可能了！

李克用那个气啊，以前陪人家看月亮的时候，叫人家李克用，现在新人换旧人了，就叫人家朱邪克用。

朝廷随即以张濬为主帅、京兆尹孙揆为副使，统率神策军、邠宁王行瑜、凤翔李茂贞、定难李思恭、保大李思孝、镇国韩建等军共五万人，征讨李克用。地方藩镇方面，命令宣武朱全忠由东南方向进击、卢龙李匡威和云中赫连铎从东北方向进军。张濬还想动员魏博和成德，但这两镇不想得罪李克用，没听招呼。

对于这次削藩战争，昭宗无比重视，亲自给大军饯行。意气风发的张濬请昭宗屏退左右，豪言："臣先为陛下铲除外忧，再为陛下铲除内患。"

内患指谁？杨复恭。当年昭宗还只是寿王时，就已经非常厌恶宦官了。即位后，他就确定了内除宦官、外削藩镇、中兴大唐的规划。杨复恭仗着有拥立大功，俨然以田令孜第二自居，不仅管着神策军，还遍收义子、广植党羽，他的义子加上杨复光的义子，总数达到了惊人的六百多个。这些义子大多把持着中央、地方的要职：杨守立为天威军使，杨守信为玉山军使，杨守厚为绵州刺史，杨守贞为龙剑节度使[①]，杨守宗为金商节度使[②]，杨守忠为洋州节度使，杨守亮为山南西道节度使……时人称呼他们是杨复恭的"外宅郎君"。跋扈的杨复恭甚

[①] 龙剑节度使，下辖龙舟和剑州。龙州辖域以今四川绵阳市平武县为主体，包括今青川县、江油市等地。剑州辖域以今四川广元市剑阁县为主体，盛时包括今梓潼县、江油市东部等地。

[②] 金商节度使，下辖金州（今陕西安康）和商州（今陕西商洛），治所金州。

至经常坐着轿子直抵太极殿。昭宗大为不满。孔纬、张濬看领导喜好下菜，也积极倡言对付杨复恭。

张濬其实挺不地道的，杨复恭是他的伯乐，谁反杨复恭都可以，唯独他不应该。

一日，昭宗和张濬、孔纬、杨复恭等人说起各地的野心家。孔纬忽然说道："陛下，连您左右都有要造反的野心家，何况是地方呢？"昭宗勃然变色，谁啊，敢反朕？孔纬当场指着杨复恭说："杨复恭不过是陛下的家奴，却敢乘着肩舆直至太极殿。他还收了一大批义子，有的执掌禁军，有的任地方藩镇，这不是要造反，还能是什么？"杨复恭大怒："我收养义子是为了笼络豪杰、保卫国家，怎么会造反呢？"昭宗直接把话说到杨复恭脸上了："既然爱卿你收养义子是为了保卫国家，那为什么不让他们姓李而姓杨呢？"杨复恭无言以对，尴尬得脚趾都能抠出三室一厅了。

此次出征，张濬志在必得，他都想好了，先灭了李克用，回来再干掉杨复恭，这样他张某人就能图形凌烟阁、青史留名了。

可他低估了杨复恭的实力，他这边刚对昭宗说完铲除内患的话，那边杨复恭就知道了。为了套话，杨复恭亲自出城给张濬饯行，还主动提了一杯壮行酒。张濬都没搭理他，说刚才陛下送行的时候，我已经喝醉了，不能再喝了。杨复恭不太高兴："宰相大人手握大权，率军出征，何故如此作态？"言下之意，你搁我这儿装什么装？！张濬撇了撇嘴角："等我平定贼寇回来，你就知道为什么了。"杨复恭勃然变色，好小子，果然是要对付我了！

李克用最近在走背字，好不容易得来的西昭义潞州又丢了，但这怪不得别人，得怪他自己。他堂弟李克修在潞州干得挺好的，深得军心民心。但李克修生活俭朴，就因为在招待李克用时设的酒宴不够丰盛，被喝醉了的李克用当众辱骂，羞愤而死。然后，潞州的话事人换成了李克用不成器的亲弟弟李克恭。潞州军民悍然兵变，杀了李克恭，投靠了朱全忠。李克用急了，赶紧派康君立、李存孝包围潞州。

李克用这个人吧，优点很多，就一个缺点，贪杯误事。他遭受的挫折基本都是贪杯带来的。当年在上源驿，如果不是他醉后侮辱朱全忠，朱全忠也不可能设计干他，十一太保史敬思就不会横死。这次也一样，也是因为喝醉了胡整，间接害死李克修、李克恭两位兄弟，还弄丢了潞州。

六月中旬，张濬抵达晋州（今山西临汾）坐镇，派大军继续前进。七月，朝廷大军抵达距离太原三百余里的阴地关（今晋中灵石西南）。

张濬收到潞州兵变的情报，担心朱全忠占据潞州，奏请昭宗火速任命孙揆为昭义节度使，并分兵万人护送孙揆到潞州上任。昭宗和朱全忠倒是同意了，孙揆不同意，觉得犯不着这么兴师动众，只带了五百人上任。

盲目托大是要付出代价的。八月二十日，孙揆一行在长治长子县一带的山谷，遭到李存孝伏击，孙揆惨遭生擒。李存孝押着孙揆到潞州城下劝降，宣武大将葛从周拒不投降。李存孝无奈，派人把孙揆送到了太原。李克用出面劝降，孙揆不降，还大骂李克用，被李克用下令用锯子活生生锯死了。

进入九月，战局又变了，李存孝在击败改打泽州李罕之的宣武军后，又向潞州杀来。这次葛从周没能创造奇迹，被迫弃城而走。

此次出征，朱全忠的真实目的是占据西昭义，一看这个目的实现不了了，得了，不陪你们玩儿了，撤了。

当月，李克用在雁门关击败了李匡威和赫连铎的联军，俘斩数万人，还生擒了李匡威的儿子和赫连铎的女婿。李匡威和赫连铎胆寒，双双撤退。

至此，东南、东北两路大军全都败退，只剩张濬这路了。

接下来的战斗完全是河东军的秀场和屠宰场，砍瓜切菜，所向披靡，一直打到晋州西门。张濬迎战失利，闭城自守。邠宁、凤翔、保大、定难等军一看河东军这么猛，一溜烟儿全跑了。晋州城内只剩张濬、韩建等部一万余人。

晋州肯定守不住。但李存孝考虑到不宜俘虏宰相，主动后撤五十里。张濬和韩建连夜弃城而逃，狂奔回关中。河东军攻占晋州，又一路南下至蒲州，只待李克用一声令下，他们就能渡过黄河、打到长安去。

行吧，到这儿这仗就彻底瞎了！

第一次削藩就失利，昭宗灰头土脸，好不尴尬。

李克用上表鸣冤，其实是威胁，扬言要进军关中，和张濬决战到底。

昭宗慌了神，于三年（891年）正月将孔纬和张濬罢相、贬官，改任兵部侍郎崔昭纬、御史中丞徐彦若为宰相。

李克用不依不饶，二次上表，继续搞张濬、孔纬。昭宗无奈，只能再贬二人为远州刺史，并恢复了李克用的官爵和属籍，让他依旧回太原任职。爱卿啊，误会啊，都是误会，你还叫李克用，咱还是相亲相爱的一家人。李克用这才作罢。

不过，张濬和孔纬并未奔赴流放地，先后转道华州，投靠了韩建。这其实就是抗旨了。昭宗顾念两位老臣，也就睁一只眼、闭一只眼了。

复盘整场战争，最大的获利者是朱全忠。从一开始他就没打算真出力，只不过李匡威和赫连铎攒了个局，把昭宗也带上了，他就跟着看能不能捞点儿好处。葛从周只是偏师，能拿下西昭义最好，拿不下就拉倒。朱全忠则借口罗弘信不参与讨伐李克用，亲率主力扑向魏博。就在张濬、孔纬罢相当月，宣武军五战皆捷，进至内黄永定桥，吓得罗弘信摇尾乞怜、纳币称臣。朱全忠大为满意，这才撤了军。

李克用获利也不小，虽然没有进军关中，但他立即掉头收拾赫连铎去了。七月，赫连铎被迫放弃云州城，带着部众去卢龙投李匡威了。李克用占领云州，完成了对山西北部的征服。

03. 王建独霸西川

讨伐李克用失败，只是昭宗倒霉的开始，紧接着他又挨了一记重锤。

昭宗刚即位就下诏给西川，说要派新的监军过去。陈敬瑄、田令孜根本不搭理他，这给昭宗气的，恨不能灭此朝食，但出师无由，只好先做调停，喊话要王建、顾彦朗别打陈敬瑄、田令孜。王建和顾彦朗当然不会停，就提了一个他们觉得朝廷不可能接受的要求：另行任命西川节度使。

巧了不是，昭宗正想收拾陈敬瑄、田令孜呢，顺势答应，于僖宗十五年（888年）六月任命宰相韦昭度为西川节度使，同时征召陈敬瑄回神策军任职。陈敬瑄拒绝接受诏命，"治兵完城"，准备武力对抗中央。

要的就是你不答应，昭宗迅速褫夺陈敬瑄一切职务，宣布兵伐陈、田。行营的主要成员包括行营招讨使韦昭度、副使山南西道杨守亮、行军司马东川顾彦朗，以上三人都是挂名的领导，只起体现领导重视、壮大声势的作用，昭宗真正倚靠的是王建。十二月，他将王建占据的四州单独设了一个永平军，以王建为永平军节度使，并充任行营诸军都指挥使。

昭宗相当于同时打了两场仗：一场是对李克用的，已经败了；另一场是对陈敬瑄、田令孜的，还在拉锯状态。河东战事半年就结束了，但西川战事三年了还在胶着状态，形势并不明朗。挨了李克用一板砖的昭宗泄气了，觉得西川战事遥遥无期，不想打了，就在三月下诏恢复陈敬瑄官爵，并拟召回韦昭度，命顾彦朗和王建各归本镇。

这又是一个糊涂决定。昭宗坐在长安宫殿里，韦昭度坐在成都官邸里，了解前线战况全靠看汇报稿。谁提供的汇报材料？王建！王建说顺利，那就是顺利；王建说不顺利，那就是不顺利。其实仗打到现在，陈敬瑄已是油尽灯枯、崩盘在即了。

一看朝廷要往回缩，王建动歪心思了，这不是独霸西川的天赐良机吗？一面唱高调，表示不能罢兵，要继续讨逆，终将赢得最后的胜利，一面又诓骗韦昭度说："今关东藩镇迭相吞噬，此腹心之疾也，相公宜早归庙堂，与天子谋之。敬瑄，疥耳，当以日月制之，责建，可办也！"关东藩镇才是朝廷的心腹大患，您还是回朝当您的太平宰相吧，这里交给我就可以了。

韦昭度犹豫难决。王建有办法，指使手下在营门前闹事，非说韦昭度的亲信骆保盗卖军粮。不等韦昭度表态，兵士们便一拥而上将骆保杀死，并就地分食。韦昭度吓得肝胆俱裂。王建趁机吓唬他："军士饥，须此为食尔！"看看，相国大人您看看，将士们饥饿难忍，已经开始吃人肉了！韦昭度的心态彻底崩了，我这把老骨头可不好吃，把符节印信一股脑儿丢给王建，当天就跑路了。

好嘛，他前脚一过剑门关（位于今四川广元剑阁县城南），王建立刻派兵扼守，切断了关中与两川的联系。走好说，以后再想来就得办护照了。

八月二十四日，走投无路的田令孜登城向王建喊话。攻守易势，现在的他不敢以父亲自居，更不敢呼王建为儿了，而是谦虚地自称"老夫"，尊称王建为"公"："老夫于公甚厚，何见困如是？"王公啊，老夫对你很不错，你为什么要陷我于如此困境呢？

为什么？为了利益呗！王建绝对是影帝级的人物，回道："父子之恩岂敢忘！但朝廷命建讨不受代者，不得不然！"

田令孜知道已无讨价还价的资本，只得咬着后槽牙说："吾欲面计事。"行，咱们见面再说吧！当天傍晚，他就出城来到王建大营，将西川节度使的印信节钺拱手奉上。王建还在演，"泣谢，请复为父子如初"。

次日，成都城门洞口，王建挥军入城，当天即自称西川留后。随后，他分兵四出，很快全取西川。

这就是昭宗干的事，不该打的仗乱打，该打的仗却半途而废。本就不该打李克用的，他又没招惹你，你惹他干吗？主动挑事又平不了事，结果落得个灰头土脸、颜面尽失。西川这仗就应该排除万难打下去，因为西川是关中的后院，万一关中待不住，将来还能退入西川，起码也能混成刘备的模样。这下好了，偌大一个西川几乎就是白送给了王建，以后落难了，想逃，往哪儿逃呢？！糊涂啊！

生米已经煮成熟饭，昭宗悔得肠子都青了，但也只能于十月任命王建为成都尹、剑南西川节度副大使知节度事、管内观察处置云南八国招抚等使。私盐贩子贼王八就这样崛起了。

瞅着王建似乎挺重情义的，好吃好喝好住地供着陈敬瑄、田令孜兄弟。但此后两年间，他不停上表昭宗，要求处决陈敬瑄和田令孜。昭宗没有同意，我猜他可能想留着田令孜、陈敬瑄牵制王建，万一将来王建公开闹分裂、搞独立，这俩货说不定还是可以打的牌呢！王建对昭宗的心思洞若观火，行，你不下令，我就自己动手了！

昭宗五年（893年）四月，田令孜、陈敬瑄走到了人生的终点。

王建以意图谋反为由，在新津（今成都新津区）处决了二人。陈敬瑄早知会有这么一天，裤腰里一直藏着毒药，可临刑前才发现毒药不见了，只能挺着脖子挨了一刀。田令孜不想脑袋搬家，自己动手搓了一条绳子，用的还是上好的绢，然后交给行刑人说："吾尝位十军容，杀我庸有礼！"老田我好歹也是当过十军阿父的人，杀我可以，但得有个规矩！他还耐心地现地教授勒死人的方法。

这也就是别人了，换我，直接上去一刀砍死。此贼祸国殃民，还由得他临死前摆谱？！

连着两场仗都打输了，昭宗和朝廷的威严彻底扫了地。本来他刚上来时一副明君做派，人家多少还是有些怵他的。现在一看，这也不行啊！朝廷？朝廷是个什么东西？皇帝？皇帝又是个什么玩意儿？

办事情光有决心和态度是不够的，必须得有高水平的认知和强大的实力打底。决心和态度只能解决方向问题，不能解决路径问题。昭宗的问题，一是在于认知出了错误，不该打的仗乱打，该打的仗却半途而废，分不清主要矛盾和次要矛盾；二是在于没有力量，或者说他自认为很有力量。很多时候，没实力的盘算比没盘算更糟糕。

04. 杨复恭之乱

虽然连着两件事都办砸了，但昭宗并未气馁，中兴大唐咱还得接着干呀，藩镇搞不动，总得搞点儿什么吧，不能歇着啊，得了，那就搞杨复恭吧！其实，他把顺序搞反了，应该先搞宦官，再除藩镇。一来不拔除内部的毒瘤，外部的事情是办不好的。二来宦官相对藩镇还容易搞些。

张濬、孔纬倒台后,杨复恭站到了他为宦生涯的巅峰,上胁天子,下凌大臣,权势熏天。昭宗本来还能忍,但三年(891年)八月时杨复恭干了一件很过分的事,彻底把昭宗给惹毛了。

国舅王瓌①想当节度使,别人都支持,就杨复恭反对。王瓌自觉有皇帝女婿撑腰,竟当面骂了杨复恭。哎,这一顿臭骂似乎管用了,杨复恭态度大变,主动提议让王瓌当黔南节度使。王瓌开开心心去上任,行船走到四川广元吉柏江,船底被人凿穿,一行人全部喂了鱼虾。

昭宗既震惊又悲痛,一查,居然是山南西道杨守亮派人干的。杨守亮跟王瓌无冤无仇的,没有作案动机,唯一合理的解释:他受了杨复恭的指使。

王瓌也是,你骂谁都行,甚至骂昭宗都可以,怎么能骂宦官呢?!

愤怒的昭宗终于下定决心要搞杨复恭了。此前他已经设法拉拢了杨复恭的义子天威军使杨守立,赐名李顺节,封六军统领,不久又提拔为不外放的使相。

月底,他下诏解除杨复恭的兵权,调任凤翔监军。杨复恭大为不满,拒不就职,要求回家养病。昭宗顺势解除他一切职务,只留下一个金吾上将军的空衔,许他告老回家。杨复恭居然让心腹张绾把前来宣旨的中使杀死在归途中,然后躲到了商山里头。

昭宗毕竟是杨复恭拥立的,怕人说他忘恩负义,不好下死手,就没再追究。但杨复恭可不打算善罢甘休,十月,他公然返回长安,大摇大摆地住进了昭化坊的私宅。当然不可能只是回家那么简单,老杨是回来搞废立的。玉山军使杨守信频繁出入杨复恭家中,给他带去朝

---

① 瓌,音归。

中情报。杨复恭还致信各地义子，要他们"积粟训兵"，不要进奉中央。在写给杨守亮的信中，他居然指责昭宗是"负心门生天子"，要对他这个"国老"下手了。

从来只有天子门生，几曾听过门生天子？杨复恭把皇帝当学生，真是狂妄到了极致。

昭宗对杨复恭的一举一动盯得很紧，很快就知道了他们的阴谋活动。十八日，他派李顺节、李守节二将前去逮捕杨复恭。经过一场血腥搏杀，杨复恭与杨守信突围而出，向山南西道治所兴元奔去。张绾被俘处斩。

杨复恭来到兴元后即联络诸杨，以讨伐李顺节为名向朝廷宣战。昭宗马上设计把李顺节干掉了，你不是讨伐李顺节嘛，好啊，我把他杀了，看你怎么办！

本来这是昭宗和杨复恭之间的事，但关中藩镇却蠢蠢欲动了。尤其李茂贞，他垂涎隔壁的山南西道不是一天两天了。

昭宗四年（892年）正月，关中五藩——凤翔李茂贞、秦州李茂庄、邠宁王行瑜、同州王行约、镇国军韩建——联名奏请讨伐杨守亮，理由是杨守亮收留逆贼杨复恭。五藩还承诺自掏腰包，不用朝廷花一分钱。李茂贞尤为积极，弹劾杨复恭自称是隋炀帝的后代，因为当年隋恭帝杨侑禅让李唐，所以他才取名叫复恭。当然了，忙是不可能白帮的，李茂贞清清楚楚地说了，朝廷应当削去杨守亮的官爵，由他李某人担任山南西道招讨使。昭宗担心李茂贞功成之后会占据山南西道，拖着不肯答复。

嘿，你皇帝不同意，我还不干了？二月，李茂贞干脆撇开朝廷，联合王行瑜攻打山南西道。他还致信宰相杜让能和神策军中尉西门君遂，将朝廷和昭宗说得一无是处、酒囊饭袋，瞅你们那个傻样！

从这一刻起，李茂贞的狐狸尾巴就露出来了，说到底他就是两面贞,当初对朝廷恭顺是为了上位,如今之所以不恭顺了,是要为自己谋取更大的利益了。

这给昭宗气的,召集会议商讨如何对付李茂贞。可是这会开得相当尴尬,大臣没一个发言的。昭宗不知道大家害怕,因为新任宰相崔昭纬与李茂贞、王行瑜深度相结,这时谁要说李茂贞的坏话,不久就得拉清单了。没人吱声,昭宗顿时就跟泄了气的皮球似的,授任李茂贞为招讨使。

一看李茂贞想夺山南西道,西川的贼王八王建坐不住了,山南西道他也想要,马上出兵!杨复恭腹背受敌,手忙脚乱,已露败象。

很快,山南西道就被王建和李茂贞瓜分殆尽了。十一月底[1],穷途末路的杨复恭带着杨守亮、杨守信、杨守贞、杨守忠等人弃守兴元,逃往阆州。

李茂贞占领兴元,马上表请让他儿子李继密当兴元尹,其实就是把位置占住,为他将来兼领山南西道打下基础。昭宗还能怎么办,只能同意呀!

转月[2],王建攻克阆州。杨复恭丢掉了最后的据点,只能带着一众义子北上去投李克用。这一路上他们隐姓埋名、改装易容,甚至沦落到要饭的地步。也是活该他们倒霉,行至华州乾元县(今陕西商洛柞[3]水县)时,被韩建的人抓到了。

当年杨复恭可没少帮衬韩建,但现在韩建连眉头都没皱一下,就下令处决杨复恭父子,并极尽侮辱之能事。杨复恭大骂韩建是奴才。韩建命人用衣服蒙住他的头,再用乱棍活活打死。功名利禄折腾了一

---

[1]《资治通鉴》载为景福元年(892年)八月。本书从《旧唐书》的时间。
[2]《资治通鉴》载为乾宁元年(894年)七月。本书从《旧唐书》的时间。
[3] 柞,音榨。

辈子，杨复恭终究还是成了杨白劳。

唐末枭雄大多手腕狠辣，但要说真小人，要我看只有韩建一个。此人先投杨复光，再投田令孜，后投杨复恭，有利可图就毫无节操地跪舔，无利可图马上翻脸不认人，真是无耻到了极致！

杨复光的义子杨彦博侥幸逃脱，跑到太原投了李克用。李克用成心给朝廷上眼药，非说杨复恭死得冤，要求昭宗昭雪杨复恭。昭宗只得下诏为杨复恭平反，并恢复其官爵。杨彦博后来找到杨复恭的骸骨，将其葬于介休抱腹山。

05. 李茂贞犯阙

东川节度使顾彦朗在王建独霸西川前夜病死了，话事人换成了他弟弟顾彦晖。好朋友尸骨未寒，王建就惦记上东川了，可惜阴谋泄露，顾彦晖有所防备。

李茂贞想拉拢顾彦晖一起对付王建，奏请昭宗于五年（893年）正月任命顾彦晖为东川节度使。随后，他和顾彦晖一起发兵攻打西川，却在利州被王建击败。顾彦晖反了，转头与王建讲和。

李茂贞急了，马上要求昭宗任命他为山南西道节度使。昭宗同意了，确实也在七月下诏了，但诏书说了，李茂贞的凤翔节度使一职得空出来，由宰相徐彦若接替。"两面贞"，你一个人要兼领两镇，想多了吧？

李茂贞勃然大怒，给昭宗和杜让能上书，用词很不客气。昭宗勃然大怒，要讨伐"两面贞"。咋地，区区一个皇帝，我还怕你了不成?！李茂贞立即还以颜色，又上了一道表，这次更不客气，那小词儿净往昭宗脸上说："陛下贵为万乘，不能庇元舅之一身；尊极九州，不能戮复恭之一竖。"陛下，你连自己的舅舅都保不住，连杨复恭一个宦官都干不掉，你算哪门子皇帝？"军情易变，戎马难羁，唯虑甸服生灵，因兹受祸，未审乘舆播越，自此何之！"我怕将来军情有变，军队难以控制，只会使百姓遭难。到时陛下要跑路，又能跑到哪里呢?！

人和人的关系有时就是这么直白露骨，你比他牛，就是你数落他，你不如他，就得听人家数落。高骈数落僖宗，李茂贞数落昭宗，晚唐这皇帝真是不当也罢！

昭宗都气疯了，讨伐，必须讨伐，让杜让能主持筹划。杜让能苦口婆心："陛下，李茂贞离咱们太近了，与他结怨是不明智的。万一灭不了他，那就麻烦了，到时候后悔都来不及！"

昭宗已经丧失了理智："爱卿你只管调派粮饷，统兵的事我让诸王来干，不管成败，朕都不会怪罪你的。"

杜让能怕啊，他要是主持这事了，将来李茂贞一定会清算他："陛下必欲行之，则中外大臣共宜协力以成圣志，不当独以任臣。"

昭宗不高兴了："爱卿你可是宰相啊，理当与朕休戚与共，遇到事儿怎么能躲呢?！"

皇帝的话都说到这份儿上，杜让能的眼泪"哗"就下来了："臣哪敢躲事啊?！陛下想要做的事情是宪宗志向所在，这是对的。但目前大势不允许啊！臣不怕当晁错第二，只怕就算我当了晁错，七国之乱也不能平息呀！您都这么说了，臣大不了就是一死，这事儿我干！"

接下来就是紧锣密鼓的筹划，杜让能干脆搬着铺盖卷儿住进了中书省，一个多月都不回家。

然而没啥用！他们忘了身边还有一个崔昭纬呢，杜让能早上说了一句话，李茂贞和王行瑜当天晚上就能知道。

李茂贞指使党羽煽动长安民众近千人，大白天把西门君遂的车队给围了："岐帅无罪，不宜致讨，使百姓涂炭。"西门君遂赶紧甩锅，说这是宰相的主意，我一个中尉可主导不了这事。乱民又拦截了崔昭纬、郑延昌二相。崔昭纬正好把祸水引向杜让能："兹事主上专委杜太尉，吾曹不预知。"乱民不干，冲二相丢石头。两位宰相慌忙下轿躲避，连官印和朝服都丢了。

昭宗知道是李茂贞捣的鬼，马上镇压，杀了带头闹事的人。可朝廷和凤翔、邠宁即将开战的消息已经传得满城风雨，长安百姓非常恐慌，纷纷逃到终南山中躲避。

八月，一切准备妥当，昭宗任命宗室嗣覃王李嗣周为京西招讨使，率三万神策军护送徐彦若到凤翔上任。李茂贞、王行瑜合兵六万，针尖对麦芒。

九月十七日，两军遭遇于咸阳兴平。禁军瞅着人模狗样的，其实就是战五渣，面对彪悍的敌军不战自溃。

昭宗傻了眼，他的错误就在于他以为他以为的就是他以为的。朝廷那点儿军队能打过哪个藩镇？别说李茂贞、王行瑜了，连韩建都打不过。可笑昭宗就靠着一支战五渣的乌合之众，一会儿削李克用，一会儿捶李茂贞，这不是拎不清、自取其辱吗?！有时候，面子不是别人弄丢的，而是自己凑上去丢的。

二镇联军逼近京城，长安人心惶惶，士民四散奔逃。宫门前聚集了一大批市民，要求诛杀第一个提出讨伐李茂贞、王行瑜的人。

谁是第一个提出讨伐的人？当然是昭宗呀！好嘛，他现在闭口不言了，要崔昭纬想办法。崔昭纬早就想扳倒杜让能了，致信李茂贞说："此次出兵不是陛下的意思，是杜相的意思。"

十九日，两镇联军兵临长安，围得水泄不通。全城上下如临末日。盛怒的李茂贞上表列数杜让能的罪过，要求昭宗杀了杜让能。

昭宗召见杜让能，君臣相对，各自垂泪。杜让能还想活："臣早就说过不宜招惹李茂贞，请陛下解救臣。"昭宗虽然哭得一塌糊涂，但为今之计只有丢车保帅了："朕要和爱卿永别了！"不过，杜让能的命他还是想保的，下诏将杜让能和西门君遂等人贬官。为了营造声势，第二天他又斩杀了西门君遂等三贵，再贬杜让能，然后传话给李茂贞："当时蛊惑朕讨伐你的是西门君遂他们三个，不是杜让能。"

可李茂贞又不是三岁小孩儿，非要昭宗杀了杜让能，如不答应，他就挥军入城自己动手了。崔昭纬也在一边拼命地劝昭宗："陛下，江山社稷为重，何惜一让能?！"昭宗只能觍着个大脸，于十月下诏赐杜让能兄弟自尽。可叹杜让能一语成谶，终究还是步了晁错的后尘。

十一月，昭宗加李茂贞为守中书令，同时兼领兴元尹、山南西道节度使。李茂贞鲸吞山南西道，又占据泾原等镇，控制的州府达到了十五个，已经是关中最大的藩镇了。昭宗即位以来，他是第一个犯阙[①]的藩镇，把天子都逼到了低声下气求和的地步。

一看李茂贞获利这么大，王行瑜眼红了，也想要点儿什么，脑袋一拍，有了，他要当尚书令。我们知道，大唐开国至今只有两位尚书令，一位是太宗李世民，一位是德宗李适。当年代宗想让郭子仪当尚书令，吓得郭子仪连连避让。王行瑜居然敢索要尚书令，不臣之心几乎都写在脑门儿上了。

昭宗当然没法答应，但也不敢直接拒了呀，就加封王行瑜为太师，赐号尚父，并赐丹书铁券。

够可以了吧？就这王行瑜还不满意呢，骂骂咧咧地回去了。

昭宗为自己的年轻气盛付出了惨痛的代价。原本关中藩镇还控制

---

① 犯阙，指举兵入犯朝廷和皇帝。

不了朝廷，即便有实力能控制，他们也没有由头。现在好了，昭宗主动找碴儿，可给人家由头了。打从这儿起，李茂贞、王行瑜俨然成了长安朝廷的太上皇，朝臣宦官竞相攀附二藩。

06. 李存孝之死

昭宗三年到六年，朝廷乱作一团，地方藩镇也没闲着，拼了命似的抢地盘，特别是李克用。

昭宗三年十月，他联合义武王处存对成德王镕下手，挑起了河东、义武、成德、卢龙四镇的第二次大会战。昭宗象征性地下诏和解，四镇实质性地不理他。

战争断断续续打了一年，战局忽变，李存孝居然反水了。这事儿其实也不突然，究其原因主要有两个：

一个是李存孝对李克用很有意见。从葛从周手上收回潞州，李存孝功居第一，满以为这昭义节度使铁定是他的了，岂料李克用却给了十二太保康君立。李存孝愤恚不满，一连数日茶饭不思。为了安抚李存孝，李克用奏请朝廷，让他当了东昭义邢洺磁节度使。那李存孝也不满意，本来能当一个大昭义节度使，现在只能当一个小的了。

另一个是四太保李存信经常中伤李存孝。这两人矛盾很深，属于不在一张桌子上吃饭、照面儿拿对方当空气那种。本来李克用对成德、卢龙二镇用兵可以打得更好，但就因为这哥儿俩彼此掣肘，贻误了许多战机。李存信跑到李克用面前嚼舌头，说李存孝怀有二心，攻打王镕时不卖力，经常避而不战。

李存孝惶恐万分，就决定反水了，暗地里和朱全忠、王镕结了盟，然后上表说要举东昭义三州归顺朝廷，条件是朝廷还让他当节度使，并调集诸道大军讨伐李克用。

昭宗给李存孝打了个五折，同意东昭义三州归顺朝廷，同意仍旧任用他为节度使，但坚决不同意讨伐李克用。其实是不敢。

李存孝的背叛令李克用雷霆暴怒，昭宗五年（893年）初，他亲率大军攻打邢州。李存孝守得很好，李克用一时找不到突破口，留康君立继续围城，他则北上收拾王镕去了。

李匡威赶来增援，击退了李克用。没想到来的时候好好的，回不去了。这不怪别人，得怪他自己，走之前酒后乱性，居然把弟弟李匡筹的媳妇给强奸了。李匡筹趁他不在，兵变上位，召回了出征的卢龙军。李匡威瞬间成了光杆司令，和少数亲信滞留深州（今河北衡水深州县），天大地大，不知道还能去哪儿。最初，他想去长安投奔昭宗。昭宗还没表态呢，长安市民不干了，都说"金头王"要来图谋社稷了，很多人吓得又举家躲到终南山里头了。昭宗一看舆情不稳，只得拒绝李匡威。

正当李匡威愁得抓耳挠腮的时候，成德小王镕向他伸出了橄榄枝。李叔来帮我，把自己都帮没了，咱做人得讲究啊！王镕把李匡威接到镇州，尊称为义父，早请示晚汇报，好吃好喝地供上。他是讲究，可李叔不讲究啊，居然起了鸠占鹊巢的念头。

李匡威放出消息要祭奠亲人。然后，大男孩王镕跑来吊祭，来的时候好好的，差点儿没回去，被李匡威一伙儿劫持了。王镕抱着李匡威求饶："我被沙陀人围困，几乎就要覆灭了，亏得义父赶来相助，才苟活到今日。义父如果想要成德四州，没问题，这也是我的心愿！您和我一起到军府去，我当众把位置让给您，这样成德将士就不会抗拒了！"

李匡威就挟持王镕来到成德军府。老天爷都觉得他这么干不地道，"大风雷雨，屋瓦皆振"。他们一伙儿刚刚进门，人家成德军就把门关上了，团团围住。但李匡威手握肉票，成德军也不敢轻举妄动。

对峙之际，有个叫墨君和的屠夫瞅准机会，从一块断壁后面突然跳出，几拳干倒了押解王镕的卢龙武士，挟起王镕就爬到了屋顶上。这也是个猛人，胳膊下面夹个人，居然还能爬得上屋顶?!

成德军一拥而上，将李匡威一伙儿全部诛杀。时为昭宗五年四月。

李匡筹居然打起了为哥哥报仇的旗号，请朝廷下诏讨伐王镕。昭宗还能不清楚他的狼子野心？你要吞并成德，还要朕给你搭桥，做梦去吧！然后，李匡筹就准备自己对王镕动手了。

偏偏内部出事了，冒出了一个卢龙版的庞勋——刘仁恭。刘仁恭率军驻守蔚州，也是驻防期满将士思归，也是军府拖着不办，刘仁恭就怒了，率军还攻幽州。但他没有庞勋那么顺利，被李匡筹击败，只得投了李克用。

这时，邢州城内的李存孝已经快撑不下去了，又去求王镕。王镕倒是来了，可却被李克用狠狠收拾了一顿，就地投靠了李克用，"乞盟，进币五十万，归粮二十万，请出兵助讨存孝"。

援军忽然成了敌军，李存孝彻底陷入绝境，余下的只是时间问题了。

李克用倒是没闲着，又去搞代北吐谷浑了。对吐谷浑的战争在史书上只有寥寥数字，"杀赫连铎，俘白义诚"，其实意义很大。这不仅意味着李克用除掉了大后方唯一的掣肘，也标志着吐谷浑人彻底退出了中国历史舞台。

昭宗六年（894年）三月，李存孝终于撑不下去了，开城投降。面对李克用，他真情毕露："儿于晋国有功而无过，之所以至此，是存信的缘故！"李克用拍着桌子大骂："难道你给朱全忠、王镕写信诽谤我，也是存信逼你干的吗？"

李克用确实有气，而且气很久了。一来他自问十分宠信李存孝，李存孝无论如何不该反他。二来从昭宗四年十月到现在，河东军的这场内讧持续了一年多，严重迟滞了他争霸天下的进程。而他的死对头朱全忠趁他无暇分力，于昭宗五年四月攻破徐州，彻底灭了时溥。河南道共有十大藩镇①，除天平军朱瑄、泰宁军朱瑾和淄青王师范三镇外，朱全忠已占了七个，独霸中原指日可待。

李克用吵着嚷着要车裂李存孝，其实他是装大瓣蒜，只是碍于面子，不好提出豁免。他以为诸将里肯定有人会为李存孝求情，哪怕有一个站出来，他借机发通火，就能下梯子了。可没想到一个都没有，大部分人是嫉妒李存孝，少部分看李克用暴怒，不敢求情。李克用被架着下不来了，只得下令车裂李存孝。

"王不过项，将不过李"，听着很拉风，但项羽、李存孝均不得好死。

八月，康君立回太原复命。李克用设宴款待，又喝大了，真情毕露，哭着说存孝可惜，骂诸将怎么不为存孝求情。康君立本就跟李存信要好，估计是说了什么"李存孝死不足惜"之类的话，惹得李克用怒起，抓起宝剑就刺向他。康君立不敢躲闪，登时鲜血直流，还被关了起来。等李克用气消了，想放康君立出来，打开门一看，康君立已经凉得透透的了。

又弄死一员干将，李克用这人真是不能沾酒！

---

① 河南道共有十大藩镇，包括宣武军（汴州）、宣义军（滑州）、淄青军（青州）、天平军（郓州）、泰宁军（兖州）、感化军（徐州）、忠武军（许州）、河阳军（孟州）、保义军（陕州）、奉国军（蔡州）。

气急败坏的他拿李匡筹泄愤，在刘仁恭的带路下，于十一月发兵攻打卢龙。果然悲愤给人力量，打了多少年都没打下来的卢龙，这次居然被轻而易举地征服了。李匡筹带着家人和金银财宝去投义昌节度使卢彦威。不承想卢彦威不地道，一看李匡筹财宝多、美女多，居然把李匡筹给灭了。

王铎和李匡筹的经历又证明了一句老话：出门在外，切忌露财。

昭宗七年（895年）二月，李克用表荐刘仁恭为卢龙留后。至此，他已经控制了整个山西和半个河北。

李克用本想在幽州多待上一阵子，但他注定是个劳碌命，山西又出事儿了……

07. 李克用勤王

正月，河中节度使王重盈突然去世，其麾下文武要求昭宗任命王重盈哥哥王重简的儿子——行军司马王珂为留后。

听着没毛病吧？但如果我告诉大家王重盈是有儿子的，而且有两个，一个是陕虢节度使①王珙，一个是绛州（今山西运城新绛县）刺史王瑶，估计大家脑瓜子就该嗡嗡响了吧？

侄子凭啥能挤掉亲儿子，还有这么多人拥护？就凭王珂是李克用亲亲的女婿。河中虽然富裕，但武力远不及河东，事实上早就是李克

---

① 陕虢节度使，又号保义军，下辖陕州（今河南三门峡陕州区）和虢州（今河南三门峡灵宝市），辖境在今三门峡市。

用的藩属了。河中文武很明白，得罪谁也不能得罪李克用，当然要拥立王珂。

但王珙和王瑶不干了，上表昭宗说王珂不是王家人，请求朝廷重新任命节度使。昭宗又动小心思了，是不是可以把河中收回来呀？就于三月任命新宰相崔胤为河中节度使。

这就是痴心妄想了，李克用上表抗诉，非要王珂当。自打李存孝被干掉后，昭宗生怕李克用来报复，马上答应，行，就让王珂当吧！

二王一看昭宗不好使，就去捅咕关中三藩。三藩尤其是李茂贞，也想趁机占据河中，就联名上奏说河中节度使非得给王珙不可。

可怜昭宗又要做选择题了，选王珙就得罪了李克用，选王珂就得罪了三藩，左右为难。思来想去，两害相权取其轻，还是先紧着李克用吧，于是答复三藩他已经答应李克用了，不好更改。

三藩盛怒，哟，这小子不听话，欠归拢了！他们立即答应王珙的请求，派王行瑜的弟弟王行约攻打河中，同时各领精兵数千开往长安。来长安干吗？换皇帝！昭宗这小子不是不听话嘛，吉王李保想上位都多少年了，正好废昏立明。

五月八日，三藩进京。长安市民碰到这种阵仗的经验已经很足了，又闹兵了，走走走，进山里去。昭宗没有闪躲，硬着头皮宴请三帅。吃人家的嘴软，三藩也就不提废立的事儿了，但另外提了一个要求，得把宰相韦昭度和李磎杀掉。这还是崔昭纬的主意。昭宗不同意，他俩又没犯错，为啥要杀？不同意也没用，当天三藩就把二相干掉了。

这已经是李茂贞第二次犯阙了，算上杜让能，他一个人就干掉了三个宰相。昭宗又气又怕，浑身直哆嗦，但也只能落实三藩的指示，任命王珙为河中节度使、王珂为同州节度使。

目的达到，三藩心满意足地撤了。临走前，李茂贞和王行瑜还各留下两千精兵，名为护驾，其实就是盯着昭宗，再不听话你试试？

有一个通常被历史研究者忽略的点，就是吉王李保的下落。这个三度被截胡的可怜人从此在史书中消失了，甚至后来韩建杀十一王、朱全忠杀九王时，都没有他的名字。所以，我推断他在三藩进京后不久，就被昭宗给除掉了。昭宗谁都拿捏不了，但拿捏个兄弟还是可以的。

李茂贞、王行瑜这些年发展得不错，在关中说一不二，捏皇帝、杀宰相，狂得很。但天狂必有雨，人狂必有祸，他们把大杀神李克用给招来了。

李克用的反应很快。第一步，立即率军赶往河中支援王珂。第二步，上奏昭宗说三藩兴兵犯阙、屠戮大臣，是乱臣贼子，请求为国除贼。第三步，移檄三镇，我李克用要来削你们了啊！

三藩过高地估计了自己的实力，他们几个在关中能横着走，但碰到李克用就跟纸糊的似的了。李克用轻松击杀王瑶，击败王行约，先解王珂之围，随即于七月逼近长安。

大难临头，右神策军指挥使李继鹏（李茂贞义子）、枢密使骆全瓘想劫持昭宗逃往凤翔，但其余三贵和左神策军不同意。初五晚，神策两军内讧，长安一片刀光剑影，火光冲天。亏得城中当时还驻扎着一支地方军，昭宗急调地方军护驾，才吓退了李继鹏、骆全瓘的人马。

昭宗知道自己这次把李茂贞得罪到家了，长安也不敢待了，于七月六日逃往蓝田。这是昭宗个人的第一逃，也是"天子九逃"的第六逃。大热天的，几十万士民跟着他出逃，跑到一处谷口时，已经有三分之一的人死于中暑。当天晚上，他们又遭到山里强盗的洗劫，"哭声震山谷"。

三天后，昭宗从蓝田西南的莎城镇转移到了石门镇，等待着李克用的到来。当初他力排众议讨伐李克用，现在反过来却要依靠人家。

李克用在和昭宗取得联系后，先奔华州收拾韩建去了。

这里给大家普及一下关中三藩的位置，从东向西依次是镇国韩建、邠宁王行瑜、凤翔李茂贞，韩建的势力范围在今渭南地区，王行瑜在今咸阳地区，李茂贞在今宝鸡地区。

韩建登上城头说软话："李公，我一向对您尊重有加，为什么来打我？"李克用说："你身为人臣，居然敢威逼、追赶天子，如此作为还算有礼的话，那谁是无礼的人？"也是韩小人气运未绝，情报传到，说李茂贞、王行瑜已经兴兵来抢夺车驾了。当然是昭宗更重要啊，李克用就解围去迎战二藩了。韩建已经被吓坏了，也不敢从背后邀击李克用。

然后，李克用奔着王行瑜就去了。王行瑜一败再败，退守梨园寨（在今陕西咸阳淳化县）。

还是李茂贞最鬼，一看情形不对，马上将李继鹏的首级送给昭宗："陛下，都是这小子离间咱们君臣，我已经把他杀了，求赦免。"

昭宗又要做选择了，让李克用灭了李茂贞确实解气，可他又怕沦为李克用的傀儡。这么看的话，还是留下李茂贞比较合适，好歹能对李克用形成个牵制。所以，他诏命李克用，暂时不动李茂贞，集中力量先灭了王行瑜再说。

八月二十七日，在秦岭山区里游荡了一个多月的昭宗终于回到了长安。宫殿又被凤翔军、邠宁军焚毁了，没地儿住，只能暂时住在尚书省府衙。百官连朝服和笏板都没有，上朝时穿啥的都有，旅游团的衣服都比他们制式。

一肚子的怒火得往出撒啊，崔昭纬就倒霉了，在贬往广西途中被干掉了。消息传出，"中外咸以为快"。

崔昭纬走了，把王行瑜也带走了。

十一月，坐困邠州（今陕西咸阳彬州市）的王行瑜也登上城头向李克用求饶："李公，行瑜无罪，胁迫陛下的是李茂贞和李继鹏，您还是去凤翔找李茂贞算账吧！我愿意放弃一切，束身归朝！"李克用揶揄他："哎哟，王公你可是尚父啊，对我这么恭顺，我可受不起！我奉陛下诏命讨伐三贼，你是其中之一。至于你要不要束身归朝，这我可管不了！"其实就是不答应，非干死你不可。绝望的王行瑜带着家人出逃，途中被部下砍了脑袋，换了酒钱。

王行瑜出局，关中三藩变成了关中双煞——凤翔李茂贞和华州韩建。

对李克用集团的封赏如雨点般下达，李克用晋爵为晋王，李罕之获封检校太尉，盖寓兼领容管观察使，王珂获封河中节度使，卢龙留后刘仁恭进位节度使，就连李克用年仅11岁的大儿子李存勖都获封检校司空。11岁的司空，绝对是中国历史上空前绝后的存在。

李存勖是李克用与侧妃曹氏所生，文武双全，胆略过人。李克用派他朝见昭宗。昭宗摸着李存勖的手说："你这个娃娃是国之栋梁，将来可要尽忠于我们李家呀！"昭宗的前半句话应验了，李存勖岂止是栋梁，简直就是五代第一牛人，赫赫有名的后唐庄宗是也！但后半句失灵了，人家李存勖倒是尽忠于李家了，可不是他这个李家，而是沙陀李家。

昭宗又让宗室诸王和李克用结拜，尊称李克用为"大哥"，还把自己最漂亮的女人魏国夫人陈氏赏给了李克用。

这位魏国夫人后来的经历堪称传奇。她不仅是个倾城倾国的大美女，而且有相当高的文化素养，李克用既爱她又尊重她，直接称呼她"阿媸①"。李克用死前，魏国夫人哭着说："妾为王执扫除之役，十有四年矣，王万一不幸，妾将何托？既不能以身为殉，愿落发为尼，为王读一藏佛经，以报平昔。"把这位枭雄感动得潸然泪下。李克用

---

① 媸，音姐，就是姐姐的意思。

死后，她果然出家为尼，后唐庄宗和明宗都赐她为法师。一直到后晋时，这位奇女子才圆寂。

要我说，跟李克用起码比跟昭宗要好，跟了昭宗，只怕她早早就死了，不死也得被朱全忠给糟蹋了。

依着李克用的意思，干脆一鼓作气把李茂贞也收拾了得了。但昭宗还是之前的盘算，愣是没理会李克用。李克用临走之前扔下一句话："观朝廷之意，似疑克用有异心也。然不去茂贞，关中无安宁之日。"

李克用一生三次打进长安。第一次是讨伐黄巢时，第二次是反击朱玫、李昌符时，这次是第三次。如果他能把握住这次机会，灭了李茂贞，将山西和关中连成一片，那朱全忠绝不是他的对手，最终成就大业的一定是他。可李克用居然放弃了！放弃了就没招了，毕竟这是他最后一次来长安了。

柏杨曾经评价唐末是一个没有杰出人才的群驴时代，朱全忠始终是个匪徒，李克用始终是个酋长，至于敬翔、李振、盖寓之流，不过是得宠的弄臣罢了。这是有一定道理的。

第六章 华州囚徒

01. 主动入狱

李克用的嘴就跟开过光似的，昭宗果然很快又掉坑儿里了。

别人开导犹如把脉，自己醒悟才是猛药。经过这一系列的打击，昭宗算是彻底人间清醒了，藩镇也好，宦官也罢，都是一丘之貉，都靠不住。而他之所以会被搓圆捏扁，全是因为没有一支绝对忠诚和听命于自己的军队。哎，他算是找到要害了，自古枪杆子里面出政权。只可惜这个觉醒来得太迟了，或者说轮到他觉醒时已经迟了。

当然，昭宗并不觉得迟，他觉得时不我待，从蓝田回来后便着手筹建新军。谁的军队都不要，白给也不要，直接从社会上招募。皇帝的亲军那待遇肯定是好得耍耍的，因此很快就招募到了两万社会青年。昭宗欣喜欲狂，赐名殿后四军。

统兵权当然得掌握在自己人手上，谁是自己人呢？昭宗早有准备，搞了一个兄弟团。历代帝王，防兄弟远甚于防外人。但像昭宗目前这种处境，他只能依靠兄弟们。懿宗的儿子除了他，只剩睦王李倚了，这孩子还小，指望不上，所以昭宗只能用堂兄弟们了。这是一张长长的名单，有嗣延王李戒丕、嗣覃王李嗣周、丹王李允等十几个王。宗室诸王也都很卖力，这是利益攸关的大问题，家族企业要是倒了，他们都得喝西北风。

昭宗指令由宗室诸王分别统领四军。此外，他还破格允许嗣延王李戒丕和嗣覃王李嗣周各自招募了几千人的私军。昭宗很满意，军队在手，天下我有。

他是满意了，但关中双煞和宦官们都不满意了，哟，皇帝小儿攒了支军队，这是想不听我们的咯，想跟我们搞对抗咯？那怎么行，你有了军队，我们还怎么欺负你，不能养！

仍旧是李茂贞带头。迄今为止，关中所有的危机，李茂贞都是最大的受益者。王行瑜败亡后，他顺势吞并了邠宁，让义子李继徽当了节度使。现在，他坐拥四道十五镇四十余州，其势力范围已经覆盖了今陕西大部、宁夏南部、甘肃西部、四川北部一带，随便跺跺脚，整个大西北都要震三震。

在韩建和宦官的捅咕下，昭宗八年（896年）六月，李茂贞悍然上表质问昭宗，你养支军队想干啥？并扬言要带军入京讼冤。这哪儿是讼冤呀，分明是赤裸裸的威胁！

这威胁很管用，昭宗倒是不怕，可长安百姓类似情况经历得太多了，扶老携幼，争先恐后地出城，又躲到终南山里头了。迷之自信的昭宗底气很足，准备硬磕，分派诸王率殿后四军屯驻长安近郊要塞。

他不动还好，他一动，李茂贞有借口了，说嗣延王李戒丕无故讨伐他，马上带着大军来了。新军刚刚组建，徒有军的名号，没有军的样子，面对凤翔军就跟纸糊的似的，一败再败。七月，李茂贞大军逼近京师。这已经是他第三次犯阙了。

昭宗的问题就在于没有政治经验和生活经验，把很多复杂的问题想得太简单了。首先，他以为他招募的都是优质兵员，说句实在话，这么好的吃皇粮的机会，里面不知道塞了多少关系户，真正想吃这碗饭的平民子弟连入围的资格都不会有。其次，不是攒了一拨人，披上军装就是军队了，得训练，得管理，得磨合，还得历练，然后才能形成战斗力。

你拿一群乌合之众和正规军PK，这不是闹着玩儿吗?!闹着玩儿的结果就是被人玩儿。昭宗只能跑路，计划由鄜州（今陕西延安富县）渡过黄河，去太原投李克用。

这是昭宗个人的第二逃，也是"天子九逃"的第七逃，他已经追平了哥哥僖宗的出逃纪录。没关系，用不了多久他就能创造新的纪录了。

他刚走到渭北，韩建就派儿子来了，非要请他驾幸华州。昭宗信不过韩建，没有答应，继续赶路。可十四日走到鄜州，望着眼前滚滚流淌的黄河水，昭宗犹豫了，渡河容易，只怕回来就难了，去了河东，他不还是李克用桌上的一盘菜吗?!几经挣扎，他派人召韩建前来商议。说是商议，其实就是试探，看韩建态度如何，是忠心为国，还是想挟天子以令诸侯?

第二天，韩建就跑来了，一见昭宗的面儿放声大哭："现在跋扈的藩臣何止李茂贞一个，陛下如果离开宗庙园陵渡河北上，只怕再也回不来了！臣虽然兵力薄弱，但忠心为国，况且华州离长安也近，控带关辅，恳请陛下到臣那儿去，咱们共图兴复大业。"

韩建小词儿咔咔一顿整，字字句句戳在了昭宗的心窝上。昭宗当即拍板：爱卿，那还等啥，走起！当天，他就转道去了华州。韩建把自己的府衙让出来给昭宗当行宫。

与此同时，相隔不远的长安已是一片火海。凤翔军大肆劫掠，烧啊，杀啊，抢啊，反正又不是咱的，能带走的都带走，带不走的都烧掉，别给皇帝小儿剩下。

"国都六陷"到这儿就是第六陷，算是凑齐了。

韩建一朝皇帝在手，便把令来行，马上移檄诸道，都纳粮了啊，皇帝在我这儿呢，掏钱！

别的藩镇眼红了。杨行密经过五年的战争，不仅吞并了宣歙，还消灭了孙儒，其势力范围已扩展至淮河以南、长江以东的广大地区，坐稳了江淮霸主的位置。他邀请昭宗到扬州去。西川王建邀请昭宗到成都去。太原的李克用听说后喟然长叹："去年皇帝如果听了我的话，怎么会有今日之患呢？！"

昭宗安顿下来就想讨伐李茂贞了，可没人听他的招呼，这场讨伐只听雷声，不见雨点，"师竟不出"。昭宗憋了一肚子火，就拿崔胤撒气。为什么拿崔胤撒气呢？不是因为崔胤的父亲是宣宗朝宰相崔慎由，而是因为他有个堂哥叫崔昭纬。

当初崔胤外放河中节度使未果，于当年八月二次复相。现在韩建也看崔胤不顺眼，昭宗就下诏将崔胤外放为湖南武安军节度使。

可昭宗低估了崔胤。虽然都是崔家人，崔胤可比崔昭纬难搞多了。崔昭纬以关中藩镇为靠山，崔胤却觉得关中藩镇还不够强，要抱就抱最粗的大腿，搭上了宣武朱全忠。贬官途中，崔胤致信朱全忠，说他看好老朱，老朱将来一定是中兴大唐的功臣，希望老朱能够让河南尹张全义修缮洛阳宫室，把皇帝迎到洛阳去，还有就是能不能帮他跟皇帝说句话，别贬他了。

别看朱全忠人在河南，他也想掺和朝廷的事儿，朝中如果有个宰相是他的人，那当然是极好的！所以，他马上联合张全义奏请昭宗迁都洛阳，说要派两万精兵到华州迎驾，还说崔胤是个大大的忠臣，怎么能把他外放了呢？

面对强大的朱全忠，韩建秒怂，马上改口说崔胤确实是忠臣，应该留朝重用，不宜置之外地。昭宗只好召回崔胤，第三次拜为宰相。朱全忠这才作罢。

以往关中藩镇每次欺负朝廷和皇帝，都是李茂贞、王行瑜冲在最前头，韩建跟在后面，而且他从不对昭宗撂狠话，面儿上的礼仪也做得很到位，所以给昭宗的感觉是这个人还比较恭顺，和李茂贞等人不是一伙儿，面目也不那么可憎。其实这都是假象，韩建之所以不往前冲，是因为他实力弱，并不是他没有獠牙和手腕。可叹昭宗识人不明，自投罗网。

昭宗九年（897年）正月，韩建奏称："军将张行思状告睦王、济王、韶王、通王、彭王、韩王、仪王、陈王阴谋杀害臣，而且八王还计划劫持您到河中王珂那里去。"

昭宗都蒙了，老韩你不是说要帮朕中兴大唐吗？怎么反倒要灭了朕的兄弟团？赶紧召韩建入宫。韩建根本就不给他开口的机会，称疾不入。昭宗急了，让八王到韩建府上去解释。

八王主动登门，倒是见上韩建了，可能解释得通才有鬼了呢，就是要搞你们，还能让你们三言两语打发喽？韩建二次上表，要求解除八王的兵权，全部圈禁起来。至于殿后四军嘛，又没什么战斗力，养着费钱，直接解散得了，有他的镇国军呢，用不着这么多人。

昭宗傻了眼，完了，上了韩建的当了，成戴皇冠的囚徒了。他选择当鸵鸟，把头扎在沙土里，拒不答复。韩建都被他的愚蠢逗笑了，偏要戳他这只鸵鸟的屁股，直接派兵围了行宫，接着上表。昭宗欲哭无泪，再不点头，只怕连他这个皇帝都要下台了，只得诏准。

这下好了，宗室诸王都被圈禁起来了，昭宗好不容易攒起来的军队也解散了。

韩建知道他心里不痛快，打一棒子还得给个甜枣吃呢，就奏请昭宗册立长子德王为太子。昭宗拉着的脸总算挤出一点儿笑容。二月十四日，昭宗册拜德王为太子。

武宗、宣宗、懿宗、僖宗都没有册拜太子。是他们不想册吗？非也！因为没有意义，最终还得宦官们说了算。所以，昭宗生前建储、自主建储这事儿其实是有意义的，但意义又不大，因为这已经是国破家亡的前夕了。

甜枣给完，韩建马上又抡起了大棒，凡是他看不顺眼的大臣，除了崔胤，能换的都换了。

昭宗心如死灰，原来，无论走到哪里，他都是个提线木偶。

02. 韦庄出使

昭宗在华州期间，处理的地方最大事件是两川战争。

昭宗七年（895年）三藩连兵入京时，王建借口顾彦晖不出兵勤王，挑起了对东川的战争。昭宗可不想王建吞并东川，派人去调解。派的谁呢？韦庄。

话说当年逃到洛阳后不久，韦庄就接到了浙西镇海军节度使周宝的聘书。这还有啥好说的，穷疯了的韦庄当即南下浙西，给周宝当了幕僚。

僖宗十二年（885年），韦庄听说田令孜挟持僖宗出奔凤翔，觉得出人头地的机会来了，马上动身赶往凤翔。可他还在路上呢，僖宗又被田令孜裹挟到了兴元，韦庄只得又转道兴元。可到了兴元又怎样，僖宗就是个昏君，把持大权的又都是些宦官官僚，他一个穷书生无力打点，谁拿他当根葱啊?! 你来了又怎样，你来不来没什么区别，想当官儿啊，歇了吧你! 韦庄悻悻然回到浙西，过了几年虽然穷但起码安全安稳的日子。

昭宗六年（894年），59岁的韦庄又来到长安科举。万万没想到，在走过近二十年的科考长路后，这次他居然高中了。"五十少进士，三十老明经"，他甚至拖了这条规律的后腿。欣喜若狂的韦庄写了一首《喜迁莺》：

> 街鼓动，禁城开，天上探人回。凤衔金榜出云来，平地一声雷。
>
> 莺已迁，龙已化，一夜满城车马。家家楼上簇神仙，争看鹤冲天。

二十年郁结之气一扫而空，化作冲天豪情，他终于有机会实现"志业匡尧舜"的人生理想了。

然而，理想很丰满，现实却很骨感。高中了又怎样，也不过就是得到了一个起草诏书的校书郎而已。他用二十年的努力才攀到知识的巅峰，可抬眼一看，原来自己还在权力的山脚下呢！你考上了又怎样，没你的位置！你满腹经纶又怎样，就不让你上来！

虽然咱不是韦庄，但也能体会到他肯定陷入了迷茫，甚至是对这大半生的颠覆性怀疑之中。

昭宗八年（896年）春，朝廷要和解两川，不知怎的就想起这个穷酸文人了，任命韦庄为判官，配合谏议大夫李询入蜀，代表朝廷游说王建和顾彦晖。这个任务当然是完不成的，王建就是要兼并东川，别说韦庄了，就算把1993年国际大专辩论赛大陆辩论队全员派过去也无济于事。在利益面前，道理其实很苍白。

但韦庄的学识和谈吐却给王建留下了非常深刻的印象。王建自得了西川以后，"留心政事，容纳直言，好施乐士，谦恭简素，用人各尽其才"。他劝韦庄留下来辅佐他，功名利禄、荣华富贵不是问题。韦庄没有答应。王建很大度地留了话，我家大门常打开，开放怀抱等你，拥抱过就有了默契，你会爱上这里。

其实，这次与王建的会面才是韦庄人生真正的转捩点，他过往的人生都是序章，正章现在才开启……

03. 昭宗还宫

眼瞅顾彦晖要完，李茂贞上表弹劾王建。昭宗也是会搞事情，爱卿你说的对啊，王建这货确实该收拾。这样，你去西川当节度使，至于凤翔节度使就由嗣覃王李嗣周接掌好啦！

这已经是他第二次这么涮李茂贞了。可想而知，李茂贞收到诏书会是何等的暴跳如雷?! 但昭宗这种置气的处置方式除给李茂贞添堵外，并无半点儿实际作用。诏书你随便写，想写什么都可以，问题是李茂贞他不接啊！嗣覃王倒是赶往凤翔上任了，却被李茂贞发兵围在了奉天。

昭宗手无一兵一卒，只好去求韩建。韩建装模作样写了封信给李茂贞。然后，李茂贞打配合，解了奉天之围，放走嗣覃王。昭宗就跟个傻子似的，被双煞玩弄于股掌之间。

本来事情到这里就可以结束了，昭宗感觉丢了面子，轮到他暴跳如雷了，非要御驾亲征李茂贞不可。他真是有眼无珠啊，韩建分明是和李茂贞穿一条裤子的，怎么可能让朝廷讨伐李茂贞?! 崔胤等宰相好说歹说才把昭宗按住了。

韩建一看，哟，狗皇帝脾气还很大嘛，来，给你败败火啊！八月，他红口白牙非说嗣延王李戒丕、嗣覃王李嗣周、丹王李允等十一王图谋不轨。

昭宗都崩溃了："何至于是！"韩建还是老办法，奏表一封接一封地上。这次昭宗比较硬气，朕决不答应，你就算再派兵包围朕的行宫，朕也不答应。

韩建倒是没二次逼宫，但他联合枢密使刘季述，矫诏发兵包围了十六王宅。诸王知道末日降临了，个个如丧考妣，有的爬上房梁，有的爬上屋顶，冲着行宫的方向大呼："陛下，快来救我们啊！"谢谢，你们那个陛下指望不上了！韩建将十一王押解至华州城西的石堤谷，全部杀害。

李茂贞、王行瑜连杀三相，韩建杀十一王，关中三藩真是欺负皇帝欺负到家了。

昭宗还是咽不下那口恶气，非要搞李茂贞。九月，他重新任命王建为西川节度使，削夺李茂贞一切官爵和属籍，恢复本名宋文通，并下诏讨伐他。昭宗净爱干这种事儿，动不动就削人属籍，上次让李克用改回朱邪克用，这次让李茂贞改回宋文通。

他手上连毛都没有一根，这次下诏讨伐李茂贞，本意只是想在政治上给李茂贞施压，没想到居然有意外收获。

首先是李茂贞的义子、同州节度使李继瑭在韩建的诈唬下，逃回凤翔去了。韩建顺势占了同州。韩建还想废掉昭宗，改立太子。他叔叔老韩得知后，专门跑来劝他，边哭边说："你原本只是一个农夫，遭遇时局变乱，蒙天子厚恩才有了现在的地位。如今你却想凭借两州百里之地称王称霸、废立皇帝，看来我们韩家离灭门不远了。我还是先死吧！"韩建被震撼到了，这才打消了废掉昭宗的想法。听老舅的话是对的！

紧接着，王建抵住李茂贞的搅和，在十月攻破梓州，吞并了东川。

但以上还不是对李茂贞最沉重的打击，主要是河东李克用、宣武朱全忠两大强藩接连表态，说要讨伐国贼李茂贞。李茂贞这几年确实太嘚瑟了，李克用和朱全忠都想收拾他。

李茂贞脑瓜子嗡嗡的，没想到这个狗屁皇帝还有些号召力呢，这该如何是好？韩建更着急，他在长安东边，甭管李克用还是朱全忠来，或者两个一起来，他都是第一个挨削的。因此，韩建赶紧做李茂贞的思想工作，李哥，算了吧，给皇帝说几句软话吧，好歹把两大杀神按住呀！他们如果来了，咱哥儿俩就没得玩儿了。

李茂贞也就是在关中这一亩三分地上抖威风，两大硬茬他可惹不起，当即上表昭宗请罪，还说愿意捐钱修缮长安宫室，迎接圣驾回宫。

依着昭宗的本心，肯定是不能原谅李茂贞的，但他又担心李克用或者朱全忠来了之后控制他，再加上又有韩建在旁边劝说，算了，权把李茂贞当屁放了吧！

十一月，昭宗又打破了一个惯例，册拜淑妃何氏为皇后。何氏是东川梓州人，给德宗生了德王、辉王和平原公主。从宪宗起，唐朝已经一百年间没有过皇后了，现在总算有了！患难夫妻见真情，昭宗和何后是唐朝继太宗和长孙皇后之后最恩爱的第一夫妻了。

转年正月，昭宗下诏赦免李茂贞，恢复其姓名属籍，还下了罪己诏。言下之意，李茂贞无罪，反倒是他这个皇帝有罪了。全唐朝，就他和德宗下过罪己诏。二月，他重新任命李茂贞为凤翔节度使。

这些决定都是昭宗咬着后槽牙做出的。委身于韩建给他的心灵造成了极大创伤。在华州的日子里，他每天都要登上城楼，满怀深情地遥望故乡长安。他还写了一首《菩萨蛮》：

登楼遥望秦宫殿，茫茫只见双飞燕。渭水一条流，千山与万丘。

远烟笼碧树，陌上行人去。安得有英雄，迎归大内中。

登上华州城楼，我遥望长安故宫，可是什么都看不到啊！只能看到两只燕子在并飞。渭水滔滔，群山连绵，原野上烟气缭绕，笼罩着碧绿的树木。田间路上行人在匆忙地赶路。唉，有没有英雄能把朕迎回宫中呢？

知不可骤得，托遗响于悲风，莫问清风何处走，清风也识人间愁。

清风似乎听到了他心底的呐喊。李茂贞和韩建为了不给李克用、朱全忠进军关中的理由，主动表态要送皇帝还宫。经过半年的修缮，长安宫室总算可以用了。

八月，羁留华州长达两年的昭宗终于踏上了回家的路途……

04. 三强鼎立

在华州的两年是昭宗受韩建花式霸凌的两年，殿后四军被解散，骨干大臣除了崔胤，韩建说换谁就换谁，十一王惨遭杀害。即便如此，昭宗回到长安后还得褒奖韩建，什么上柱国呀、太傅呀、许国公呀，各种头衔加了一大串，又赏食邑四千户、食实封一百户，还赐了丹书铁券。

大家可能觉得丹书铁券这玩意儿都一样，实则不然，差别主要在于上面会写明到底恕几次死罪。韩建得的这块含金量就相当之高，只要犯的不是死罪，有司不得过问；即便犯的是死罪，韩建本人恕九死，子孙恕二死。别看韩建在群藩里头是个弱鸡，但他的纸面数据居然是最好看的。

这两年也是昭宗和大唐失去的两年，大老板锒铛入狱，底下的高管们争得一塌糊涂，外面的世界发生了天翻地覆的变化：在北方，朱全忠已成为北方最强大的藩镇；而南方的割据局面基本定型，实际已非朝廷所有了。

朱全忠消灭时溥后，马上就对盟友天平军朱瑄、泰宁军朱瑾下手了。面对强大的朱全忠，二朱只能向李克用求援。

这忙得帮啊，李克用又找魏博罗弘信借路，这次人有点儿多，四太保李存信率领的一万人。上次成德王镕跟李克用犯拧，可被收拾惨了。罗弘信不敢不借，再不松口，下一个挨收拾的就是他了，只能答应。

然后，朱全忠的信就到了："李克用狼子野心，一直想鲸吞河朔，等他的人马凯旋，你们魏博就危险了。"偏偏李存信的军队军纪不好，进入魏博后沿途劫掠。罗弘信勃然大怒，发兵重创河东军，将李存信赶了回去。

之前魏博从不选边站队，但从这一刻起就站到朱全忠战队了。朱全忠这个老六也是会来事儿，尊称比他年长一倍的罗弘信为"六哥"。从古到今没人喜欢朱全忠，包括我也一样，但实事求是地说，此人眼光毒、胆子大、脑子活、嘴巴甜、脸皮厚、手段狠、心肠硬、城府深，这样的人在任何时代想不成功都难。

李克用大怒，马上发兵来攻魏博。朱全忠两路作战，让庞师古继续拾掇二朱，派葛从周救援魏博。

魏博方向，昭宗八年（896年）六月，葛从周在洹水①之战中不仅生擒了李克用的儿子李落落，还差点儿活捉了李克用本人。李克用为了赎回儿子，不得不低头求和。朱全忠也是狠毒，把李落落送给罗

---

① 洹，音环。洹水，古县名，治今河北省魏县西南旧魏县。

弘信发落。罗弘信知道朱全忠是要他和李克用彻底切割呢，但也没招啊，只好杀了李落落。李克用悲痛万分，只得撤退。

由于罗弘信的阻击，李克用再也无法支援二朱。昭宗九年（897年）正月，宣武军攻破郓州，朱瑄被杀。转月，宣武军又攻破兖州，朱瑾南下投了杨行密。泰宁军和天平军一下，淄青的王师范只能屈服。

至此，朱全忠完成了对整个河南道的征服，不仅晋升为中原之王，而且实力盖过李克用，已成为北方最强大的藩镇。

这些年李克用东征西讨，还多次勤王，可谓出尽了风头，但除了拿下昭义、云中、卢龙三镇外，他实际并没有兼并多少藩镇，反而消耗了有生力量。相比之下，朱全忠的目标就很明确，而且一步一步走得很扎实，地盘不断扩大，实力日渐增强。

三月，河中又乱了，王珙和王珂又打起来了。这哥儿俩谁也奈何不了谁，还是老一套，各摇各的大哥。王珂当然还是摇老岳父李克用。王珙变了，看不上李茂贞和韩建了，转头去摇朱全忠。于是，宣武军和河东军这两个老对手又被摇到一块儿了。这轮交手，宣武军先胜后败，李克用略胜一筹，护住了王珂。

但紧接着，形势就对李克用很不利了，几个得力助手先后背叛了他。

首先是卢龙的刘仁恭。此人也是乱世之奸雄，早就想独立发展了。昭宗羁留华州期间，李克用确实想对韩建用兵来着，多次致信刘仁恭，要他发兵相助。但刘仁恭每次都有理由，就是不发兵。终于，李克用被激怒了，写信大骂刘仁恭。刘仁恭居然将李克用的信丢到地上，还囚禁了信使。双方正式决裂。

李克用那个气啊，亲自率军征讨刘仁恭。可他又喝酒误事了，于九月在河北保定涞源县东南的木瓜涧，被卢龙军大将单可及、杨师侃打了埋伏，损失惨重。

刘仁恭立即抖了起来，上表昭宗，请求讨伐国贼李克用。昭宗当然没答应。刘仁恭就去讨好朱全忠，派人将被杀的河东军首级献给朱全忠。朱全忠乐得笑纳，并马上奏请昭宗，让刘仁恭当了使相。

此时，朱全忠的战略是先南后北，先灭了江淮杨行密，然后北上与李克用争雄。

十月，庞师古、葛从周两路大军进攻淮南。但朱全忠显然低估了杨行密的实力。次月，庞师古在清口（今江苏淮阴西南）兵败被杀。葛从周一看情形不对，抓紧回撤，但为时已晚，他在渡河时遭到杨行密袭击，几乎全军覆没。等逃回汴州时，出发前的十万宣武军仅剩不到一千人。杨行密还写信气朱全忠："庞师古、葛从周这种货色怎么配做我的对手呢，老朱你还是亲自来江淮跟我决战吧！"

清口之战是晚唐最为重要的战役之一。杨行密通过这一仗奠定了江淮霸主的地位，与朱全忠、李克用并列三巨头。放在更大的维度看，假使这场仗朱全忠打赢了，杨行密肯定出局，其余的南方藩镇没一个是朱全忠对手，五代十国的局面就不会形成，朱全忠很有可能会开创一个大一统的王朝。因此，清口之战事实上是五代十国的奠基之战。

经此一仗，朱全忠再也不提南下的事了。杨行密的麻烦是没了，但李克用的麻烦来了。朱全忠既然不南下，那就要北上了。

05. 南方割据成型

北方鹿死谁手尚不明朗，但南方的割据局面已经基本成型。

第一，杨行密坐拥整个江西、湖北东部、安徽江苏两省淮河以南地区，以及淮北的连云港，全据东南富庶之地，已经是南方最强大的割据势力了，奠定了南吴的基业。

第二，湖南事实上已被孙儒部将马殷割据。孙儒被杀后，其残部七千人在大将刘建锋带领下，向南逃遁。这里面藏着一个牛人马殷。马殷自称是东汉伏波将军马援的后代，出身贫寒，早年以木匠为业。这支队伍跟滚雪球似的，越跑人越多，等进入江西境内，已经达到了十五万。昭宗六年（894年），刘建锋转向湖南，攻占潭州和邵州，击杀武安军节度使，自称留后。昭宗授任他为节度使，马殷为指挥使。刘建锋打仗是一把好手，但管不住自己的裤腰带，私通部下之妻，被部下给干掉了。乱战一番后，马殷上台，并开始蚕食湖南其余五州。马楚的雏形已经奠定。

第三，两浙已为钱镠所占据。僖宗年间王郢起义，杭州临安人董昌组织团练武装抵御，趁机崛起，成为杭州刺史。浙东义胜军节度使刘汉宏和董昌争锋。但董昌手下有牛人，此人便是晚唐六大盐贩之一、后来的吴越国建立者临安石镜镇人钱镠。僖宗十三年（886年），刘汉宏兵败被杀。董昌实际控制浙东，移镇越州，把杭州让给了钱镠。一年后，浙西兵变，镇海军节度使周宝跑到杭州投靠了钱镠，不久病死。

昭宗七年（895年），野心家董昌悍然称帝。没想到他最为信赖的钱镠坚决反对，还搞了一场兵谏。董昌吓坏了，赶紧上表昭宗请罪。昭宗这边儿没问题，主要是钱镠不答应，他想趁机灭了董昌。昭宗无奈，只好下诏讨伐董昌。董昌干不过钱镠，就去求杨行密。杨行密图谋两浙，派兵干涉，却被钱镠屡屡击败。昭宗八年（896年）五月，董昌出降，在解送杭州途中被干掉了。钱镠控制两浙，奠定了吴越的基业。"十上不第"的罗隐也回到老家杭州，给钱镠当了秘书。

钱镠在平定两浙内部敌对势力后，基本停止了大规模的征讨，立足于保境安民，当一方诸侯。但杨行密馋两浙啊，屡次来攻，两人交手无数次。杨行密虽然强大，但钱镠总能顶回去。这两人就跟小孩子斗气似的，杨行密让人做了一条相当粗大的穿钱绳子，号称"穿钱眼"；钱镠针尖对麦芒，每年都让人用大斧子砍杨柳树，称之为"斫杨头"。你穿我的眼睛，我砍你的头，很公平啊！

第四，福建落入王审潮三兄弟手中。僖宗八年（881年），有个叫王绪的屠户响应黄巢，聚众起义，占据了寿州（今安徽寿县）和光州。光州固始县王审潮、王审邽、王审知三兄弟加入王绪的队伍。王氏三兄弟是秦国名将王翦的后裔，一个比一个优秀，乡里人管他们叫"三龙"。僖宗十二年（885年），在秦宗权的威胁下，王绪被迫南下，一路逃到福建。途经泉州南安的一片竹林时，三王发动兵变，老大王审潮成为这支军队的最高统帅。王绪被迫自杀。三王拿下泉州，并向福建观察使陈岩投降。陈岩非常看重三王，表荐王审潮为泉州刺史。在陈岩的支持和默许下，王审潮兄弟不断扩张，实力日渐强大。陈岩病死后，他们占据了整个福建。昭宗八年九月，朝廷升福建为威武军，授任王审潮为节度使。第二年，王审潮病死，其三弟王审知成为继承人。闽国奠基。

第五，刘隐实际控制了两广、海南。刘隐的基业是他父亲刘谦给奠基的。刘谦本是广州的一名牙将，黄巢南下时，他在阻击作战中表现突出，被提拔为封州（今广东肇庆封开县）刺史。刘谦招兵买马，拥兵万人，还建立了一支拥有一百多条船的强大舰队，成为岭南地区最强大的军事力量。昭宗六年（894年），刘谦去世，刘隐袭位。昭宗八年底，朝廷任命宗室薛王李知柔为清海军节度使。广州有两名将领想自己玩，发兵阻击薛王。刘隐选择站队朝廷，杀了两名将领，迎接薛王。昭宗很满意，就让刘隐当了清海军行军司马。南汉的雏形也有了。

第六，王建继占据西川和山南西道大半后，又拿下东川，奠定了前蜀的基业。

这样，十国当中已经有六个奠定了雏形。

第七章 铲除宦官

01. 独霸关东

让我们把镜头切向河北，随着刘仁恭崛起，河北成了李克用、刘仁恭、朱全忠三股势力角逐的战场。

昭宗十年（898年）三月，刘仁恭悍然攻占义昌军三州，义昌军节度使卢彦威跑到汴州投了朱全忠。随后，刘仁恭要求昭宗任命他大儿子刘守文为义昌军节度使。昭宗不想同意，但又不敢惹刘仁恭太过，派中使去幽州做解释工作。刘仁恭态度相当蛮横，不听不听，王八念经，还傲慢地对中使说："其实吧，节度使的符节我也能做，我不过是想要长安的罢了。朝廷为什么屡屡拒绝我呢？你回去替我说说。"昭宗虽然又拖了一阵子，但最终还是授任刘守文为义昌军节度使。

五月，朱全忠大举北上，接连挫败河东军，攻占东昭义三州。八月，他又打服了清口之战后暗中投靠杨行密的荆襄[①]节度使赵匡凝（赵德諲之子）。

十月，李克用大反攻，想夺回东昭义。奈何葛从周太厉害了，硬是顶住了河东军的轮番进攻。

为了牵制李克用，缓解葛从周的压力，朱全忠授意陕虢的王珙去打河中的王珂。王珂不敌，又来请老岳父帮忙。李克用无奈，只好调

[①] 荆襄，又号忠义军。

攻打东昭义的河东军回师去帮王珂。王珂的危机倒是解除了，但东昭义就别想了。李克用又被踢出了河北。

紧接着，李克用控制下的西昭义突然丢了。

年底，坐镇潞州的昭义节度使薛志勤病逝。李克用正考虑接班人选呢，泽州的李罕之居然强行占据潞州，并要求李克用奏请朝廷任命他为昭义节度使。

李罕之其人好比吕布和朱元璋的复合体，骁勇善战，弑杀残暴，人送外号"李摩云"。他出过家，要过饭，参加过义军，这点像极了朱元璋。此人又是个三姓家奴，最初跟黄巢，中途投高骈，再投诸葛爽，又投李克用，像极了吕布。

李罕之一直想弄个节度使当当，可李克用总是敷衍他。李罕之只好请盖寓帮忙："我已经老了，厌倦了戎马生涯。希望您给晋王说说，赐给我一个小镇，让我也过几年节度使的瘾，然后我就退休了。"

盖寓倒是帮忙了，可李克用始终不置可否，每次他掌握的节度使岗位空缺，不管怎么提名，就是没有李罕之的名字。盖寓觉得这么下去也不是个办法，又找李克用说项。这次李克用终于说了大实话："李罕之当然够格当节度使，但此人是鹰一般的人物，吃饱了就飞走了，只有保持饥饿感，他才会为我所用。"

保持饥饿感是对的，但长久不满足肯定要出事。李克用这次就玩脱了。李存孝、李罕之等人之所以会反他，说白了就是利益没给到位。跟着你干，就是指望你将来能分他们一杯羹，不能一要就给，但怎么要都不给肯定也不行。

这不，一看薛志勤死了，潞州无主，李罕之直接率军开入潞州。在写给李克用的信中，他说："老薛死了，州民无主，我担心有野心家搞事情，所以临时接手留后，请大王定夺。"听着挺客气的，其实就是摊牌，西昭义我已经占了，你如果让我当节度使，我还是你的人；

如果不让,那我可要飞了,拜拜了您嘞!李克用那暴脾气还能受得了这个?当即派人到潞州斥责李罕之。李罕之也不含糊,马上就派儿子到朱全忠处请降。

李克用的反应很快,火速攻克泽州,俘虏了李罕之的家人,然后马不停蹄扑向潞州。李罕之严加防守,坐等朱全忠来援。围城期间,他的眼睛已经瞎了,但瞎了又怎样,全家被俘又怎样,老李我就是要当节度使!朱全忠派兵解了潞州之围,并于十一年(899年)正月让昭宗正式任命李罕之为昭义节度使。

护住了潞州,朱全忠就准备拿下泽州了。刘仁恭趁机派刘守文发兵十万攻打魏博。这厮不仅胃口大,而且是个急性子,但他生性残忍,居然屠了贝州城。这下好了,魏博各州都拼死抵抗。饶是如此,刘仁恭还是凭借强大军力,一路打到了魏州城下。

罗弘信已经死了,魏博是他儿子罗绍威当家。走投无路的罗绍威两头摇人,既摇李克用,又摇朱全忠。两家都派出援军,但最先赶到的是宣武军。罗绍威这孙子也真够不地道的,马上就和李克用断了交,还让儿子娶了朱全忠的女儿。

结果,宣武军和魏博军联手在邢台清水大败卢龙军,直杀得卢龙军"自魏至沧五百里间,僵尸相枕",连卢龙第一猛将单可及都被干掉了,刘守文仅以身免。

朱全忠打仗确实是一把好手,他趁李克用不注意,由河北兵分两路穿越太行山,直扑太原。梁晋争霸开启以来,这还是宣武军第一次打到李克用家门口。太原几度险象环生,得亏河东大将周德威在关键时刻挫败宣武军,才解了倒悬之危。等李克用回过神来,朱全忠的另一路人马已经攻占了泽州。

六月,朱全忠借口李罕之病情严重,将他改任为河阳军节度使,昭义节度使由大将丁会接手。总计李罕之这个节度使只当了半年,为此他付出了一家老小的性命。走到怀州（今河南焦作沁阳市）时，这个残忍的官迷就病死了。

昭义，特别是西昭义，对李克用意义重大，不容有失，在两个月后他又驱逐丁会，夺回了西昭义。

朱全忠看一时半会儿搞不定李克用，就掉头去搞义昌的刘守文了，将刘守文重重围困在了沧州。刘仁恭急坏了，又厚着脸皮去求李克用。李克用也是无奈了，他是真不想帮这个两面三刀的小人，但唇亡齿寒，再说了，怎么也不能让朱全忠受益啊，就派兵攻打东昭义。

有李克用助阵，刘仁恭的腰杆儿又硬了，拼凑了五万人马，南下来救儿子。结果，六月在沧州青县东南的老鸦堤，他又被葛从周打了一个全军覆没。

还得看李克用的，派二太保李嗣昭赶来增援，一战大败宣武军。成德王镕跳出来调和。比起义昌，当然是东昭义对朱全忠意义更重，他干脆就坡下驴，从沧州召回葛从周，集中全力固守东昭义。结果，李克用折腾半天，到头来还是做了无用功，只得撤回山西。

他一走，朱全忠就对王镕下手了，借口就是王镕亲附李克用，为李克用当说客。成德孤军作战，节节败退。王镕用儿子和大将子弟做人质，外加二十万匹文缯，才换取了朱全忠的原谅。从这一刻起，成德也倒向朱全忠。

然后，朱全忠又派大将张存敬北上收拾刘仁恭。刘仁恭元气大伤，根本挡不住。本来宣武军是可以直捣幽州的，却因天降大雨、道路泥泞而作罢。张存敬心想不能白来一趟啊，不打刘仁恭，总得打点儿什么吧?!转头去打义武军节度使王郜。王郜是前节度使王处存的儿子，王处存已经在昭宗七年（895年）病死了。十月，王郜弃守定州，去太原投了李克用。义武军拥立他叔叔王处直为留后，并向宣武军投降。

刘仁恭派老二刘守光带十万大军来救义武军，结果又在易水[①]边儿上被宣武军打了一个几乎全军覆没。

清水之战，老鸦堤之战，再加上易水之战，三场大败彻底粉碎了刘仁恭的称霸梦。不是他能力不行，只是他崛起得太晚，朱全忠、李克用这些大牛已经把号练满级了，没有他施展的空间了。

至此，河北道五大藩镇均被打服。朱全忠称霸河南、河北两道，潼关以东已无人敢和他争锋了。下一个目标当然是李克用。

偏在这时，朝廷那边又出事儿了……

02. 被囚少阳院

宰相崔胤劝昭宗诛除宦官，先拿两枢密宋道弼和景务修开刀，得到昭宗同意。宦官集团有所察觉，一时间，南衙和北司的关系高度紧张。另一宰相王抟[②]怕闹出大乱子，提醒昭宗："人君当务明大体，无所偏私。宦官擅权之弊，谁不知之！顾其势未可猝除，宜俟多难渐平，以道消息。愿陛下言勿轻泄以速奸变。"崔胤不高兴了："王抟奸邪，已为道弼辈外应。"

可能确实也怕闹出乱子，十二年（900年）二月，昭宗将崔胤罢相，外放岭南清海军节度使。

崔胤根本就不带怕的，还是老一套，朱哥，保我！

[①] 易水，海河支流大清河北支拒马河的支流。
[②] 抟，音团。

朱全忠不含糊，立即照会昭宗："陛下，崔胤这种大才怎么能离开相位呢？都是宰相王抟和宋道弼、景务修嫉贤妒能迫害他，陛下你可不能上当呀！"昭宗本不想理会，想拖一阵子把这事儿遮过去。但朱全忠岂肯善罢甘休？接着上书，陛下，你就得按我说的办！昭宗只得召回崔胤，为了安抚朱全忠，于六月赐死王抟和宋道弼、景务修。

王抟已经是第四个被藩镇逼死的宰相了。昭宗这朝的宰相是真难当啊！

别看崔胤走时灰溜溜的，回来的时候人家可是相当风光。这已经是他第四次成为宰相了，四起三落，放眼唐朝是蝎子拉屎——独一份儿，时人因此称他为"崔四人"。

而且，他居然神奇地弥合了与昭宗的关系。当年崔胤他爹崔慎由临终前，将枕头里记载仇士良欺负文宗的秘书交给崔胤，叮嘱他有朝一日要清除宦官、匡扶社稷。对于父亲的话，崔胤确实入脑入心入行了，他这一生的主题就是除宦官。昭宗很惊讶，万万没想到这个崔胤居然是个琢磨大事的人，从此对他刮目相看。君臣二人就像两块磁铁般紧紧地贴在一起，日夜谋划对付宦官。

此时的"四贵"是两军中尉刘季述、王仲先和两枢密王彦范、薛齐偓。他们深感生存危机之急迫，也在密谋对付崔胤、反制昭宗。

本来呢，昭宗和崔胤的计划是稳妥推进，今天杀两个，明天杀两个，不搞操之过急，以免宦官狗急跳墙。但一个突发事件让帝相和宦官间的矛盾迅速激烈化、公开化了。

昭宗在华州那两年受了很深的刺激，性情大变。他本是一个温文尔雅的人，现在却嗜酒如命，整天喝得五迷三道的，而且醉后瞪着血红的眼睛肆意辱骂、殴打宫女宦官。

刘季述等"四贵"决定废掉昭宗，另立个听话的皇帝。

最初，刘季述想和朱全忠联手，不仅与朱全忠约为异姓兄弟，还派侄子刘希度①和宣武军驻京办主任程岩策划废立之事。不久，朱全忠的特使——天平军节度副使李振抵达京城。

李振是名门之后，他的曾祖父是中唐名将李抱真，再往初唐倒腾，申国公安修仁是他的老祖宗。也就是说，李振身上其实有粟特血统。但这个粟特家族已经没落很久了，李振的遭遇和敬翔如出一辙，同样很有才学，同样屡试不第。

他加入朱全忠集团的时间比较晚。昭宗七年（895年）时，李振好不容易谋了一个台州（今浙江台州临海市）刺史的缺，赶去上任，偏偏遇到董昌造反，只能折返。途经汴州，他主动求见朱全忠，哐哐一顿输出，赢得了朱全忠的器重。别看他入伙儿晚，但很快就成了敬翔之下的二号智囊。

程岩请示李振："主上严急，内外慑恐，左军中尉欲废昏立明，若何？"

李振早就恨透了这些拨弄大唐社稷的阉宦，当场翻脸："百岁奴事三岁主，而敢尔邪！今梁王②百万之师，方仗大义尊天子，君等无为此不祥也！"你们几个老东西扶植一个小孩子，真是胆大包天！如今朱大帅坐拥雄兵百万，正想遵照大义尊奉天子呢，你们几个最好不要干这种不祥之事！

看朱全忠不太支持，刘季述等人转而引李茂贞、韩建为奥援。接下来，就只差一个合适的机会了……

是年十一月初四，昭宗在禁苑中打猎饮酒，又喝大了，回来后又耍起了酒疯。但这次耍得太过，他居然拔剑砍死好几名宫女宦官。第二天醒来，他自己都震惊了，朕这是怎么了，怎么干出这么出格的事

---

① 《新唐书》作"刘希正"。
② 此处当为史官谬误，因为此时的朱温还未被册封为梁王。

情？昭宗又羞又慌，都早上八九点钟了，连宫门都不让开。

后宫的事儿瞒不了宦官！刘季述马上跑到中书省对崔胤说："都这点儿了还不开宫门，宫里头一定出事了。我是内臣，出入比你们外臣方便，我进去看一看吧！"崔胤也不知道宫里头究竟发生了什么，况且刘季述说的也在理，就同意了。

然后，刘季述带着一千多名神策军突入宫中，逮着昭宗一顿盘问，事情的细节就很清楚了。出来后，他添油加醋地把事情的原委说给崔胤听，并当场摊牌："皇帝胡乱杀人，怎么还能治理天下呢?！废昏立明，自古有之。为了江山社稷，换了他得了！"崔胤大惊失色，但人家"四贵"手上有军队，他不敢犯拧，只得同意。

初六，刘季述召集百官，拿出一道奏章让他们看。百官看后个个目瞪口呆，上面写着请太子监国。皇帝龙体康健，忽然让太子监国，傻子都明白咋回事了。刘季述让大家署名。可不可以不写呢？可以呀，好几千神策军就在殿下站着呢，你不签个试试？

好，这就算集体研究通过了。刘季述和王仲先随即带兵入宫，逢人就杀。昭宗滥杀无辜是不对，他们这不也是滥杀无辜吗？昭宗听见外面的喊杀声，吓得从床上掉了下来，站起身就要跑。来不及了，刘季述和王仲先已经闯进来了，不由分说，一人架着昭宗的一条胳膊，就把他按在了床上。

混乱当中，有宫女跑去告诉了何皇后。何皇后吓得花容失色，马上赶了过来。见到两位宦官，她也不敢再拿皇后的架子了，深深行礼道："军容勿惊宅家，有事取军容商量。"两位军容不要惊动了皇帝，有事好商量。嗯，连皇后都给宦官行礼说软话了！

刘季述和王仲先掏出百官的联名信说："陛下已经厌倦执政了，所以中外臣民一致表请太子监国，请陛下退居少阳院。"

这里我要插播一个知识点。盛唐以前，太子居住在太极宫东宫。

自玄宗以后，太子就搬到大明宫皇帝寝殿旁的少阳院里了。

昭宗这时也缓过神儿来了，赶忙说软话："哎呀，朕昨儿个和卿曹乐饮，醉酒干了点出格的事儿，不至于就换了朕吧！"刘季述和王仲先还能被他们两口子套路了？马上就是一个反套路："这也不是我们哥儿俩所为，而是南衙百官的意思，众意不可违啊！这样，陛下你先去少阳院，等这场风波过去了，我们再把你迎回来。"

昭宗还不甘心，但何皇后把他拦住了，别闹了，瞅今天这阵势，不答应只怕性命堪忧啊！她缓缓说道："宅家趣依军容语！"就按两位军容的意思办吧！说罢，取出传国玉玺，交给刘季述。昭宗匆匆收拾了一些东西，带着自己的太太团，还有未成年的子女和零星几个贴身侍从，一共十来人，上了刘季述预先备好的车。

接下来就是唐朝历史上至暗的一刻。

一到少阳院，刘季述摊牌了，不装了，开始数落昭宗，某年某月某日，某件事儿你没按我的意思办，这是罪状一……说一条，就用银槁①在地上画个记号，一连罗列了几十条。昭宗全程连个屁都不敢放。

汉朝和明朝的宦官再飞扬跋扈，也没有当面给皇帝拉清单的，刘季述完全把昭宗当他的打工仔了。

刘季述发泄完就恨恨地走了。临走前，他亲自用一把大锁把院门锁上，怕昭宗撬锁，又就地熔铁为水，灌到锁眼儿里。小子，你就在这院里等死吧！想出来？想复位？门儿都没有！神策军将少阳院围得里三层外三层，连只苍蝇都飞不进去。

当年仇士良那么跋扈，也不过就是数落文宗而已。刘季述可比老前辈牛大发了，不仅数落皇帝，还把皇帝当囚徒关了起来。当然了，老刘还算"善心"，在墙角凿了一个狗洞，给昭宗一家送饭用。真的

---

① 槁，音郭。

就是狗洞，大小只够一条狗出入。可狗还有自由呢！可叹天朝皇帝沦落到连狗都不如的地步。

昭宗想要一点儿钱，不给，怕他收买守门军士。想要纸笔，不给，怕他写纸团求援。想要衣服，不给，怕他太舒服。至于金属，谢谢，一根针都不给你。数九寒天的，连个取暖的火盆也不给。昭宗是个男人，还能忍。可怜金枝玉叶们冻得直哭，哭声隔着几条街都能听到。

虽然家家有本难念的经，但李家的这本实在念不下去了！

十日，太子（德王）被迫登基，昭宗被晋级太上皇，何后也成了何太后。

为绝后患，刘季述干掉了懿宗仅存的儿子、昭宗的亲弟弟睦王李倚，并有计划、有梯次地杀害昭宗的亲信。但每天晚上都只杀十来人，尸首分别装入十辆车，外面遮得严严实实的。其实，一辆车装十具八具尸体不成问题，刘季述之所以一车只装一具或两具，是为了显得杀人多。白天车队出宫，就从南衙门前过，而且是缓慢通行，好让南衙朝臣都能看到和北司宦官作对的下场。

刘季述当然想干掉崔胤，但人家崔胤背靠朱全忠，他不敢下手，只是解除了崔胤兼领的度支兼督铁转运使而已。

03. 铲除刘季述

崔胤当然也没干坐着，早已密信朱全忠勤王救驾。朱全忠却把他的书信转交给了刘季述，还煽乎道："彼翻覆，宜图之。"崔胤这个老小子反复无常，你应该设法除掉他。

刘季述随即拿着书信来找崔胤问罪。崔胤也很鬼："这是有人恶意栽赃我，历史上早被人玩烂了的老把戏而已。如果你一定要降罪于我，那也行，杀我一人就行了，不要殃及我的家人。"刘季述看他说得大义凛然，当时就被唬住了，反过来还安慰崔胤。

崔胤却在刘季述走后修书朱全忠，进一步离间二人："刘季述已经和我结盟了，发誓互不相害。但我已经归心于朱公您，并送上侍妾两人供您享用。"

朱全忠阅后既难堪又愤怒："刘季述这个王八蛋，他做好人，反倒让我做两面派了！"

刘季述还被蒙在鼓里，派刘希度去见朱全忠，转达了他的意思：只要朱公您支持我，我就把大唐社稷交给您。

那朱全忠就犹豫了，召集文武开会研究。绝大多数人都反对干涉，甚至包括敬翔，理由是："朝廷大事，非藩镇所宜预知。"再说了，刘季述纯属装大瓣蒜，帝位是他想给就能给得了的吗?！我们当前的主要战略方向不是关中，而是河东，朝廷的事儿咱就不掺和了，由他们折腾去吧！

唯有李振主张干涉："王室有难，正是我们成为霸主的天赐良机。刘季述不过是个阉宦，居然敢囚禁天子。主公如果不讨伐他，还怎么号令诸侯呀？况且，一旦幼主（指太子）坐稳位置，天下大权就归于宦官了。这种权力怎么能拱手相让呢？"

朱全忠深觉有理，当即拍板：就按李振说的办！他先是囚禁了刘希度，紧接着又把另一亲信蒋玄晖派到长安协助崔胤。

刘季述现在处境十分尴尬，他以为立个皇帝很容易，他让谁上，谁就能上。可上得去不代表能得到大家的承认呀！太子虽然即位了，却没一个藩镇上表祝贺的。

当然了，崔胤也没有干等朱全忠。当他得知左神策军指挥使孙德昭"自刘季述等废立，常愤惋不平"时，隐约觉得这是一个可以利用的人，便派亲信石戬和孙德昭一起游玩。果不其然，每次喝大了说起宦官废立皇帝的事情，孙德昭都会痛哭流涕。石戬就向孙德昭转达了崔胤的意思："自太上皇被幽禁以来，内外大臣以至于军队士卒谁不咬牙切齿！如今造反的只有刘季述、王仲先二人而已，您如果能杀死这两个人，迎太上皇复位，不仅富贵穷极一时，而且忠义流传千古；如果犹豫不决，此等功劳就会落于他人之手了！"孙德昭当场就拍了胸脯："我孙德昭不过是个小军官而已，国家大事岂敢专擅！如果相公有命令，德昭不敢惜死。"石戬还报崔胤。崔胤割下衣服的带子，手书密信给孙德昭。孙德昭随即拉拢右神策军都将董彦弼和周承海，定下了兵变计划。

除夕当夜，三人统军埋伏于安福门外。

第二天刚好是正月初一，右军中尉王仲先在上朝途中被孙德昭斩杀。

然后，孙德昭率众赶往少阳院。他敲门大喊："陛下，臣孙德昭已经把逆贼杀了，请陛下出来犒劳将士们！"昭宗不明就里，不敢开门，鬼知道你们是不是要把朕骗出去杀了！还是何皇后比较淡定，向外面喊话："如果真如你所说，请把王仲先的人头扔进来。"然后，就听"咚"的一声响，有个东西从墙外飞进来砸到了地上。昭宗凑上前一看，果然是王仲先的首级，喜极而泣。全家男女老幼齐上阵，逮着木门一顿踹，总算把门踹烂了，这才出来。

崔胤亲自迎接昭宗登临长乐门楼，并率百官称贺。一日之内，昭宗又从囚徒变回了皇帝，他这大年初一过得可太戏剧性了！

这时，刘季述、王彦范已经被董、周二将拿下了，薛齐偓投井自杀。昭宗正要问刘季述同党还有谁，神策军已经上前将二人乱棍打死了。昭宗还能说啥，下诏将"四贵"族灭。

太子也被押来，昭宗知道儿子是被逼的："裕幼弱，为凶竖所立，非其罪也。"只是剥夺了他的太子之位，复位为德王。

经过这一连串的事情，昭宗才发现崔胤是真正忠于他的，下诏给崔胤进位司徒。崔胤坚决推辞了。昭宗越发对他刮目相看，不仅军国大事一以委之，而且召见时不再喊崔胤的姓名，只喊他的字"垂休"①。

朱全忠站台有功，晋封东平王。此前，异姓人中只有安禄山曾被封为东平王，朱全忠后来也步了安禄山的后尘，这真是一个有毒的封号。各位穿越回唐朝，王皇后、太子、寿王、东平王，这四种角色一定要慎选呀！

神策军三将"图形凌烟阁"，且均被加封为使相，并赐国姓，列入宗室属籍。孙德昭封静海军节度使，赐名李继昭。周承诲封岭南西道节度使，赐名李继诲。董彦弼封宁远军节度使，赐名李彦弼。

二十二日，昭宗下诏："近年来宰相在延英殿奏事，两位枢密使都侍立在皇帝身边，导致争论不休。出殿后，枢密使又说皇帝还未允准，借机更改变动，这是篡权乱政的行为。从今往后，全部都参照宣宗大中年间的旧制，待宰相们奏事完毕，枢密使才能进殿受领任务。"

这意味着什么呢？这意味着从制度上褫夺了宦官两枢密的参政权，将其身份定位从决策者降成了执行者。

凤翔的李茂贞居然在这个节骨眼儿上入朝了。这厮太狡猾，刘季述作乱，他不仅没行动，连个态度都没有，明显是在静观其变；现在看昭宗复位了，朱全忠封东平王了，他也来讨个王爷当当。昭宗不敢不从，册拜李茂贞为岐王，同时加守尚书令兼侍中。

在这一连串头衔中，最特殊的不是岐王和侍中，而是尚书令。我

---

①《旧唐书》作"昌遐"，《新唐书》作"垂休"。

说过，全唐 289 年间只有三位尚书令，除了秦王李世民和雍王李适（唐德宗），现在又添了一个岐王李茂贞。不过，李茂贞这个尚书令只当了两年，原因是他被朱全忠削害怕了，迫于无奈才辞的职。

刘季述之乱进一步坚定了崔胤铲除宦官的决心。他和另一宰相陆扆[①]趁机向昭宗进言："祸乱的发生都是由于宦官主管军队。臣等请陛下让我主管左军、陆扆主管右军。这样，诸侯就不敢侵犯欺凌皇帝了，朝廷才会有威严！"

两枢密已经没参政权了，再夺了两中尉的兵权，"四贵"全部凉凉，宦官就再也无法干政作乱。这一招确实属于釜底抽薪了。

但昭宗犹豫了，神策军的统兵权是宦官的核心利益，如果突然拿掉，只怕他们再生动乱。他真是记吃不记打，居然向李茂贞征求意见。李茂贞一听就急了："崔胤还没掌握军权，就想剪除诸侯了？！"其实他的心里话是：皇帝如果掌控了军队，以后还怎么欺负他？

昭宗又征求神策军三使相的意见。三使相当然不同意："陛下，我们世代都在神策军中任职，从没听说过书生统军的故事。再说了，我军如果归属南衙，肯定会有很多变动，不利于稳定，还是仍归北司统带为好。"

昭宗只好对崔胤和陆扆说："将士们不愿隶属于文臣，卿等就不要再坚持了。"随即任命韩全诲（僖宗朝中尉韩文约之子）、张彦弘为两中尉，袁易简、周敬容为两枢密使。

韩全诲为了自保，一上台就向李茂贞表了忠诚，并请求李茂贞留下人马宿卫。李茂贞正想保持对朝廷和皇帝的控制呢，忙不迭地答应了，让义子李继筠统带四千凤翔军驻防京城。崔胤针锋相对，也跟朱全忠要了三千人马。左谏议大夫韩偓坚决反对。崔胤居然说："是宣武

---

① 扆，音以。

军自己不肯回去,不是我挽留他们。"韩偓生气地反问:"那当初为什么要召他们来京师呢?"崔胤无言以对。韩偓忧心忡忡地说:"留下这些军队,家庭和国家都有危险;不留下这些军队,家庭和国家都会平安。"但崔胤到底没有听他的。

四月,崔胤取缔了神策两军和关中藩镇专卖酒曲的特权。李茂贞当时就不干了,表请再次入朝。昭宗召集骨干人员开会研究,韩全诲第一个表示同意。昭宗也不敢不让李茂贞来,只得批准。

李茂贞抵达长安,韩全诲趁机"深与相结",与李茂贞建立了攻守同盟。昭宗不察,可崔胤门儿清,也越发用力地紧抱朱全忠的大腿。朝廷事实上已经分裂成以崔胤为首的拥朱势力和以韩全诲为首的拥李势力。

04. 韦庄入蜀

眼见藩镇、宦官压跷跷板似的拨弄社稷,韦庄痛彻心扉。

当初他之所以拒绝王建的挽留,其实是觉得出任谈判判官是皇帝和朝廷对他的赏识,回朝后肯定会受重用。但想多了啊,哥儿们,你一个三无穷布衣,凭啥重用你?!回朝后的他虽然被升为了左补阙,却依旧是一个七品闲职。韦庄心如死灰。

终于,压垮他的最后一根稻草到了!刘季述兵变,软禁昭宗,改立太子为帝。韦庄终于认识到大唐王朝彻底没救了,他一生的抱负在这里已经不可能实现了。万念俱灰之下,他写下了《赠云阳裴明府》:

南北三年一解携，海为深谷岸为蹊。

已闻陈胜心降汉，谁为田横国号齐？

暴客至今犹战鹤，故人何处尚驱鸡？

归来能作烟波伴，我有鱼舟在五溪。

"已闻陈胜心降汉"，字里行间其实已经流露出了出走的念头。

虽然崔胤联合三使相干掉了刘季述，重新让昭宗复了位，但韦庄已经对这个朝廷彻底绝望了，全国各地军阀混战，唯有西川王建优待文人，况且王建给他留过话，因此韦庄拿定主意：到西川投奔王建去。

昭宗十三年（901年）春，66岁的韦庄满怀愧疚、彷徨和忐忑之情，举家踏上了南下入蜀的路途。他是国家干部，未经审批擅离职守，还是去投奔地方藩镇，其实就是叛国了。

对于仕途，韦庄已不抱希望，只想在蜀地安稳度过余生。没想到王建还记得他呢，不仅对他的到来表示竭诚欢迎，还当即重用他为掌书记，负责建章立制，替王家王朝搭建框架。而且，韦庄也惊喜地发现，与混乱凋敝的关中不同，西川百姓生活安稳恬静。

其实，不只西川，朱全忠治下的宣武、李茂贞治下的西北、杨行密治下的江淮、钱镠治下的两浙、王审知治下的福建……这些地方战乱很少，百姓反而过上了太平日子。王审知三兄弟被福建人民尊称为"开闽三王"，至今仍受香火祭拜。为什么呢？因为军阀认为这块地盘已经是他的私产了，谁不想把自己的产业搞好呢？比如，杭州为什么别名钱塘，钱塘江为什么叫钱塘江，就是取"钱家之塘"的意思，瞅瞅，都是我们钱家的。

树挪死，人挪活。韦庄这一挪挪对了，一生所学总算有了用武之地，终于可以实践他"志业匡尧舜""有心重筑太平基"的理想抱负了。

他的诗风也变得大胆起来，以前在朝廷混饭吃，写诗都是收敛着的，生怕哪句话被人搞了文字狱，弄丢了饭碗。现在好了，大 boss 垂青，身居高官，想怎么写就怎么写，颇有老夫聊发少年狂的劲头。

他在《乞彩笺歌》中写道：

> 浣花溪上如花客，绿闇①红藏人不识。
> 留得溪头瑟瑟波，泼成纸上猩猩色。
> 手把金刀擘彩云，有时剪破秋天碧。
> 不使红霓段段飞，一时驱上丹霞壁。
> 蜀客才多染不供，卓文醉后开无力。
> 孔雀衔来向日飞，翩翩压折黄金翼。
> 我有歌诗一千首，磨砻山岳罗星斗。
> 开卷长疑雷电惊，挥毫只怕龙蛇走。
> 班班布在时人口，满袖松花都未有。
> 人间无处买烟霞，须知得自神仙手。
> 也知价重连城璧，一纸万金犹不惜。
> 薛涛昨夜梦中来，殷勤劝向君边觅。

瞅瞅，都开始隔空召唤卓文君、薛涛这样的美女才女了，浪得都快漫出来了。

韦庄充分发挥自己的特长，大力发展蜀地的文化事业。入蜀第二年，他怀着朝圣的心情，来到浣花溪畔吊唁诗界前辈杜甫。杜甫卑微了一辈子，生前肯定想不到后世有个人会这么把他当根葱。韦庄和杜甫的确很像，都是才高八斗，都是多次落第，都是穷困潦倒，都是忧

---

① 闇，音暗。

国忧民，都是仕途坎坷，还都写过记述战乱的叙事长篇。这个世界上真正在乎杜甫、理解杜甫的，估计也就只有韦庄了。杜甫的茅草屋早没了影踪，只剩了几块柱石。韦庄派人铲草修屋，在原址上盖起了一个新的茅草屋，不用木料，不用砖瓦，就用茅草，图的就是一个原汁原味。他是第一个为杜甫修建草堂的人。杜甫草堂从此成为中国文学史上的一块圣地。

韦庄虽然官职不高，却是文化圈的大咖，在文人群体中地位相当崇高。入蜀时就有一些文人跟着他，入蜀后文人们听说他混得不错，受到了重用，接二连三地赶来投奔王建。一时间，王建麾下人才济济。

刘项虽然不读书，但却能给文人们以舞台。

05. 梁军攻晋

刘季述之乱刚刚结束，朱全忠和李克用又掐起来了，起因是在刘季述授首当月，朱全忠攻打河中王珂。

昭宗十一年（899年）六月，陕虢节度使王珙因为残忍猜忌，被部将给干掉了。王珂总算过了两年消停日子，但现在朱全忠来了！

河中下辖晋（今山西临汾）、绛、慈（今山西临汾吉县）、隰[①]（今山西临汾隰县）四个州。宣武军一出手就拿下了晋州和绛州，切断了李克用和王珂的交通。昭宗比李克用还要慌，他怕朱全忠入关，赶忙

[①] 隰，音西。

下诏调解。朱全忠不答应,这地盘儿我得抢啊,你说停我就停,你脑袋进水了吧?!

王珂和老婆当然要向李克用求救,可李克用被挡得死死的,过不去啊!他只能回复王珂,实在不行你就入朝吧,躲到长安去,起码能保全性命。王珂不甘心,又去求凤翔的李茂贞。李茂贞都不敢接他的茬儿,现在帮王珂,就好比要从朱全忠这只大老虎口中夺食。走投无路的王珂只好投降。

朱全忠将王珂一家迁往汴州。随后,他假意送王珂入朝,却在途中派人将其杀害。王重荣当年于朱全忠有再造之恩,被朱全忠认作舅舅。可现在呢,外甥坑杀舅舅的继承人连眉头都不带皱一下的。

我一直想知道李克用女儿的下场,犯到朱全忠这个色欲狂魔手里,我很是为她的贞操担忧,可惜历史没有记载。

吞并了河中,但朱全忠并不开心,因为他的贤内助张惠死了。

卤水点豆腐,一物降一物。朱全忠有两大毛病:一个是好色,见了美女就扒拉,甚至连下属的女眷都不放过;还有一个就是残忍嗜杀,这显然对维护内部团结不利。张惠能劝阻就劝阻,十次有九次朱全忠得听她的。宣武军上上下下提起夫人,都竖大拇指。

两人生活了二十年,育有一子朱友贞(朱全忠第四子)。现在,张惠没了。蔡东藩在《五代史演义》中虚构了她给朱全忠的告别赠言:"大王英武过人,他事都可无虑;惟'戒杀远色'四字,乞大王随时注意!妾死也瞑目了。"她说没说过类似的话,这个我也不清楚。但有一点是不必争论的,你可以质疑万有引力,却不能质疑张惠的人品。史家盛赞张惠"以柔婉之德,制豺虎之心",是五代第一贤妇。她死后,不仅朱全忠痛哭流涕、茶饭不思,宣武军文武也是悲恸不已。

然而,朱全忠转头就把夫人的叮嘱忘到了九霄云外,越发肆无忌惮地狩猎人妻。这是一张长长的名单,有泰宁军节度使朱瑾的老婆、河南尹张全义的妻子女儿、李茂贞义子邠宁节度使李继徽的老婆……说也奇怪,好多枭雄都偏好人妻,这究竟是一种什么心理?

老婆死了,朱全忠就拿李克用撒气,于三月下旬兵分六路进攻河东。

宣武军来势汹汹,一口气打下西昭义,于四月底兵临太原城下。这已经是宣武军第二次打到太原城下了。战事无比激烈,李克用登城指挥防守,连吃喝都顾不上,来泡尿都得憋着。眼瞅他就要完蛋了,老天爷又来帮忙了,降下一场连绵的大雨。十来万宣武军坐困城下,不仅粮草辎重很快成了问题,还暴发了传染病。天不亡李克用,朱全忠只好撤退。李克用不久又收回了西昭义二州。

人和人的竞争有时像钝刀子割肉,人家一天进步一点儿,你一天后退一点儿或者原地不动,日积月累这差距就大了去了。李克用在僖宗朝和昭宗前期是何等的威风,说削谁就削谁,摧枯拉朽,所向披靡,可如今被朱全忠压制得万分狼狈。桀骜了一辈子的他不得不低下高傲的头颅,又是说软话,又是送厚礼,想和朱全忠讲和!

朱全忠可能讲和吗?当然不可能!休息休息,还想继续搞李克用。

但,朝廷又出事了。

06. 韩全诲之乱

朝廷这次出事,还是因为宦官。

虽说在神策军的领导权问题上妥协了,但昭宗和崔胤并未放弃对付宦官，这对先前隔阂很深的帝相现在却好得几乎要穿一条裤衩了，能从白天一直聊到晚上。

帝相聊得越热络，韩全诲等人的心里越发毛。他们的担忧是对的，昭宗和崔胤确实在密谋铲除他们。注意我的用词，不是除掉，而是铲除，连根拔起，毛都不剩的那种。有人曾经劝过崔胤，凡事不宜走极端，存在即合理，宦官这类人也不能一个没有啊！你非要铲除他们，只怕他们狗急跳墙，生出什么祸乱来。可崔胤听不进去，他就是要让这些没种的东西在大唐彻底消失！

韩全诲等"四贵"非常害怕，确实也服软过，集体跑到昭宗面前哭诉，求原谅，求放过。昭宗哄他们，哎呀，你们想多了，朕可没想过要对付你们呀！打发走"四贵"后，昭宗赶紧把崔胤喊来，叮嘱他宦官们可能有所察觉，以后不能再面聊了，改为上密奏。

以为这就可以难倒宦官了吗？韩全诲搜罗了几个美女进献给昭宗。昭宗这个傻孢子只防阉人、不防女人，结果他和崔胤的密谋都被这些美女剧透给了韩全诲。宦官们惶惶不可终日，每次聚宴都当是最后的晚餐，哭成一片。

总得活呀，"四贵"很快发起反制，指使神策军控诉崔胤克扣冬衣。昭宗为息事宁人，只得解除崔胤的盐铁使职务。崔胤这才知道计划已经泄露，当即致信朱全忠，要他带兵进京诛宦官、清君侧。

韩全诲等人很快就知道了，他们决定铤而走险，以武力挟制昭宗，便积极拉拢神策军三使相。李继诲和李彦弼都倒向了韩全诲，唯有李继昭追随崔胤。两股势力各自准备、互相提防，长安城暗流涌动，已然处于风暴前夜。

八月的一天，昭宗问韩偓："你在外边听到什么传言了吗？"

韩偓想了想说："别的倒是没有，但我听说宦官们十分恐惧，正与三使相和李继筠交结，密谋搞事情。不过，我也不确定这个传言是否属实。"

昭宗满面愁容："这事不假！近日，李继诲、李彦弼等人说话的态度逐渐变得强硬，令朕难以忍耐。中书舍人令狐涣给朕出了个主意，要朕宴请崔胤及韩全诲等人，说服他们达成谅解。你看这个主意怎么样？"

韩偓都急了："如此则彼凶悖益甚。"

昭宗万分纠结："为之奈何？"

韩偓献计道："为今之计，只有拿韩全诲等几个宦官头子问罪，迅速流放，同时赦免其旁从，如此或许还能化解这场危机。如果什么都不做，那韩全诲等人就知道陛下内心还是对他们有意见，只会更加惶恐。"

昭宗觉得这是个办法："善！"

但韩偓其实也把问题想简单了。韩全诲执掌神策军，又傍上了李茂贞，现在已经有恃无恐了。昭宗倒是找"四贵"谈话来着，想让他们几个外放地方监军或去给僖宗守陵。韩全诲等人态度相当强硬，你说你的，但我们不听！

九月初五，昭宗又急召韩偓："听说朱全忠要来清君侧，这是个好事情！但朕觉得必须得让他和李茂贞同举此功，否则二人相争，局势就更危险了！你替朕转告崔胤，要他立刻飞书朱全忠和李茂贞，让二人共同谋划此事。"

这就纯属痴心妄想了！崔胤和朱全忠一伙儿，韩全诲和李茂贞一伙儿，你让崔胤通知李茂贞，这不是让他主动暴露计划吗？！崔胤当然没有落实昭宗的指示。

昭宗等了十天，没有一点儿回音。十四日，他又对韩偓说："李继诲、李彦弼等人越发骄傲专横，日前与李继筠入宫，就在殿东命宫中杂役唱歌助酒，真是让人惊慌害怕呀！"

可事到如今，韩偓也没辙了："我就知道他们必然会这样。这件事失策在当初。年初他们立功时，陛下用官爵、田宅、金帛酬劳他们就够了，不该听任他们出入宫禁。这些武夫没有文化，屡屡要求入朝奏对，有时还越权干涉人事，南衙稍有不从，他们就心生怨恨。况且，这些人极度贪财，已经被宦官们收买了。所以，他们才会变成现在这个样子。崔胤当初留下三千凤翔兵是为了遏制宦官，可现在宦官和凤翔兵已经狼狈为奸了，这可如何是好？！届时，宣武军肯定会跟凤翔军在宫中战斗，老臣真是心寒至极呀！"

一看韩偓都没了主意，昭宗的心顿时拔凉拔凉的，"但愀然忧沮而已"。

十月二十日，朱全忠率军从汴州开拔。消息传至长安，韩全诲急了，于次日指使李继诲、李彦弼率军把大明宫围了，严禁外臣入宫，并要求昭宗移驾凤翔。

昭宗脑瓜子嗡嗡的，这事情怎么总不按朕的预期走呢？只得派人送密信给崔胤，话说得那叫一个凄凉："我为宗社大计，势须西行，卿等但东行也。惆怅！惆怅！"

崔胤虽然手上有李继昭的六千人马和戍卫京师的各道人马，但顾忌李茂贞，不敢轻举妄动。

兄弟团覆灭以后，昭宗又把自己的女人们发动起来，组成了太太团。太太团的主要成员包括赵国夫人宠颜、晋国夫人可证、河东夫人裴贞一、昭仪李渐荣等。

次日，昭宗让赵国夫人出宫通知韩偓："今天早上，李彦弼等人对陛下殊为无礼。陛下本想召你商量的，但他们不同意。陛下和皇后现在只能以泪洗面啊！"大势面前，韩偓顶个屁用，人家连宫门都不让他进！

昭宗啊昭宗，何必为生命的某个片段而哭泣呢，整个人生都催人泪下呀!

二十五日,韩全诲胁迫昭宗召见百官,宣布撤销正月二十二日所发布的严禁枢密使干政的敕书,完全恢复懿宗咸通朝以来"宰臣奏事,枢密使侍侧"的近例。哎,两枢密的参政权说恢复就恢复了!

接下来的几天里,韩全诲一面让李继筠的人马将内廷府库中的宝货、帷帐、车驾、礼器等统统打包,一面秘密护送一部分宗室和宫人先行赶往凤翔。

三十日,朱全忠的表奏抵达长安,说他已经到蒲州(今山西运城永济市蒲州镇)了,并请昭宗做好移驾东都的准备。这无异于一颗重磅炸弹。当天早朝,百官无一人到场,"阙前寂无人"。

十一月初一,李继筠等人率兵直接把昭宗的寝殿给围了,禁止一切出入。长安的秩序完全崩坏,乱军四处劫掠。留在城中的百姓被洗劫得连裤衩都不剩了,只能用纸糊衣服遮羞御寒。时已入冬,不难想象这个冬天肯定冻死了很多人。这些蝼蚁连名字都没留下来就消失了,好像压根儿就不曾在这个世界上存在过一样。

初四刚好是冬至,很应景,因为昭宗的冬天就在这一天降临了!韩全诲带着军队直接闯入寝殿,对昭宗说道:"朱全忠的军队马上就要到了,要劫持你到洛阳禅位去。为了保全大唐江山,臣等现在恭迎陛下移驾凤翔,对抗逆贼朱全忠。"昭宗不答应,拔出宝剑,登上乞巧楼。韩全诲还能怕他,一顿诈唬,三,二,一,下来!昭宗只能乖乖走下楼来!

昭宗还没出宫呢,李彦弼已经纵火焚烧寝殿了。可怜昭宗孤零零地坐在思政殿外,一只脚翘着,另一只脚踩在栏杆上,旁边一个人都没有。这个细节不是我编的,史书白纸黑字记载:"是日冬至,上独坐思政殿,翘一足,一足踢栏杆,庭无群臣,旁无侍者。"

又拖了好久,韩全诲已经开始骂骂咧咧了。昭宗无奈,只好带着后妃、诸王一百余人上马。众人不约而同地放声大哭，长安是他们的故乡，大明宫就是他们的家啊！走出宫门，昭宗回头一看，大明宫已经在火海当中了。

此次出奔凤翔，既是昭宗个人的第三逃，也是"天子九逃"的第八逃。

这时，朱全忠大军已经兵临华州城下了，直接派人通知韩建："都是因为韩公你不早点儿投降，才害得我老朱不得不跑过来。"韩建可比李茂贞清醒多了，赶忙遣使请降，并献上白银三万两。

朱全忠很满意，继续挺进，于十四日抵达长安。崔胤率百官在郊外列队迎接，东平王啊，你可想死我们了，我们是白天想夜里哭，做梦都想见老朱，老朱的实力高又高，我们时刻准备着……

明明是个贼，装得还很斯文。朱全忠派人到凤翔，说他是奉皇帝密诏来勤王的。这时哪儿还轮得着昭宗说话，韩全诲就替他答了："朕是到这里躲避兵灾的，不是被宦官劫持来的。所谓密诏是崔胤的矫诏之举，爱卿你上当了，还是回去吧！"

当朱全忠三岁小孩儿呢？！二十日，宣武大军进抵凤翔城下。

07. 凤翔之围

望着城下密密麻麻的宣武军营帐，关中之王李茂贞头都大了，登上城楼向朱全忠喊话，当然很客气："朱哥，不是我劫持圣驾，是天子来我这里避险。有人进谗言，害得朱哥你大老远跑过来。"

这都是场面话，朱全忠完全不给面子："韩全诲劫持天子，我特来兴师问罪，迎接陛下还宫。你如果不是韩全诲的同谋，何必啰唆这么多?!"

套路失败，那就得在实力上见真章了。

谁都没想到，从一开始，两强间的对决就是碾压性局面，李茂贞只有招架之力，招架得还特别难看。说实在的，他和朱全忠就不是一个重量级的，连李克用现在都被逼得给朱全忠说软话了，他算个啥?!

但李茂贞在西北经营多年，毕竟还是有些实力的，这场仗断断续续地拖了一年多。在此期间，韩全诲矫诏召各地藩镇勤王，李克用、杨行密等人也跳出来给朱全忠捣乱。

尤其是李克用，那是真卖力，一直在河中和昭义搞小动作。终于，朱全忠急眼了，兴兵十万，大举伐晋。河东军全线崩溃、节节败退，不仅又丢了西昭义，连李克用的儿子李廷鸾都被生擒了。算上李落落、王珂的老婆，李克用已经失去了三个儿女。

宣武军第三次围攻太原。李克用没日没夜守在城头，仅剩的一只眼也熬出了黑眼圈。上次还有大雨帮忙，这次没有了，处在崩盘边缘的他一筹莫展，甚至开始和诸将商量起要不要退保云州。诸将分歧很大，主张坚守和主张退却的各占一半，僵持不下。

关键时候，刘夫人发话了："今一足出城，则祸变不测，塞外可得至邪!"哎，这下李克用拿定主意了，继续坚守。坚守就对了，老天爷及时降下了一场瘟疫。宣武军只得退却!

李克用虽然不如朱全忠，但天不亡他，朱全忠又能怎样?

一看李克用指不上了，韩全诲、李茂贞又捅咕昭宗去调度杨行密。十四年（902年）三月，昭宗册封杨行密为吴王，并命他讨伐朱全忠。史学界通常以此作为南吴立国之始。此时的杨行密已经吞并了宣歙和武昌①，也有北上争雄之意，这活儿就接了。可他刚出手就在宿州崩到牙了，久攻不克。凭杨行密的实力，自保是没问题的，但争霸天下还差点儿意思，他很识趣地撤退了。

两川的王建忽然发现自己成香饽饽了，李茂贞和朱全忠都争相拉拢他。王建是怎么操作的呢？对朱全忠说，朱哥你放心，我挺你！对李茂贞又说，李哥你要挺住，我很快就会脚踏七彩祥云来救你了！可他却趁机派出五万大军攻打李茂贞控制下的山南西道其他州府。

由于总有人捣乱，朱全忠被遛得到处跑，确实也累，不止一次想过放弃。每次他一动摇，不管他在哪儿，崔胤都会跑来劝他坚定意志，不要撤军。为了哄朱全忠开心，堂堂宰相居然"捧卮上寿，持板为全忠唱歌，仍自撰歌辞，赞其功业"。正如一首歌唱的：想把我唱给你听，趁现在年少如花，花儿尽情地开吧，装点你的岁月我的枝桠，谁能够代替你呐……

最终，朱全忠还是决心一管到底，再次兵围凤翔。

凤翔城每天除了武斗，还要上演口水战。凤翔军骂宣武军"夺天子贼"，宣武军骂凤翔军"劫天子贼"，几十万人的骂战，你瞅啥？瞅你咋地？想想都觉得刺激。

可他们的吵架声对昭宗是一种强刺激。寄人篱下的他完全成了提线木偶，身边的宰相被李茂贞换了一溜够。一次宴会，昭宗趁李茂贞和韩全诲不在，问李茂贞任命的宰相韦贻范："爱卿啊，你说朕为啥会到凤翔？"韦贻范装傻："我在外地，不知道。"昭宗一再追问，韦贻范死活不回答。昭宗怒目而视："此贼应当杖二十。"然后，他扭头对一

---

① 即鄂岳观察使，辖鄂州（今湖北鄂州）、岳州（今湖南岳阳）、蕲州（今湖北黄冈蕲春县）、黄州（今湖北黄冈）、安州（今湖北孝感安陆市）、申州（今河南信阳），治所鄂州，相当于今湖北省广水、应城、汉川长江以东，河南淮河以南，湖南省洞庭湖流域和汨罗江以北地区。

旁的韩偓说："这种货色也能算宰相?!"韦贻范"噌"一下就站了起来，举起酒樽递到昭宗面前。昭宗没有马上接，韦贻范干脆直接递到了他嘴边，快闭嘴吧!

入冬后，凤翔终于断粮了。已经有人在市场上公然出售人肉了，一斤一百钱。如果想吃狗肉，得加钱，五百钱一斤。盛世狗不如人，乱世人不如狗啊! 为了换口吃的，昭宗只能把自己和皇子们的衣服拿到市场上出售。搁以前，皇帝的衣服谁敢穿? 现在无所谓了，我花钱买的，公平交易。全城上下也就昭宗和李茂贞还有狗肉吃，其他人以喝西北风为主。

但区区一个凤翔城能有多少狗? 很快就吃光了。昭宗只好让人买来一个磨，亲自磨豆麦，做粥果腹。我知道有同学一定会说，净瞎掰，磨面这种小活儿还犯得着皇帝亲力亲为吗? 是，平时是不可能，但现在全城饥寒交迫，每天冻饿而死一千多人。左右饿得连呼吸都觉得累，也就昭宗还有点儿力气，他不磨谁磨?

伙同韩全诲挟持昭宗，是李茂贞这个聪明人办的一件大蠢事! 你跑到长安欺负皇帝，对外还可以说是入朝，可你劫持皇帝性质就不同了，谁都能以此为由收拾你。战事持续到现在，他的损失相当惨重，山南西道完全被王建占了，关中各地的州镇则被朱全忠占了，数年经营几乎都白折腾了。从此，这位关中之王彻底失去了逐鹿天下的资格，沦落成一个二流藩镇。

终于，他挺不住了，于十二月致信朱全忠："这场大祸都是韩全诲等宦官造成的。我当初之所以迎接圣驾到凤翔，也是为了防止皇帝进一步受到他们的欺负。既然朱公你志在匡扶社稷，那就把陛下接走吧!"朱全忠要的也就是这个，随即暂缓了对凤翔的攻势。

昭宗也急了，在二十五日这天召集大家开会。他说："十六宅诸王以下，每天都冻饿而死好几个人。宫中的王子、公主、嫔妃们，之前还能一天喝稀粥、一天吃汤饼，如今什么都吃不上了。爱卿们，你们告诉朕怎么办？"众人都沉默不语。昭宗怒吼："速当和解耳！"

时间进入昭宗十五年（903年）。正月，淄青节度使王师范在韩全诲和前宰相张濬的捅咕下，骤然起兵攻打宣武军。王师范背刺朱全忠，这本是个好消息，可是凤翔已经被围死了，音讯不通的李茂贞恰在这时放弃了！

初六，他一对一面见昭宗，奏请诛杀韩全诲等人，与朱全忠和解。昭宗早就迫不及待了，当然同意。当天，韩全诲等七十二名宦官就被干掉了，除了已经投降朱全忠的李继昭、李继诲、李彦弼、李继筠三人也被干掉了。

可是，宣武军仍旧没有解围。李茂贞急了，知道根子在崔胤这儿呢，就让昭宗召崔胤率百官到凤翔。崔胤不理会。昭宗诏书下了四道，连亲笔信都写了三封，崔胤就是称疾不至。李茂贞无奈，只好亲自写信给崔胤，相国大人，以前都是小李的不好，您就把我当屁放了吧？朱全忠也写信给崔胤，还开玩笑："老朱我不认识天子，还得你来辨认呀！"崔胤这才来了。

眼瞅昭宗就要走了，李茂贞还想给自己求道护身符，提了两个要求：第一，请求下嫁平原公主给他儿子李侃。第二，想让他推荐的宰相苏检之女嫁给昭宗第六子景王李秘为妃。第二个要求好说，第一个着实过分，平原公主是何后的嫡女，心头肉，何后哭哭啼啼不愿意答应。昭宗怒了："且令我得出，何忧尔女！"哎呀，只要我能脱身，你还用担心你闺女吗?！何后这才哭着答应了。

从昭宗十三年十一月到十五年正月，凤翔之围持续了近十四个月。现在，昭宗终于踏出这座围城，来到宣武军大营。

君臣都进行了表演。朱全忠素服待罪，顿首流涕，哎呀，我亲亲的陛下哎，你受苦了哎！昭宗也哭了，言不由衷地说："宗庙社稷，赖卿再安；朕与宗族，赖卿再生。"

偏偏朱全忠见到德王，看这孩子已经长大成人，而且眉宇之间英气十足，心想万一这小子以后当了皇帝，可能还不好摆弄呢！于是，他偷偷对崔胤叨咕了一句："德王曾经僭越称帝，怎么还留着他，应该干掉才对啊！相国你跟皇帝说说呀！"崔胤还真就转告给了昭宗。

昭宗大为愤怒，私下里把朱全忠叫过来，问他说没说过这话。朱全忠这个老六当时就把崔胤给卖了："陛下，你们父子情深，臣怎么可能说这种话呢？这一定是崔胤故意陷害臣！"昭宗强忍不快，但内心恨不得生吞活剥了朱全忠。

二十七日，昭宗终于又回到了长安。

08. 根除宦官

昭宗日思夜想如何铲除宦官，前后做了那么多尝试也没能实现。万万没想到，朱全忠顺手就给他办了！朱全忠非常痛恨宦官，在凤翔时就逼着李茂贞干掉了七十二个宦官。然后，有九十名宦官看出风头不对，就地申请致仕，不跟昭宗回宫了。昭宗都表示同意了，朱全忠却密令京兆尹将这九十名宦官都杀了。

全大唐的宦官都想不到，他们的末日马上就要来临了！

回到长安的第二天，朱全忠和崔胤一起来找昭宗。崔胤做代表发言："我朝开国之初，典章明确规定：宦官不得掌管军权、干预朝政。自玄宗天宝年间以来，宦官逐渐强盛。德宗贞元末年，将羽林卫拆分为左、右神策军，编制两千人，这时才开始让宦官主管神策军。从此，宦官参与掌管机密事务，夺取百司权力，上下勾搭遮掩，共为不法之事，大到勾结煽动藩镇，倾覆危害国家；小到卖官鬻爵，败坏朝政。王室之所以衰乱，推根溯源都在于此。如果不彻底铲除其根源，宦官之祸便无法终结。臣等奏请将宦官所领诸司使全部罢黜，其掌管事务全都收归各省寺管理，同时将派驻各地的监军全部召回。"

昭宗等待这一天已经太久了，当即答应，并发布了著名的《诛宦官诏》：

宦官之兴，肇於秦汉。赵高、阎乐，竟灭嬴宗；张让、段珪，遂倾刘祚。肆其志则国必受祸，悟其事则运可延长。朕所以断在不疑，祈天永命者也。

先皇帝嗣位之始，年在幼冲，群竖相推，奄专大政。於是毒流宇内，兵起山东，迁幸三川，几沦神器。回銮大始，率土思安，而田令孜妒能忌功，迁摇近镇，陈仓播越，患难相仍。洎朕纂承，益相侮慢，复恭、重遂逞其祸，道弼、季述继其凶，幽辱朕躬，凌胁孺子。天复返正，罪己求安，两军内枢，一切假借。韩全诲等每怀愤惋，曾务报雠，视将相若血仇，轻君上如木偶。未周星岁，竟致播迁，及在岐阳，过於羁绁。上忧宗社倾坠，下痛人庶流离，茫然孤居，无所控告。全忠位兼二柄，深识朕心，驻兵近及於三年，独断方诛於元恶。今谢罪郊庙，即宅官闱，正刑当在於事初，除恶宜绝其根本。先朝及朕，五致播迁，王畿之甸，减耗太半。父不能庇子，夫不能妻室，言念於兹，痛深骨髓。其谁之罪？尔辈之由。帝王之为治也，内有宰辅卿士，外有藩翰大臣，岂可令刑馀之人，参预大政？况此辈皆朕之家臣也，比於人臣之家，则奴隶之流。恣横如此，罪恶贯盈，天命诛之，罪岂能舍？横尸伏法，固不足恤，含容久之，亦所多愧。其第五可范已下，宜并赐死。其在畿甸同华、河中，并尽底处置讫。诸道监军使已下，及管内经过，并居停内使，敕到并仰随处诛夷讫闻奏。已令准国朝故事量留三十人，各赐黄绢衫一领，以备宫内指使，仍不得辄有养男。其左右神策军，并令停废。

我为什么要贴上诏书的原文呢，一个是因为篇幅不长，没有凑字数的嫌疑；另一个是因为昭宗真情毕露，里面字字句句都是带血的声讨和控诉。宦官可把大唐皇帝欺负惨了，可把李唐皇朝给坑害完了！

当天，朱全忠在挑选出三十名年幼的宦官后，将宫中其余七百余名宦官驱赶到内侍省集体屠杀。史载，"冤号之声，彻于内外"。

这个团体虽然有罪，但并不是说里面的每一个人都有罪，很多可怜的底层宦官也无辜做了刀下亡魂。至于那些出差在外的，人在哪个藩镇，就由哪个藩镇负责干掉。各地的监军宦官也陆续被杀。

最后，大唐全国只有三十五名宦官活了下来。纸面数据是三十人，就是朱全忠留下的那三十名幼小宦官，"以备洒扫"。其余的五名宦官，分别是河东监军张承业、卢龙监军张居翰、清海监军程匡柔、西川监军鱼全戢和已退休的老枢密使严遵美。他们因为人缘不错，被当地藩镇偷偷藏匿起来，换了几个死囚当替死鬼。

为祸唐朝一百多年的宦祸，就以这样一种激烈惨烈的方式宣告终结。

唐朝的宦官是没了，但此后历朝历代仍旧还有宦官这个群体，直到伪满洲国覆灭。宦官是没种，但在封建时代却实现了生生不息，这是中国封建史上奇特又不堪的怪现象。

与宦官一同退出唐朝政治舞台的，还有宦官的帮凶——神策军。崔胤取消了神策军的名号，将左右神策军打乱建制，编入天子六军。从设立到解散，神策军刚好走过了一百五十年的历史。

朝廷的血雨腥风仍在继续，朱全忠不仅屠戮宦官、解散神策军，还杀了一大批与宦官交好的文武。崔胤也顺手除了一批政敌。

解救圣驾、诛除宦官，昭宗对朱全忠集团也是不吝赏赐。朱全忠本人由东平王升为梁王。不过，朱全忠急着要回去对付王师范。昭宗趁他还在，让他致信李茂贞，索要平原公主。李茂贞哪敢犯拧啊？麻溜地把公主送了回来。

真的只是迎回圣驾这么简单吗？朱全忠怎么可能当好人？！他虽然走了，却留下一批党徒把持了朝廷的实权。他的长子朱友裕出任镇国军节度使，镇守华州。侄子朱友伦（朱全忠二哥朱存之子）担任左军指挥使，把持禁卫大权。张廷范为宫苑使，王殷为皇城使，蒋玄晖为充街使。

二月二十七日，朱全忠离京。昭宗只能继续表演，又是设宴饯行，又是临轩泣别的，还赠了他写的《杨柳枝辞》五首。百官于城东长乐驿列队欢送梁王朱全忠。崔胤单独一人将朱全忠送到灞桥，还"自置饯席"，喝到夜半二鼓时分才回来。他是故意做给昭宗和百官看的，瞧瞧，我和朱哥是铁子。

朱全忠用小半年时间就搞定了王师范。当年底，他担心前宰相张濬鼓动其他军阀联合讨伐自己，又命张全义屠灭了张濬全家。

第八章 纥干山头冻杀雀

01. 崔胤之死

凤翔危机成就了崔胤的权力巅峰,"中外畏之,重足一迹"。可春风得意的崔胤万万想不到,人生理想实现之日也是大限将至之时。他引朱全忠固宠实属饮鸩止渴,渴是解了,离毒发也不远了。

其实,崔胤对朱全忠的野心也有所察觉,不过他觉得以自己卓越的政治智慧,是可以玩得转朱全忠的。关于中兴大唐,他已有韬略,当务之急是重建禁军,给天子插上武装的翅膀。昭宗肯定乐意呀,支持!

当然啦,这事儿怎么着也得先和朱全忠打个招呼!崔胤就给朱全忠写了一封信,大意如下:凤翔李茂贞最近又蠢蠢欲动了,长安不能没有守备力量。李克用和杨行密还不服梁王您,您也无暇全力保卫京师和陛下。禁军现在就剩个名号了,没有一兵一卒,光靠您侄子朱友伦那点儿人马也不够用啊!所以,朝廷想重建禁军,一方面可以保卫朝廷和陛下的安全,另一方面也能让梁王您毫无后顾之忧地对付李克用和杨行密。

信写好了,崔胤就请李振吃饭。此时的李振俨然朱全忠附体,是长安朝廷的太上皇。朝士们给他起了个外号叫"鸱①枭",其实就是猫头鹰的古称。古人以猫头鹰为不祥之鸟,说每当它鸣叫的时候,有人

---

① 鸱,音吃。

就要死了。大家言下之意，李振就是报丧的猫头鹰，每次他来长安，总有人要倒霉，或被处死，或遭贬黜。

重建禁军成不成，李振的态度至关重要，他如果对朱全忠说不行，这事儿铁定办不成。所以，宴席上崔胤使劲吹捧拉拢李振，说你老祖宗安兴贵、安修仁为大唐统一立下了赫赫功勋，祖先李抱玉、李抱真也是中兴大唐的名将，你们家族累世名臣，和我们清河崔氏一样，都是唐室砥柱。所以，我们应该勠力同心、共奖王室。李振这个老六一顿打哈哈，对对对，是是是，行行行，没问题。

这话也真亏崔胤说得出口，清河崔氏连皇族李氏都看不上，怎么可能看得上粟特安氏？！

李振回去没多久，朱全忠的答复就到了，完全如崔胤所愿，同意！而且，朱全忠还在信中赞扬他忠心为国，考虑周全。

崔胤报告昭宗。昭宗高兴得蹦高高，马上下敕在关中各地张贴布告，招募军士；同时明确由崔胤兼"判六军诸卫事"，开创了唐王朝由首相兼职禁军统帅的先河。关中青年踊跃报名，招募工作很快完成。

此时，实质担负禁卫任务的是朱友伦的两万梁军，这两万人还占着位于宫城北门玄武门内两侧的禁军营房呢！崔胤向朱友伦提出换防，却遭到朱友伦的断然拒绝。哎，这就有点儿怪了！

紧接着又是一个没想到。十月十五日，朱友伦酒后打马球，从马上掉下来摔死了。一个经历过无数刀剑洗礼都没死的将军，打了个球居然摔死了。

然后，事情就脱离了昭宗和崔胤的预期。

其实朱全忠和李振从一开始就看清了崔胤和昭宗的小九九。重建禁军，这是怕受老夫挟制，要留点儿对抗的资本呀！但天子重建禁军理由充足，他没法公开反对，只能密令朱友伦紧盯朝廷动向。朱友伦之所以拒绝换防，完全是在执行他的命令。但现在朱友伦突然横死，朱全忠怀疑是崔胤故意布局除掉了侄子，怒不可遏，将和朱友伦一起打球的数十人全部处死，并立即派朱全昱之子朱友谅赶赴长安，接替朱友伦的职务。朱友谅一到长安，借口加强宫廷戒备，严控昭宗和外朝的交通。

昭宗和崔胤都蒙了，什么情况这是？这才哪儿跟哪儿呢，他们绝对想不到，目下朱全忠的大军已经在来的路上了。

腊尽春回，又是新的一年。十六年（904年）正月初，昭宗在宫中和崔胤喝酒。眼见新军建制粗备，君臣二人十分开心，一边吃酒，一边憧憬未来。

直到起更时，崔胤才告退。昭宗正要回寝宫休息，有个小宫女递上一封密奏。昭宗打开一看，顿时浑身发凉、呆若木鸡。信是朱全忠写的，内容是弹劾崔胤专权乱国、离间君臣，要求诛杀崔胤及其党羽，名单附后。

昭宗以为他做得天衣无缝，其实朱全忠一直看着呢！密信的口吻是命令式的，没有商量的余地。但昭宗知道，如果真按朱全忠的指示办，他就成孤家寡人了，还奢谈什么中兴大唐呀！思来想去，他决定硬扛，朕决不会下诏杀害崔胤，看你朱全忠怎么办？

朱全忠早考虑到这种可能了，所以在密信昭宗的同时，也给了朱友谅一道密令，要他等待诏书诛杀崔胤一党，如果皇帝不下诏，就直接动手。

当朱全忠大军进抵河中的消息传来，长安顿时人心惶惶，百官已经不敢上朝了。跋扈的朱友谅干脆带兵跑到宫门外等待昭宗的诏书。昭宗还在强撑。朱友谅等了半天，一看都下午了，宫门还是不开，得了，按叔叔的补充指示办吧，马上派兵包围了崔胤的府邸。

这下昭宗彻底傻了眼，再不签字诏准，恐怕连他都得被办了，只能哆哆嗦嗦地签了字、用了印。

诏书陆续下达，崔胤先被罢相，然后被定罪。

十二日，朱友谅一声令下，梁军冲入崔府。那一天，自六朝以来传衍不息的清河崔氏，一门数百人同时被杀，虽老幼不能幸免。

史官指斥崔胤是亡唐的罪人，"自古与盗合从，覆亡宗社，无如胤之甚也"。这其实是有失公允的。崔胤起码还是有人臣担当的，起码还能算作大唐王朝的裱糊匠。他所有作为的目的都是为了中兴大唐。铲除宦官对不对？当然是对的，攘外必先安内！重建禁军对不对？当然是对的，要不然朝廷拿什么制衡藩镇?!

但宏观上的大对不能掩盖实操中的大错。

首先，错看朱全忠，严重依赖朱全忠，这是他犯的最大错误。

其次，解决宦官专权应该从制度上入手，而不是搞无差别的物理消灭。刘季述覆灭后，宦官集团已经服软了，而且昭宗已经下诏取缔宦官干政了，可崔胤仍要团灭宦官。韩全诲等人为了自保，才不得不作乱。这是崔胤犯的第二个大错。

最后，韩全诲挟持昭宗逃亡凤翔。崔胤本可以致信各地藩镇，要他们一起向李茂贞施压。可他已经习惯了依靠朱全忠，或者说他被朱全忠的伪装蒙住了眼，非要朱全忠带兵勤王。好嘛，朱全忠这一入关，就好比当年董卓入关，不来还没野心，一来野心爆了棚，先杀他，再杀昭宗，最后夺李唐江山。这是崔胤犯的第三个大错。

剖析崔胤的死因，其实就是小马拉大车——能力不足！

02. 迁都洛阳

长安喋血，关中藩镇就坐不住了。已经投降朱全忠的李茂贞义子——邠宁节度使李继徽又倒戈了，联合李茂贞出兵逼近长安。

朱全忠怕他们抢走昭宗，干脆迁都洛阳吧，一劳永逸地把昭宗带走！他立即上奏，说洛阳宫室已经修得差不多了，请陛下尽快移驾。

二十一日，宣武大将寇彦卿跑到延喜楼堵住昭宗，说李茂贞和李继徽的军队很快就要杀到了，请皇上速速移驾东都。昭宗支支吾吾还想拖延。可这厢寇彦卿刚刚下楼，那边朱全忠的信已经送到了新宰相裴枢、柳璨、崔远的手上。信的意思很明确，就今天，立刻，马上，给我撒丫子上路。

三相哪敢抗命？只得动员百官东行。说是动员，百官谁敢不从?!

至于普通百姓，根本不存在动员不动员的问题，就是驱赶着你搬迁，敢逃就让你全家一起上西天。可叹长安百姓不得不含泪作别故乡，扶老携幼踏上东去之路。史载，"号哭满路""老幼缃属，月余不绝"。百姓一边赶路，一边大骂："贼臣崔胤召朱温来倾覆社稷，使我曹流离至此！"骂有什么用，崔胤活着时都听不到，现在他更听不到了！

朱全忠太狠了，他是连一根毛都不打算留给李茂贞，让御营使张廷范将长安所有的建筑，包括皇宫、官舍、民宅全部拆毁，所得木材扔到渭水里，任其顺流漂到洛阳。

自西周起，长安作为中国的政治、经济、文化中心长达一千余年，先后有西周、秦、西汉、新朝、东汉（公元190年董卓挟献帝迁都长安)、西晋、前赵、前秦、后秦、西魏、北周、隋朝、唐朝共十三个王朝建都于此,号为十三朝古都。根据史学家研究考证,在公元前195年至公元25年、公元580年至公元904年这两段时间里,长安是当时世界上最大的都市。

现在,这座曾经"九天阊阖开宫殿,万国衣冠拜冕旒"的国际大都市,在经过连番的战火洗劫和人为破坏后,终于变成了一座废墟。后世王朝没一个定都于此。现在的西安除大雁塔等少数遗迹是唐代的,其余的城墙、钟楼、鼓楼都是明代建的。

长安陨落这笔账应该算在谁的头上呢?首先,肯定有黄巢起义军。然后就是各路官军,匪过如梳,兵过如篦。《资治通鉴》认为,官军对长安的破坏其实更大,"黄巢据京师,九衢三内,宫室宛然。及诸道兵破贼,争货相攻,纵火焚剽,宫室居市闾里,十焚六七"。只要是到过长安的藩镇,比如李克用、李茂贞、王行瑜,就没有不纵火劫掠的。最后,朱全忠给了长安釜底抽薪的致命一击。这些人都有份,但真要怪,还是怪腐朽堕落的李唐王朝和那个动荡的时代吧!

正月二十六日,又是唐朝历史性的一刻,当簇拥着昭宗的车队望洛阳绝尘而去之时,长安作为中华帝国首都的那份荣耀与辉煌,也在飞扬的尘土中一并远去了。

"天子九逃",这是最后一逃了。为啥呢?因为,风萧萧兮浐水寒,皇帝一去兮不复还。

两天后,昭宗抵达华州。华州百姓夹道欢迎,山呼万岁。换以前,昭宗肯定是笑眯眯地站在车上挥手致意,可现在,他只能一边哭一边摆手:"勿呼万岁,朕不复为汝主矣!"别喊万岁了,朕已经不是你们的皇帝了!

入住宾馆时,情难自禁的他哭着对侍臣说:"民间有句话:'纥干山①头冻杀雀，何不飞去生处乐。'纥干山头冻得要死的山雀，为什么不飞到能够活的地方去快乐呢？朕如今踏上了漂泊的路途，也不知将来会流落到哪里呀！"

世界上最悲惨的事情之一，便是明知道结局却无力改变。

二月十日，车驾抵达陕州（今河南三门峡陕州区）。朱全忠有令传到，说东都宫室还没有修缮完毕，请御驾暂时停留陕郡。十一天后，朱全忠跑来见了第一夫妻一面。何皇后哭着套路朱全忠："从今往后，我们夫妻二人的性命就交给全忠你了！"

既然寄人篱下了，那就得有个寄人篱下的自觉和姿态。昭宗设宴款待朱全忠，并单独留下朱全忠、韩建喝酒。朱全忠给了韩建一个忠武军节度使的头衔，天天带在身边。何皇后亲自向朱全忠敬酒。晋国夫人可证不过贴着昭宗耳朵说了几句悄悄话，韩建就偷偷在案下踢朱全忠的脚。朱全忠瞥见，以为何后给自己递的是毒酒，居然没接，推说已经醉了，得回去休息了。说罢，扬长而去。

昭宗急了，完蛋，这寄人篱下的日子还没开始就已经不好过了。趁现在行动还算自由，他派心腹带密诏分赴王建、杨行密、李克用等处，让他们联合起来，勤王救驾，铲除国贼。密诏里说："朕到了洛阳肯定会被软禁起来，届时所有的诏敕都是朱全忠的意思，朕的真实想法就再也无法传达给各位爱卿了！"

大家瞅瞅昭宗指望的这些人，纯属死马当活马医，甭管下不下雨，逮着哪块云就拜。

昭宗深知此去洛阳好比羊入虎口，本着能拖一天是一天的原则，各种找借口，先是说司天监说了，今年秋天有大灾难，不宜东行；继而又借口何后刚刚临盆，得坐月子，希望十月以后再过去。朱全忠对

---

① 纥干山，位于今山西大同城东二十公里处。

他的心思门儿清，直接给寇彦卿下了死命令："你立刻赶往陕州，让皇帝立刻、马上、麻溜地上路！"

昭宗只能麻溜地上路。闰四月八日，朱全忠在新安（今河南洛阳新安县）等到了昭宗。一见面，有个叫许昭远的医官就告发医官使阎佑之、司天监王墀、内都知韦周、晋国夫人可证等人阴谋毒害朱全忠。不由昭宗辩解，朱全忠当场命人将上述人等处决。

第二天到谷水（今洛阳谷水）时，朱全忠又偷偷将服侍昭宗的击球供奉、内园小儿二百余人全部缢杀。昭宗起初还未发觉，过了几天才发现不对劲，这些面孔怎么都很生呢？再仔细一看，不由倒吸一口凉气，居然没一个他认识的。打从这儿起，他身边围绕的都是朱全忠的人了。

十日，车驾终于抵达了洛阳。第二天，昭宗大赦天下，改元"天祐"①，同时宣布讨伐李茂贞和李继徽。天祐的意思显然是上天保佑，可天不仅佑不了大唐，也佑不了昭宗了。

密集的人事调整接踵而至。朱全忠的人全面接班。昭宗面如死灰，想不到朱全忠之跋扈甚于韩建、李茂贞十倍百倍。但他转念一想，行吧，事到如今能活就不错了！

但这已经是奢望了！朱全忠本想留昭宗多活几天，但蒋玄晖的一番话让他改主意了。

昭宗千不该万不该，不该对朱全忠的心腹蒋玄晖旧事重提："德王是朕的爱子，朱全忠为什么非要杀掉他？"说罢潸然泪下，还用牙齿狠狠地咬中指，血都流一手了，他也不觉着疼。蒋玄晖算是看明白了，熊皇帝内心恨毒了梁王，这得马上报告啊！

---

① 天祐元年（904年），天祐二年（905年），天祐三年（906年），天祐四年（907年）。

他这一报告，朱全忠就把李振派到了洛阳。每次李振来，总有人要掉脑袋。但这次掉的不是一般脑袋，而是龙头。

03. 昭宗被弑

八月十一日深夜，昭宗正在寝宫休息。突然，蒋玄晖、朱友恭、氏叔琮率百人夜叩宫门，说有紧急军情要面奏。河东夫人裴贞一打开宫门，一看都是全副武装、杀气腾腾的兵，当时就蒙了："奏事还用带兵器吗？"话音刚落，她就被蒋玄晖的手下史太砍死了。

蒋玄晖率众径直奔向寝宫，迎面撞上了昭仪李渐荣，问："皇帝在哪儿？"李渐荣心知不妙，立刻大呼："要杀就杀我们，不要伤害陛下！"这是故意要里面的昭宗听到，赶紧逃命。

但为时已晚了，众人推开李渐荣，一窝蜂地闯了进去。昭宗当时又喝多了，一看这阵势，瞬间清醒，马上跳起来，绕着柱子跑。史太挥着剑追。昭宗缺乏体育锻炼，哪能跑得过史太？不一会儿就被逼到了死角。

史太一步步向昭宗逼近，他杀了一辈子的人，就是没杀过皇帝，想想都觉得刺激。昭宗瞪大了眼睛，瞳孔中满是恐惧，他们李家有嗑药嗑死的，有被下毒害死的，有被勒死的，但还没有一个是被刀剑砍死的。李渐荣扑到昭宗身上。史太上前，一剑刺死了李渐荣，复又一剑，刺向昭宗……

唐昭宗李晔，崩，年仅38岁。"纥干山头冻杀雀"一语成谶，他这只孤苦无依的雀儿终究还是死了。

让我们把时针拨回到二百多年前，当年隋朝覆灭，隋炀帝被缢杀，秦王杨浩、皇泰主被毒杀，隋恭帝暴毙，虽然都是一死，但的确也做到了天子不加斧钺，保留了起码的体面。李渊窃夺大隋江山时，肯定想不到将来有一天他的子孙会是这么个下场。

眼见丈夫从活生生的一个人变成一具冰冷的尸体，何皇后吓得瑟瑟发抖，跪着哀求蒋玄晖。蒋玄晖留着她还有用，没有杀。

唐朝三大苦帝——肃宗、文宗、昭宗，昭宗是最苦的。

当他站到权力巅峰的时候，看到的不是风景，只有一片巨大的废墟。但昭宗没有泄气，他想干事情，却怎么干都不成。其实，国情就是这么个国情，朝廷就是这么个朝廷，有的事干了也白干，有的事干了还不如不干。说句实在的，就晚唐这个局，就算把高祖、太宗、玄宗、宪宗、武宗、宣宗都召回来，也没辙，白瞎！这是个死局，无解！一百多年积累的弊病不是靠昭宗一个人就能治得了的，更何况他是小马拉大车，除了心有余，智不足，力也不足。

昭宗非亡国之君，却担亡国之运。我们把他和文宗做个对比。第一，文宗执政前期是能说了算的，也就"甘露之变"后的那三四年才受制于宦官；而昭宗在位十六年，从头到尾被宦官和藩镇轮着欺负凌辱，他是整整煎熬了十六年！第二，文宗没有出奔过，没有吃过颠沛流离的苦头；而昭宗先后三次出奔，整个"天子九逃"，他一个人就贡献了三分之一，饱尝艰辛。第三，文宗没有遭到幽禁，行动自由；而昭宗被韩建软禁于华州，被刘季述囚禁于少阳院，被李茂贞挟持于凤翔，被朱全忠软禁于洛阳，就没呼吸过几天自由的空气。第四，文宗死得还算体面，维持了一个帝王起码的尊严；而昭宗却是被人用刀剑杀害的。

这么盘点下来的话，昭宗甚至都能算是两千年帝制史上最苦的皇帝了。别的末代皇帝都没他惨。秦王子婴虽然被项羽杀了，但人家在位仅仅四十六天。汉献帝从上台那天起就是傀儡，傀儡了一辈子，习惯了，最后寿终正寝。南宋末帝赵昺八岁就跳海了，苦的时间并不长，甚至可能都不理解什么是苦。崇祯执政期内始终是说了算的，最后死得还很体面，赢得赞誉一片。溥仪更是被改造成了新中国的公民。

昭宗真的是一个非常悲情的角色，他来人间一趟，本想光芒万丈，谁知世人模样，只为给他添堵。

第二天一大早，蒋玄晖做了官宣，说李渐荣和裴贞一昨晚杀害了皇帝，国不可一日无主，现在立皇九子辉王为太子，更名李柷[①]，监军国事。李柷和老大德王都是何皇后的儿子。宫中人人恐惧悲伤，却无一人敢哭出声来。

三天后，13岁的李柷在父亲灵柩前即位，是为唐哀帝。大家一听就知道，哀帝可不是庙号，这不奇怪，李柷就没有庙号。他被害死后，后梁官方给他的谥号是"哀皇帝"。后来，后唐明宗想给他追加一个庙号，但群臣认为李柷系篡国者朱温所立，且又是亡国之君，不应该给庙号。所以，李柷就没庙号了。

此时，朱全忠已经率军进抵长安鳌屋（今陕西西安周至县）、咸阳永寿一带。李茂贞和李继徽完全是虚张声势，根本不敢与梁军交战。朱全忠牵挂着他交代蒋玄晖弑君的事，也无心恋战，就撤了！回军途中，他收到昭宗已经被干掉的消息，高兴得"大惊失色"，哭着扑到地上说："这些奴才有负于我，让我背上了万代的骂名！"

十月初三，朱全忠回到洛阳，一进宫就扑到昭宗的灵柩上放声号哭，先帝，老臣来迟了，老臣有罪呀！然后，他拉着哀帝的小手一顿表演，陛下，这真不是老臣的主意，是朱友恭、氏叔琮等逆贼干的，请陛下准许我杀了他们。

---

① 柷，音住。

第二天，朱全忠就借口朱友恭和氏叔琮没有约束士兵、惊扰百姓，将二人贬为远州司户。真要是贬官倒好了，可惜不是，二人很快被赐自尽。

这两人都是朱全忠的老部下，尤其朱友恭还是他五个义子之一，他们为朱全忠冲锋陷阵，立下了赫赫战功。任何一个有良心的领导都不会出卖如此得力的部下。可朱全忠有良心吗？没有！他纯把这两人当白手套，用完说卖就卖，连眉头都不带皱一下。二人临死前大呼："卖我以塞天下之谤，如鬼神何！行事如此，望有后乎！"出卖我们来堵住天下人的悠悠之口，可你堵得住鬼神吗？你个王八蛋这么不地道，还指望将来会有后吗？

第九章 大唐覆灭

01. 九曲池白马驿

哀帝上台，李唐王朝的覆灭就进入了倒计时。朱全忠甚至都没让哀帝改元，仍然沿用昭宗的"天祐"年号。

天祐二年（905年）二月初九，朱全忠办了两件事。

第一件，让大哥静海军节度使、宰相朱全昱晋位太师并致仕。当然了，朱全昱这个节度使只是遥领，他是个老实巴交的农民，不懂政治，更不会打仗，但谁让人家是朱全忠的哥哥呢？没本事怎么了，照样当宰相，照样位列三公。

第二件，在九曲池宴请昭宗的九个儿子——老大德王李裕、老二棣王李祤①、老三虔王李禊②、老四沂王李禋③、老五遂王李祎、老六景王李秘、老七祁王李祺、老八雅王李禛④和老十琼王李祥。宴会在欢乐祥和的氛围中展开。朱全忠笑眯眯地说今日不醉不归，让诸王开怀畅饮。爹都被干掉了，诸王也不敢不从啊，只能敞开了喝。喝到兴头上，朱全忠看诸王都喝好了，一个个小脸红扑扑的，该上路了。一声招呼，预先埋伏好的武士一拥而上，将九王当场勒死，尸体顺手就丢

---

① 祤，音羽。
② 禊，音细。
③ 禋，音阴。
④ 禛，音真。

到池里喂鱼虾了。

美剧《权力的游戏》中有"血色婚礼",大唐有"九曲池晚宴"。才一顿饭的工夫,昭宗的九个儿子就报销了,都下去陪爸爸玩老鹰抓小鸡了。

一般人只关注到这一步,但除了哀帝和九王,昭宗其实还有七个儿子。我在查阅唐史资料时发现,第十一子端王李祯①、第十二子丰王李祁、第十三子和王李福、第十四子登王李禧②和第十五子嘉王李祜③是在天祐元年初同日受封的,并且都是"亡薨年"。所谓"亡薨年",是指死于皇帝驾崩之年。也就是说,这五王当年受封,当年就死了,应该是在昭宗被弑后,但肯定在九王之前。五个王同一年都没了,这绝不可能是巧合,所以我推断他们大概率是被朱全忠有计划地害死了。

第十六子颍王李禔④和第十七子蔡王李祐是在九曲池惨案后受封的。蔡王也是"亡薨年",说明他是在哀帝被弑当年死的,估计也是被朱全忠干掉了。

颍王李禔的遭遇传奇得都够拍电影了。朱全忠篡位时,李禔在亲信的帮助下居然逃脱了,改称岳王,更名李璟,然后一溜烟跑到福建宁德周宁县一带,在当地娶妻生子,过上了平凡人的生活。当地李氏公认他为开基始祖,尊为"唐皇始祖"。

我不是抬杠,但我觉得这个故事的真实性有待商榷。朱全忠大杀李唐宗室,李禔逃脱后应该隐姓埋名才对,怎么还坚持称王呢?须知闽国的王审知可是亲附朱全忠的,李禔如果还以昭宗之子自居,以朱全忠的性格肯定会斩草除根,或是索要李禔,或是让王审知处决李

---

① 祯,音真。
② 禧,音喜。
③ 祜,音户。
④ 禔,音只。

褆。不管哪一种情况，李褆都不可能平安。

李唐宗室共经历了七场血光之灾。长孙无忌借房遗爱谋反案大肆株连是第一场。武则天革唐命是第二场。安禄山占领长安后大杀宗室是第三场。泾原之变中朱泚杀宗室是第四场。黄巢入长安后清洗宗室是第五场。韩建杀十一王是第六场。现在朱全忠灭昭宗诸子是第七次，好在也是最后一次，以后想被这么洗劫都不可能了，因为没资格。

宗室诸王已经灭了，下步就该收拾依旧忠于李唐的朝士们了。这个动议的发起者是新宰相柳璨。

柳璨出自河东柳氏，是大书法家柳公权的族孙，但到他这一代家境已经没落，以致柳璨少时只能以砍柴为生。为了出人头地，柳璨读书极其刻苦，学有所成，尤其精通史学。他因为写了一本批驳刘知几《史通》的《柳氏释史》而名声大噪，被朝廷破格选用。

崔胤一党被干掉后，柳璨、裴枢、崔远成为宰相，加上之前的独孤损，一共四位宰相。而到这时，柳璨入仕才仅仅四年。四年的时间从布衣到宰相，这绝对是创历史纪录了。但正因为进步得太快，所以其余三相看他很不顺眼，言谈间不把他当回事儿。这给柳璨气的，他想说了算，不把这几棵老葱拔掉是不可能的。在他的构陷下，以三相为首的朝士不断被贬官外放，但柳璨仍不罢休，非要除掉这些人不可。

五月初七，突然有一颗彗星拖着特别长特别长的尾巴打天空飞过。

我们知道，古人对异常的天象是十分敏感的。有专家就说了："此次天象预示着大唐君臣将有大灾祸，只有流血才能平息上天的愤怒。"要我说，这专家挺有水平，李唐君臣的确面临着灭顶之灾，的确只有杀了朱全忠才能破局。

但这话就看各人怎么理解了。柳璨可算逮到机会了，跑到朱全忠面前一顿白呼，说裴枢、独孤损、崔远这些老臣对大王您非常不满，经常聚在一起编派您的不是，如今老天爷要彗星"长竟天"，就是提醒大王把他们都干掉。

柳璨和朱全忠早年没有任何交集，朱全忠听了他的话将信将疑，就去征求李振的意见。哎，这可问对人了！李振当年屡考不中，就是因为高门大姓垄断科举，断了他这种寒士的上进之路。他太痛恨这些世家高官了，一听朱全忠有意杀这些人，当即举四肢赞成："朝政之所以紊乱，就是因为这些人当政。再说了，他们骨子里仍旧忠于李唐，是大王受禅称帝的绊脚石，正好趁这个机会把他们都杀了！"

柳璨只是想杀，至于怎么杀、在哪里杀，他可没研究。没关系，李振都给他补齐了："裴枢、独孤损、崔远这些人常常以清流自居，我看不如把他们投入黄河，让他们变成浊流。"

柳璨动议，李振支持，那就看朱全忠的态度了。

朱全忠什么态度呢？大老粗出身的他其实也恨透了儒家出身的大臣。史书里记载的一件事很能说明问题。一次，朱全忠和左右在一棵大柳树下休息。朱全忠看看柳树，随口说了一句："此木宜为车毂。"这棵树适合做车轮。随行的几个儒生立刻接茬附和："宜为车毂。"是呀，是呀，多好的木料啊，确实适合做车轮。朱全忠勃然大怒："书生辈好顺口玩人，皆此类也！车毂须用夹榆，柳木岂可为之！"你们这些书生就会拍马屁、敲顺风锣！傻子都知道做车轮得用榆木，柳木怎么能做车轮呢？这些儒生也是，生活知识储备不够，瞎附和什么？朱全忠随即目视左右："尚何待！"左右一拥而上，将刚才所有接茬的儒生都杀了。

本来他就痛恨儒生，现在柳璨和李振都支持诛杀大臣，朱全忠就拿定主意了：那就杀呗！

六月初一，朱全忠以哀帝的名义，赐裴枢、独孤损、崔远三相以及吏部尚书陆扆、工部尚书王溥、太子太保赵崇、兵部侍郎王赞等三十余名大臣自尽。说是赐自尽，哪有那好事?! 朱全忠将这些人集中到黄河边儿上的滑州白马驿（在今山西长治黎城县），一刀一个，尸体直接扔到黄河里。

这就是中国历史上骇人听闻的"白马驿之祸"。

李唐宗室有七大浩劫。大唐朝臣也有四次血光之灾，第一次是武则天革唐命，第二次是"甘露之变"，第三次是黄巢入长安，第四次就是白马驿之祸。我将白马驿与马嵬驿、上源驿并列为唐朝三大名驿。马嵬驿见证了安史之乱，死了杨贵妃，废了唐玄宗，开启了唐朝急转直下的序幕。上源驿见证了朱全忠和李克用的闹崩，影响了未来近八十年的中国历史进程。白马驿之变则是唐王朝覆灭的挽歌，忠于李唐的世家高官被一扫而光。

当独孤损等人的尸体在浑浊的黄河里浮沉时，大唐帝国这艘百年巨轮也行将沉没了。

02. 禅让风波

经过九曲池和白马驿的血洗，朝廷这边已经完全不是问题了，剩下的障碍就是地方那些不服不忿的藩镇了。这些藩镇包括河东李克用、凤翔李茂贞、邠宁李继徽、卢龙刘仁恭、三川王建、江淮杨行密、荆襄赵匡凝、荆南赵匡明。湖南马殷、两浙钱镠、两广刘隐、福建王审知等藩镇都很识相，跟朱全忠的关系好着呢！

朱全忠首先向赵匡凝、赵匡明兄弟下手。二赵的父亲就是原秦宗权部将、荆襄节度使赵德諲。父亲死后，二赵在杨行密、朱全忠、王建三股势力之间纵横捭阖、游刃有余，逐渐成了华中地区的小霸王。但小霸王碰上大霸王就歇菜了，也就一个月的工夫，二赵战败，赵匡凝投奔杨行密，赵匡明投奔王建。朱全忠由此控制了长江中游地区。

随后，他携胜利之师，再度进攻杨行密。杨行密不仅实力强，运气也是好得要耍的。南征的梁军居然迷了路，白走了一百多里地，等终于找准方向时，人家杨行密已经坚壁清野了。梁军粮草消耗殆尽，只好撤退。

两周后，天祐二年（905年）十一月二十六日，吴王杨行密病死，年54岁。

唐末群雄中，杨行密其实贡献很大，他是南方最强大的割据势力，全据东南富庶之地。如果没有他成功挡住朱全忠，南方的藩镇们肯定会陆续被朱全忠搞定，届时北方的李克用、关中的李茂贞就都危险了，五代十国的局面就不会出现。所以，历史上对杨行密有"十国第一人"的评价。他也是南吴政权的奠基人，史称南吴太祖。

但杨行密其实也是杨白劳，南吴的实际权力已经被他的养子徐温掌控，他儿子杨渥空有吴王之名，没有吴王之实。徐温同样是盐贩出身，控制吴国二十余年，架空三代国主。但他的事业居然也神奇地被养子徐知诰篡夺了。后来，徐知诰灭南吴，建南唐，恢复了本姓李氏。写出"问君能有几多愁，恰似一江春水向东流"的李煜就是徐知诰的子孙。

凤翔李茂贞和邠宁李继徽已经服软了，李克用不好惹，三川王建隔着过不去。放眼天下已无敌手，朱全忠就准备称帝了，让柳璨、蒋玄晖、张廷范三人策划受禅。

受禅之前加九锡，这是历史惯例。所谓九锡，是指车马、衣服、乐县、朱户、纳陛、虎贲、斧钺、弓矢、秬鬯①九种礼器，是天子授予功臣的最高荣誉。谁加了九锡，谁就是人臣之最。其实，九锡就等于篡逆。历史上加九锡的，最早是王莽，接下来依次是曹操、孙权、司马炎、刘裕（刘宋开国皇帝）、萧道成（南齐开国皇帝）、萧衍（南梁开国皇帝）、陈霸先（南陈开国皇帝）、杨坚、李渊，无一例外都是篡国者。

九锡当然是要加的，但蒋玄晖等人认为，为避免过于露骨直白，不宜一步到位，应该拆分成几步循序渐进，目前就先给梁王加一个诸道元帅。他们的出发点是好的，完全是一片好心，但好心也得看正主认不认。我们常说要准确领会领导意图，这话没错，但很多人忽略了一个大前提：你对领导是否有充分的了解？了解不够，就不要轻易反对，因为你不知道他是怎么想的，万一他和你想的不一样呢？朱全忠是个粗人，礼法、规矩在他这里啥都不是，他已经急得不行了，可这俩奴才鼓捣半天，居然只让他当一个什么狗屁元帅。那朱全忠就会想了，难不成蒋玄晖他们仍旧心向李唐、首鼠两端？

其实，领导猜忌还不是最可怕的，最可怕的是政敌趁机搞你。这不，宣徽北院正使王殷和副使赵殷衡出言挑唆朱全忠："蒋玄晖、柳璨、张廷范是两面人，他们嘴上高呼拥护大王，内心其实还想给李唐续命呢，所以一再拖延。"朱全忠听了就不淡定了。

蒋玄晖的消息很灵通，赶忙跑到朱全忠面前解释。晚了，他越解释，朱全忠越怀疑，指着他的鼻子尖儿破口大骂："奴果反矣！"蒋玄晖磕头如捣蒜，总算没被当场拿下。随后，他马不停蹄地回到洛阳，熬夜加班地策划加九锡。

巧了，哀帝刚好下令要举行郊祀之礼，百官们正在练习礼仪。刑

---

① 秬鬯，音巨唱。古代以黑黍和郁金酿造的酒。

部尚书裴迪又对朱全忠坑了蒋玄晖一把:"蒋玄晖、柳璨、张廷范他们想给李唐续命,居然在郊外行祭天大典。"其实,郊祀之礼和蒋玄晖等人并无关系。

哀帝肯定想不到,他这偶尔的一拍板,直接把蒋玄晖等人的命给拍没了。也行,算是给父亲报仇了!

在蒋玄晖等人的催促下,哀帝取消了郊祀之礼,并于十一月二十七日下诏,以宣武、天平、河阳、昭义等二十一镇为魏国,封朱全忠为魏王,加九锡。没想到朱全忠居然拒绝了。这下蒋玄晖、柳璨、张廷范彻底六神无主了,大王,着急加九锡的是你,怎么现在你又拒绝了呢?

十二月初四,蒋玄晖带着手诏跑来汴州见朱全忠,转达哀帝的禅让之意。朱全忠又是一顿大骂,啥难听骂啥。蒋玄晖回来的时候,脸色比死人都难看。柳璨急了,老大已经怒了,还加什么九锡呀?直接禅让吧!十日,他当堂上奏哀帝:"人心尽归梁王,陛下现在就可以丢掉重负而禅让了。"哀帝当然同意,天天彩排太累了,赶紧禅让得了,当天就派柳璨前往汴州劝说朱全忠受禅。可朱全忠又拒绝了。

蒋玄晖、柳璨、张廷范一筹莫展。偏在这时,勾魂的无常来了,还是两名女无常。何太后派两名宫女私下求见蒋玄晖,她也没有别的意思,李唐覆灭已经是历史的大势不可逆转了,她只求蒋玄晖能够保全他们母子的性命。蒋玄晖什么态度,历史没有记载。

但这件事被王殷、赵殷衡马上报告给了朱全忠,说蒋玄晖、柳璨、张廷范应何太后之邀,在积善宫吃了一顿晚宴,还说他们三个对着何太后焚香盟誓,要匡扶李唐社稷。

人在职场,你自己怎么想其实不重要,重要的是领导认为你怎么想,或者说得再准确一点,是别人让领导觉得你怎么想。领导越是暴躁多疑,他身边那个圈子的人际关系就越畸形。权力圈的级别越高,人际关系也越畸形，因为这里面牵扯的利益太过巨大。碰到朱全忠这样的领导，碰到梁国高层这种畸形的权力圈，活该蒋玄晖他们倒霉。

蒋玄晖等人又让哀帝再次降诏给梁王加九锡。满以为事不过三，梁王这次肯定接受，但左等右等不见答复，却等来了清算他们的命令。

十一日，蒋玄晖及其亲信被下狱。然后，朱全忠再次上表请辞魏王、九锡之命。十三日，蒋玄晖被处斩。四天后，他又被追削为凶逆百姓，其尸体在东都城门外被当众焚烧。

王殷和赵殷衡还不罢休，非说蒋玄晖上了何太后的床，说那俩宫女就是替他们通消息的。晖哥，太后给你留门了！二十五日，朱全忠密令王殷和赵殷衡在积善宫杀害了何太后，并追废为庶人。唐朝最后一个皇后、太后也下线了。

三天后，柳璨和张廷范被贬为远州刺史。贬官？想多了，要你们的命！第二天，二人被杀于洛阳闹市，柳璨被斩首，张廷范被车裂。柳璨受刑前良心发作，仰天长叹："负国贼柳璨，死其宜矣！"我柳璨是卖国贼，确实该死呀！

前有氏叔琮、朱友恭两个白手套，如今又多了蒋玄晖、张廷范、柳璨三个白手套，说来也巧，刚好五个，给朱全忠凑够了一巴掌的白手套。

另外，柳璨还给朱全忠贡献了另一个纪录。王抟、张濬、崔胤、裴枢、崔远、独孤损、陆扆、王溥，再加上柳璨，朱全忠一个人就干掉了九个宰相。

你们说蒋玄晖、柳璨、张廷范他们聪明吗？肯定聪明呀，要不然到不了那个位置。可我看他们是大傻瓜，像朱全忠这种领导，看到了应该躲得远远的，还一个劲儿往上贴，这不是耗子给猫当三陪——赚钱不要命嘛？！

哀帝就很尴尬了，梁王，你这九锡到底还加不加了？加个屁啊，朱全忠已经将汴州府衙扩建为皇宫了，他才不稀罕什么魏王呢，更不想在破落的洛阳当皇帝，他要在老巢汴州登基称帝。

03. 铸成大错

这时，魏博节度使罗绍威忽然来请亲家朱全忠帮忙了。帮啥忙？拔牙，不是牙齿的牙，而是牙兵的牙。

魏博牙兵太跋扈了，自史宪诚以后，每次换节度使基本上都是牙兵的意志。罗绍威这个节度使当得窝囊啊，每天还得看牙兵的脸色行事，找不到一言九鼎、言莫予违的感觉。可能是看朱全忠成功除掉了宦官和神策军，他有样学样，也想铲除牙兵。

但牙兵们的势力和眼线太庞大，他的想法很快就泄露了。牙将李公佺叛乱，焚毁府舍，大肆剽掠一番后，逃往沧州投奔了刘守文。其实，此次叛逃的牙兵只是很少的一部分，大部分牙兵并未参与。但罗绍威的神经很紧张，魏博牙兵总计有八千余家好几万口子，要是都闹腾起来就麻烦了，赶紧向朱全忠求救。亲家，快帮我拔牙吧，我受不了了！

朱全忠本来就想收拾刘仁恭父子呢，马上派兵攻打沧州。巧了不是，偏在这个节骨眼儿上，他的女儿、罗绍威的儿媳去世了！人没了得办丧礼吧？娘家得来人吧？朱全忠顺势挑选一千精兵，暗藏武器，以发丧的名义开入魏州。

天祐三年（906年）正月初五，朱全忠率军北渡黄河，说是要到沧州前线督战。魏州城里的牙兵们就很紧张了，朱全忠不会是来杀我们的吧，蠢蠢欲动。罗绍威坐不住了，决定先下手为强。

经过周密策划，十六日，他率领数百家奴，联合前来发丧的一千梁军，突然攻击城内的牙兵及其家属。牙兵们的人数倒是不少，可一是事发突然、措手不及，二是府库里的兵器早被调包了。一夜之间，八千余户牙兵被杀得一干二净，连襁褓中的婴儿也不能幸免。

翌日，朱全忠抵达魏州。魏州城连空气里都是血腥的味道。

罗绍威这票买卖干得太狠，犯了众怒。一时之间，魏博六州尽皆反叛。罗绍威已经擦不了自己的屁股了，只能让朱全忠替他来擦。朱全忠历时半年，方才将叛乱平定。

跋扈了一百多年的魏博牙兵，紧跟着他们的神策军大哥，也退出了历史舞台。

问题是这屁股可不是白擦的，罗绍威为此付出了巨大的代价。一方面，战争是在魏博的土地上打的，打死的是魏博的兵和百姓，烧毁的是魏博的房屋田地，被糟蹋的是魏博的女人，魏博被打了个稀巴烂，人口锐减，元气大伤。另一方面，人家梁军是来帮忙的，军饷得由你魏博支付。短短半年时间，罗绍威杀了猪牛羊七十万头（只），犒赏梁军近一百万缗钱，消耗的军粮更是不计其数。等到梁军撤离时，魏博已经被吃空了。

强悍了一百多年的魏博居然以这种方式衰落，罗绍威悔得肠子都青了，说了一句经典名言："合六州四十三县铁，不能为此错也！"这里的"错"一语双关，既指错误，也指小鼎。古代称呼大一点儿的鼎为"鼎"，小一点儿的鼎叫"错"。罗绍威的意思是说，就算把魏博全境六州四十三个县所有的铁都集中到一起，也铸不成这么一个大错。成语"铸成大错"就是打这儿来的。

然后，梁军继续北上攻打刘守文。沧州城被围得"鸟鼠不能通"，人都饿得吃土了，甚至于互相杀戮充饥。刘仁恭这个老不要脸的又觍下脸去求李克用。李克用都不搭理他。这是唯一的救命稻草了，刘仁恭不能放弃，陆续派出的使者高达一百多人。

李克用本来不想帮，但被儿子李存勖说服了。这时的李存勖已经是个大后生了，而且想法很成熟，爹，唇亡齿寒啊，刘仁恭虽然不地道，但有他在还能牵制朱全忠，他如果完了，咱日子也不好过啊！李克用一想也是，就决定出手了。

关键时刻，原属朱全忠集团的昭义节度使丁会居然倒向了李克用。丁会可是朱全忠的老部下，从参加义军的时候就跟着朱全忠了，他选择背叛居然是因为朱全忠杀害了昭宗。一个农民军将领居然忠于大唐皇帝，听着就很扯，这里面一定有不可告人的秘密。

昭义重归李克用，朱全忠就很被动了，只能放弃攻打沧州。刘仁恭父子又躲过一劫。

强归强，终究还是奈何不了刘仁恭和李克用，朱全忠心情很不好，病了，撤到魏州养病。

罗绍威怕他心情不好，一个发飙吞了魏博，想到了一个转移朱全忠注意力的法子："大王，现在各地强藩都打着拥戴唐室的名义与您为敌。您何不受禅，灭了唐朝?！这样他们就没有继续跟您作对的由头了！"朱全忠嘴巴很倔强，但腿脚很诚实，马上启程回汴州。

04. 朱全忠建后梁

故事讲了这么久，大唐王朝已经逐页逐页地翻过，现在只剩最后一个自然段了。

哀帝再提禅让，群臣再次劝进。这次朱全忠就不客气了，欣然接受，并宣布改名为朱晃。他这一生两次改名，朱温改朱全忠，朱全忠又改朱晃，都是好名字，可朱温不温、全忠不忠、朱晃不晃。

朱全昱听说三弟要受禅当皇帝，惊得下巴都快砸到地上了："朱三，尔可作天子乎！"朱三，你还能当皇帝？可拉倒吧，我还不知道你！

天祐四年四月十八日，公元907年6月1日，这是一个虽然不宜永载史册但确实又永载史册的日子。受禅大典上，朱全忠从哀帝手中接过了王朝过户手续——传国玉玺，即皇帝位。从这一刻起，立国289年（618—907）的大唐王朝正式关张。

朱姓帝王都励志，前有朱全忠，后有朱元璋，告诉世人草根也能当皇帝。这两个人作对比很有意思：首先，虽然同为草根，但朱全忠的境遇要比朱元璋强。朱全忠幼年丧父，但还有母亲和两个兄弟，家庭的温情他是有的，这从他对大哥朱全昱的态度能看得出来。而朱元璋15岁时，父亲、母亲、大哥全部饿死，还被迫和二哥一家分开，几乎就是个孤儿。其次，两人性格不同。朱全忠是奸雄，奸诈、狡猾、残忍、寡廉、鲜耻。而朱元璋则是枭雄，各项指标均优于朱全忠，所以他能成就更大的事业。最后，朱全忠唯一强于朱元璋的地方就是他善待功臣，除了卖过一巴掌白手套外，其核心文武如敬翔、李振、葛从周等都得到了善待。不像朱元璋，几次大案几乎将开国功臣杀光了。

当天，朱全忠搞了一个家宴。酒至酣处，喝大了的朱全昱忽然把骰子重重摔到骰盅里，破碎的骰子溅得满地都是。他斜着醉眼对朱全忠说："老三啊，你原来不过是砀山的一个农民而已，还跟着黄巢造过反。大唐天子用你当了四镇节度使[①]，你的富贵已经达到了极致！可你

[①] 朱全忠当时身兼宣武、河中、宣义、天平四镇节度使。

居然灭了李家三百年社稷，自己称帝了，这可是灭族之举啊！你怎么能这么干呢?!"朱全忠虽然很不高兴，但也无可奈何。

这也就是朱全昱，换一般人对朱全忠说这种话，当场就得被剁为肉泥。

二十二日，朱全忠宣布改国号为大梁，建元"开平"，改汴州为开封府，定为东都，以洛阳为西都，废除长安的西京资格。

长安的衰落不能全怪在朱全忠头上，但他的确历史性地终结了长安的国都资格。开封历史地位的提升则完全是朱全忠的功劳，从他的后梁开始，后晋、后汉、后周、北宋乃至金朝都以开封为都。

哀帝被降为济阴王，安置于曹州（今山东菏泽曹县）氏叔琮的旧宅。朱全忠纯属杀人诛心，让哀帝住进杀害他父亲的凶手家里，四面用荆棘围死，还有武士重重围困。

各地藩镇纷纷上表祝贺，表明臣服之意。朱全忠册拜马殷为楚王，马楚立国；册拜钱镠为吴越王，吴越立国；册拜刘隐为大彭王，南汉立国；册拜王审知为闽王，闽国立国。

只有四个藩镇例外，三川王建甚至都不承认哀帝，仍然使用昭宗的"天复"年号；河东李克用、凤翔李茂贞、淮南杨渥三家还是承认哀帝的，仍旧使用"天祐"。

王建和杨渥移檄诸道，说他们要联合李茂贞、李克用，讨伐朱全忠，匡复唐室。可这四家各怀鬼胎，谁都不愿意强出头、真出头。王建原本也只是试探，一看办不成了，那得了，我自己称帝吧！他想拉上李克用一起，李克用还装蒜："誓于此生，靡敢失节。"我这辈子是不可能失节的。当年九月，王建在韦庄等人的拥戴下，于成都称帝登基，前蜀开国。

转年正月，和朱全忠较了一辈子劲的李克用病逝了，年53岁。临终前，他亲自将三支箭矢交到了接班人李存勖手上，叮嘱道："朱全忠是我的仇人。燕王刘仁恭是我立的，契丹王耶律阿保机和我约为兄弟，可他们都背叛我，倒向了朱全忠。这三个人是我终生的遗憾。现在，我把这三支箭送给你，你要替我报仇呀！"

论个人武力值，李克用无疑是优于朱全忠的；猛将这方面，他和朱全忠持平。但他手下并没有什么杰出的智囊，盖寓照敬翔、李振可差远了，要不然拿了一手好牌的李克用不至于落到朱全忠后头。另外，他是沙陀族，所以也就山西地区的汉人支持他，别的地方的汉人本能地排斥他，这可能也是他争不过朱全忠的一个客观原因。

总的来说，李克用有野心，所以能崛起为一代枭雄，可他野心又不够，白白错失了许多称霸天下的良机，终究没成大气候。不过，也正因为他野心不够大，没有僭越的心思，所以同时代的人对他的评价还是很高的。比如，吴王杨行密常恨不识李克用相貌，曾派画工偷偷潜入河东给李克用写生。

二月二十一日，曹州的哀帝等来了梁帝朱晃的特使和御赐的酒。朋友你今天就要远走，请干了这杯酒，忘掉那天涯孤旅的愁，一醉到天尽头……

明朝开局一个碗，结局一棵树。清朝开局孤儿寡母，结局寡母孤儿。唐朝也一样，开局一杯酒，结局一杯酒。李渊当年在晋阳宫中一顿花酒，喝出了一个伟大的王朝。现在哀帝一杯毒酒上路，宣告了唐王朝的终结。

看，世间最好喝的是酒，最难喝的也是酒！

曹雪芹总结得到位啊："陋室空堂，当年笏满床；衰草枯杨，曾为歌舞场。蛛丝儿结满雕梁，绿纱今又糊在蓬窗上。说什么脂正浓，粉正香，如何两鬓又成霜？昨日黄土陇头送白骨，今宵红灯帐底卧鸳鸯。金满箱，银满箱，转眼乞丐人皆谤。正叹他人命不长，那知自己归来丧！训有方，保不定日后作强梁。择膏粱，谁承望流落在烟花巷！因嫌纱帽小，致使锁枷扛，昨怜破袄寒，今嫌紫蟒长。乱烘烘你方唱罢我登场，反认他乡是故乡。甚荒唐，到头来都是为他人作嫁衣裳！"

05. 五代十国开启

唐朝灭亡最直接的影响，就是开启了中国历史上第三个大分裂大混战时期——五代十国。

五代都在北方，依次为后梁、后唐、后晋、后汉和后周。其中，后唐、后晋、后汉都是沙陀人建立的，史称"沙陀三王朝"。相较于十国，五代的实力都是最强的，但又没强到能完成统一的程度，所以只能算是藩镇型的王朝。

哀帝被杀次月，后梁在进攻潞州时为李存勖所败，折损数万精锐。朱晃喟然长叹："生子当如李亚子，克用为不亡矣！至如吾儿，豚犬耳！"生子当如李存勖，李克用虽死犹生！我的儿子与之相比，就像猪狗一样！

乾化二年（912年），朱晃在援救刘守光时又遭李存勖重挫，气得他旧病复发，并难过地对近臣们说："我经营天下三十年，想不到太原余孽竟能死灰复燃且更加炽热！我看李存勖其志不小，上天又不想我长寿。我死之后，几个儿子都不是李存勖的对手。唉，我怕是要死无葬身之地了！"说罢，他哽咽失声，当场昏死过去。

朱晃识人还是很准的，我们可以说他坏，但绝不能说他菜！

他肯定想不到，一句伤心的牢骚话居然应验了。朱晃有七个儿子，成器的只有老大朱友裕，但朱友裕在他称帝前就死了。称帝后，朱晃一直没立太子。哦嚯，这下可热闹了，他的儿子和义子们争得一塌糊涂。知道老爹好色，这些混蛋小子居然抢着把自己的老婆往父亲床上送。要不说人性的幽暗永无止境呢，朱大流氓也是来者不拒，堂而皇之地扒灰。他打算立义子朱友文为储，老二朱友珪不干了，于是年六月二十二日发动政变。

《资治通鉴》留下了他们父子的告别对话。

朱晃："反者为谁？"

朱友珪："非他人也！"

朱晃："我固疑此贼，恨不早杀之。汝悖逆如此，天地岂容汝乎！"

朱友珪："老贼万段！"

随后，朱友珪的人"刺帝腹，刃出于背"。一代奸雄朱温（朱晃）就此落幕，年61岁。

朱友珪虽然杀了父亲和朱友文，但很快又被七弟朱友贞干掉了。朱友贞能力不行，撑了十一年被李存勖给灭了，后梁亡。李存勖捣毁朱氏宗庙，追贬朱温、朱友贞为庶人，还族灭了敬翔、李振等人。

梁晋争霸四十余年，终究还是沙陀李家笑到了最后。

但李家也没能笑多久，李存勖多牛啊，比他爹李克用还牛，用雪仇三矢，生擒刘仁恭父子，活捉阿保机之子，消灭宿敌后梁，厉害得要要的，可他在位仅三年竟被伶人所杀。人教版高中语文课本中的《伶官传序》，就是欧阳修写给他的墓志铭。接替李存勖任皇帝的是大太保李嗣源，虽然也是沙陀人，但已经不是李克用家族了。

然后，后晋灭后唐，后汉灭后晋，后周灭后汉。

十国里的南吴、前蜀、马楚、吴越、南汉、闽国在晚唐就奠定了雏形，剩下的南唐、南平（荆南）、后蜀、北汉都是后来才有的。十国的特点有三：第一，除北汉外，其余九个都在南方；第二，既有同时并存的，也有先后存在的，比如前蜀和后蜀、南吴和南唐；第三，除前蜀和南汉称帝外，其余均向中原王朝称臣，只称王，但都保持着事实上的独立。

大家可能也发现了，十国并不包括李茂贞和刘仁恭，因为他们都是昙花一现。

经过凤翔危机的重大打击，李茂贞的实力大大折损，只剩下七个州了。这还称霸个鬼啊，能自保就不错了！虽然皇帝有的他都有——百官、宫殿，甚至他的正妻就叫皇后，可李茂贞就是不敢称帝。

后唐同光元年（923年）十月，李克用之子李存勖灭掉后梁。李茂贞还拿架子，以叔父的名义写信祝贺李存勖攻占开封。转年正月，李存勖定都洛阳。这时的李茂贞已经很恐慌了，派儿子李从曮①去朝见李存勖，并上表称臣。李存勖念他是旧朝元老，态度又很端正，便于二月改封李茂贞为秦王。从此，具有独立性质的岐国就消失了。

同年稍晚，一代枭雄李茂贞就病逝了，年69岁。李存勖赐谥号"忠敬"。这个"忠敬"可能是从李存勖后唐的角度看的，其实李茂贞对大唐是既不忠也不敬。他前后三次犯阙，杀害三名宰相，两次迫使昭宗逃离长安，还挟持圣驾长达十四个月，在欺负皇帝和朝廷这块儿，他的罪恶仅次于朱温。朱温起码没有白纸黑字地骂过昭宗，但李茂贞可是骂过不止一次。

刘仁恭主要是被朱全忠给收拾惨了。他跟朱全忠刚好相反，朱全忠是绿了儿子，他是被儿子绿了，不仅被绿了，还被政变推翻了。唐亡七年后，公元914年，李存勖攻破幽州，刘氏父子被杀。

从公元902年杨行密受封吴王，到公元979年北汉覆灭，五代十国持续了78年。

---

① 曮，音眼。

这七十多年间，偌大的中国碎得跟饺子馅儿似的，军阀混战，争王争霸，城头变幻大王旗。用蔡东藩的话说就是：天地闭，贤人隐，王者不作而乱贼盈天下。元首如弈棋，国家若传舍。

五代十国其实就是唐朝藩镇割据的延续。谁能终结乱世呢？让我们把时针往回拨，拨到昭宗十一年（899年），后梁涿州刺史赵敬生了一个男娃，取名赵弘殷。28年后，927年，赵弘殷喜得次子，他给这个男娃取名为赵匡胤。赵匡胤正是五代十国的终结者。

当中原农耕区一片大乱之际，大唐的属部和藩国也发生了很大的变化。

首先，最显著的变化就是契丹崛起。

契丹的崛起其实并不突然，完全是建立在过往一百多年发展的基础上。玄宗建立节度使制度，在东北创设范阳和平卢两镇，极大地遏制了契丹的发展。但安史之乱后，缩小版的范阳——卢龙镇就很难压制住契丹人了。晚唐时，契丹可汗遥辇钦德趁中土大乱之机，逐渐征服奚人和室韦，占据了突厥故地，还和渤海国平分东北。天祐三年（906年）底，钦德病死。然后，他以下的二号人物抢了可汗之位，建立了君主制的契丹国。

这位二号人物正是大名鼎鼎的耶律阿保机。耶律阿保机生于懿宗咸通十三年（872年），"身长九尺，丰上锐下，目光射人，关弓三百斤"。为了对抗朱全忠和刘仁恭，李克用极力拉拢阿保机。天祐二年（905年），两人在云州结拜为异姓兄弟。李克用鬼，阿保机比他还鬼，一看朱全忠更强，果断踢了李克用，投到了朱全忠的怀抱里。朱全忠即位时，阿保机还专程派人祝贺，给李克用气得死不瞑目。

926年，阿保机灭了渤海。五年后，他又征服了黠戛斯。契丹已经成为北亚的绝对霸主。阿保机的儿子耶律德光后来建立了辽朝。

其次，东北崛起了女真人。女真是黑水靺鞨的一支。契丹人对女真人的区分比汉人还简单粗暴，被他们征服了的就是熟女真，还没征服的就是生女真。生女真分为几十个部落，其中以生活在黑龙江完达山地区的完颜部最强。后来灭亡辽朝的正是完颜部酋长完颜阿骨打。

东北的另一个变化是"小中华"新罗的覆灭。新罗覆灭的路径几乎就是唐朝的翻版：阶级矛盾激化—农民大起义—起义被扑灭—军阀割据混战。到唐朝灭亡时，统一新罗碎成三块，形成了后高句丽、后百济与后新罗三足鼎立的局面，朝鲜史称"后三国"。918年，后高句丽大将王建（和诗人王建、前蜀王建同名）窃取政权，建立高丽王朝。935年，高丽灭新罗。936年，高丽又灭后百济，重新统一半岛。

再次，北方草原崛起了蒙古人。游牧在斡难河（今鄂嫩河）流域的室韦蒙兀部崛起，并逐渐以"蒙古"自称。

复次，西北变化有三：一是党项人在陕甘宁地区成了气候。李思恭兄弟占据了保大、定难两镇，给党项人打下了厚实的家底。他的堂弟李思忠死于平定黄巢起义的战争中。李思忠的来孙就是西夏开国皇帝李元昊。二是甘州回鹘摆脱了归义军的控制，建立了独立政权。三是西州回鹘走向强大，在唐末建国。

最后，西南地区变化主要有两个：

一是南诏覆灭。昭宗九年（897年），隆舜被郑回七世孙郑买嗣杀害。五年后，郑买嗣将南诏王室团灭，南诏亡。此后，这片土地乱战几十年，直到937年段酋迁的孙子段思平建立大理国为止。

二是静海军，也就是安南脱离了中国。天祐二年（905年），安南土豪曲承裕自称静海军节度使。这时的唐朝自顾不暇，哪里还管得着边陲？朱温篡唐，册封曲承裕之子曲承颢为节度使。在南汉的打击下，曲氏覆灭，其大将吴权建立了新政权。939年，吴权在白藤江决定性地击败南汉，随后称王，建立了吴朝。吴朝是越南脱离中国之始。

大唐鲸落,改变了半个亚洲的政治格局,也深刻影响了亚洲乃至世界历史的进程。

惜哉,大唐!痛哉,大唐!

尾声

尘事如潮人如水

唐亡三年后，公元 910 年八月，前蜀宰相韦庄病逝于成都，享年 75 岁。

狐死首丘，代马依风。晚年的韦庄思念故国、故乡之情尤为浓烈，什么"几时携手入长安"啦，"如今俱是异乡人"啦，"故国音书隔"啦，尤其是《菩萨蛮》里的"洛阳城里风光好，洛阳才子他乡老"，字字句句都是思念。可这时的他像极了汉朝的李陵，想回，但再也回不去了，洛阳才子不仅要在他乡老去，也要在他乡死去了。

临终前，韦庄写了一首绝笔诗《闲卧》：

> 谁知闲卧意，非病亦非眠。
> 手从雕扇落，头任漉巾偏。

管你是王侯将相，还是平头百姓，到老都是"手从雕扇落，头任漉巾偏"。人只有在生老病死面前，才能实现真正的平等。

当年底，终身不第的罗隐也病死在杭州。"采得百花成蜜后，为谁辛苦为谁甜。"我总感觉罗隐这首诗不仅在写蜜蜂，也是在写他自己。

韦庄、罗隐，这都是一代诗豪、才子中的才子，可连他们这样的才俊，一生都过得如此坎坷与艰辛，何况你我草民呢？！

写这套书我用的是通俗手法，很多地方用词俏皮，很多故事写得比较有趣，这是为了方便读者，或者说得直白一点，就是吸引读者。但我想告诉大家的是，真实的历史，其沉重远超人之想象。人之渺小犹如沧海一粟，史书上寥寥几行字，可能就是一个豪杰才俊的一生。

唐朝的这些人，显贵如皇帝大臣、后妃王孙，知名如文豪大咖、艺苑奇葩，渺小如寒门子弟、平民布衣，其实都是在被时代裹挟着往前走。他们或许在政治上、思想上、文艺上占据过一阵子的巅峰，有的甚至就是一只连名字都不会留下来的蝼蚁。我们纵观他们的一生，他们真的快乐吗？快乐的时间又有多长？

我知道有人会说，人应该按照自己喜欢的方式度过一生。这话没错，可事实是：怎么想是一回事儿，能不能却是另一回事儿。

太宗想他李家基业传递万万世，实现了吗？玄奘就想回老家翻译佛典，可太宗非让他留在长安编情报。中宗就想老婆孩子热炕头，可老婆给他戴绿帽子，女儿给他下毒。武则天杀了那么多人才当上了女皇，却让一个到底传儿子还是传侄子的问题困扰了半生，不愿想，一想就头疼，可不想又不行。王勃才高八斗，就想开开心心写诗，可现实是处处碰壁、事事遭殃，年纪轻轻就没了。来俊臣就想害人，还搞了专著《罗织经》，害人害得好好的，别人把他弃了，干掉了。寿王李瑁就想和杨玉环过神仙美眷的日子，可老婆说抢就被人抢跑了，抢的人居然还是他爹。安禄山做梦都想当皇帝，可当上皇帝的第二年就被亲儿子杀了。刘晏就想踏踏实实干点儿利国利民的实事，可人家不用他干了，还要了他的命。德宗就想削藩，削来削去，还得下罪己诏，对世人说，Sorry，我错了。薛涛就想和元稹双宿双飞、如胶似漆，可元稹转身就唱起了《再见》。黄巢就想推翻唐朝，推着推着，唐朝没没，他没了……

我不说什么"万里长城今犹在，不见当年秦始皇"，也不说什么"杨王卢骆当时体，轻薄为文哂未休"，仅就我脚下的这片土地而言，在我写过的故事里，隋炀帝曾在这里泛舟，高开道曾在这里凿骨取镞，太宗东征高句丽从这里路过，陈子昂在这里写下了《登幽州台歌》，契丹叛将孙万荣在这里授首，李辅国和刘蕡在这里出生长大……忙来忙去，斗来斗去，也笑过，也哭过，也悔过，到头都是一场空，终究还是尘归了尘、土归了土。

三千年读史，不外功名利禄；九万里悟道，终归诗酒田园。289年的唐史写了十年，现在终于要收尾了。写完最后一个字，敲下最后一个标点后，我来到大运河旁。望着滔滔流淌的河水，我想了很多，想自己四十年的人生，想唐朝近三百年的人和事，想张养浩的《潼关怀古》，想杨慎的《临江仙》和《西江月》，想沈三白的《浮生六记》……眼前的这条河从古流到今，带走了多少故事多少人，在可以想见的未来，它也会带走渺小的我，甚至激不起一朵浪花。

我的感受就一句话：人啊，都是过客！

附录

附录一　唐朝十四世二十一帝（含武则天）概况

庙号	姓名	生卒	登基年龄	在位	主要宰相	死因	年号	陵寝
高祖	李渊	566—635	53岁	618—626	裴寂、刘文静、萧瑀	寿终	武德	献陵
太宗	李世民	599—649	28岁	626—649	萧瑀、陈叔达、李靖、封德彝、长孙无忌、杜如晦、房玄龄、岑文本、魏征、刘洎、马周、褚遂良、王珪、李勣	丹药中毒	贞观	昭陵
高宗	李治	628—683	22岁	649—683	长孙无忌、褚遂良、李勣、柳奭、韩瑗、来济、李义府、许敬宗、上官仪、刘仁轨、李敬玄、裴炎	病死	14个：永徽、显庆、龙朔、麟德、乾封、总章、咸亨、上元、仪凤、调露、永隆、开耀、永淳、弘道	乾陵

续表

庙号	姓名	生卒	登基年龄	在位	主要宰相	死因	年号	陵寝
	武曌	624—705	67岁	690—704	刘仁轨、姚崇、裴炎、武承嗣、傅游艺、狄仁杰、李昭德、娄师德、王孝杰、杨再思、宗楚客、武三思、吉顼、张柬之、魏元忠、刘祎之	寿终	14个：天授、如意、长寿、延载、证圣、天册万岁、万岁登封、万岁通天、神功、圣历、久视、大足、长安、神龙	乾陵
中宗	李显	656—710	29岁	684年1—2月 705—710	武三思、崔玄暐、杨再思、张柬之、桓彦范、敬晖、魏元忠、韦巨源、宗楚客、纪处讷、韦嗣立、崔湜、郑愔	被弑	3个：嗣圣、神龙、景龙	定陵
睿宗	李旦	662—716	23岁	684—690 710—712	张仁愿、韦嗣立、韦安石、唐休璟、崔湜、刘幽求、姚崇、宋璟、郭元振、张说、窦怀贞	病死	8个：文明、光宅、垂拱、永昌、载初、景云、太极、延和	桥陵

续表

庙号	姓名	生卒	登基年龄	在位	主要宰相	死因	年号	陵寝
玄宗	李隆基	685—762	28岁	712—756	刘幽求、韦安石、崔湜、窦怀贞、张说、姚崇、卢怀慎、源乾曜、宋璟、苏颋、张嘉贞、张九龄、李林甫、李适之、杨国忠	绝食而死	3个：先天、开元、天宝	泰陵
肃宗	李亨	711—762	46岁	756—762	韦见素、张镐、第五琦、元载、房琯	病死	3个：至德、乾元、上元	建陵
代宗	李豫	726—779	37岁	762—779	元载、李辅国、刘晏、王缙、杜鸿渐	病死	4个：宝应、广德、永泰、大历	元陵
德宗	李适	742—805	38岁	779—805	杨炎、卢杞、马燧、李晟、张延赏、李泌、陆贽、张镒、浑瑊	病死	3个：建中、兴元、贞元	崇陵
顺宗	李诵	761—806	45岁	805	杜佑、韦执谊、杜黄裳	病死	永贞	丰陵
宪宗	李纯	778—820	28岁	805—820	韦执谊、杜佑、杜黄裳、武元衡、李吉甫、李绛、皇甫镈、令狐楚、李逢吉、裴度	被弑	元和	景陵
穆宗	李恒	795—824	26岁	820—824	裴度、令狐楚、段文昌、崔植、元稹、杜元颖、王播、李逢吉、牛僧孺、皇甫镈	丹药中毒	长庆	光陵
敬宗	李湛	809—827	16岁	824—827	李逢吉、牛僧孺、裴度	被弑	宝历	庄陵

续表

庙号	姓名	生卒	登基年龄	在位	主要宰相	死因	年号	陵寝
文宗	李昂	809—840	18岁	826—840	韦处厚、杨嗣复、李珏、李宗闵、段文昌、宋申锡、李德裕、李固言、郑覃、王涯、李训、贾𫗧、舒元舆、李石、陈夷行、李逢吉、王播、牛僧孺	病死	2个：太和、开成	章陵
武宗	李炎	814—846	27岁	840—846	李固言、李石、杨嗣复、牛僧孺、李德裕、陈夷行、李绅、李让夷、杜悰、李回、郑肃、李珏	丹药中毒	会昌	端陵
宣宗	李忱	810—859	37岁	846—859	白敏中、韦琮、马植、魏谟、崔慎由、夏侯孜、令狐绹	丹药中毒	大中	贞陵
懿宗	李漼	833—873	27岁	859—873	白敏中、夏侯孜、杜悰、徐商、路岩、于琮、韦保衡	病死	咸通	简陵
僖宗	李儇	862—888	12岁	873—888	郑畋、卢携、王铎、韦昭度、杜让能	病死	5个：乾符、广明、中和、光启、文德	靖陵
昭宗	李晔	867—904	22岁	888—904	韦昭度、孔纬、杜让能、张濬、崔昭纬、崔胤、李磎	被弑	7个：龙纪、大顺、景福、乾宁、光化、天复、天祐	和陵
哀帝	李柷	892—908	13岁	904—907	柳璨	被弑	沿用天祐	温陵

1. 寿命前三甲：武则天82岁，玄宗78岁，高祖70岁。寿命后三名：哀帝17岁，敬宗19岁，僖宗27岁。

2. 登基年龄前三甲：武则天67岁，高祖53岁，肃宗46岁。后三名：僖宗12岁，哀帝13岁，敬宗16岁。

3. 死因分布：寿终2人（高祖李渊、武则天），丹药中毒4人（太宗、穆宗、武宗、宣宗），病死9人（高宗、睿宗、肃宗、代宗、德宗、顺宗、文宗、懿宗、僖宗），被弑5人（中宗、宪宗、敬宗、昭宗、哀帝），绝食而死1人（玄宗）。

4. 年号数量前五名：高宗14个，武则天14个，睿宗8个，昭宗7个，僖宗5个。"上元"是唯一使用两次的年号，高宗和肃宗都用过。武则天使用了3个四字年号：天册万岁、万岁登封和万岁通天。

5. 几个唯一：睿宗、玄宗、肃宗、顺宗、懿宗、僖宗6个庙号是中国历史的唯一。唐高宗是中国历史上唯一的天皇。武则天是中国唯一的天后、唯一的女皇。德宗是唐朝唯一图形凌烟阁的皇帝。穆宗是中国唯一有3个皇后、3个儿皇帝的皇帝。

附录二　唐朝世系表

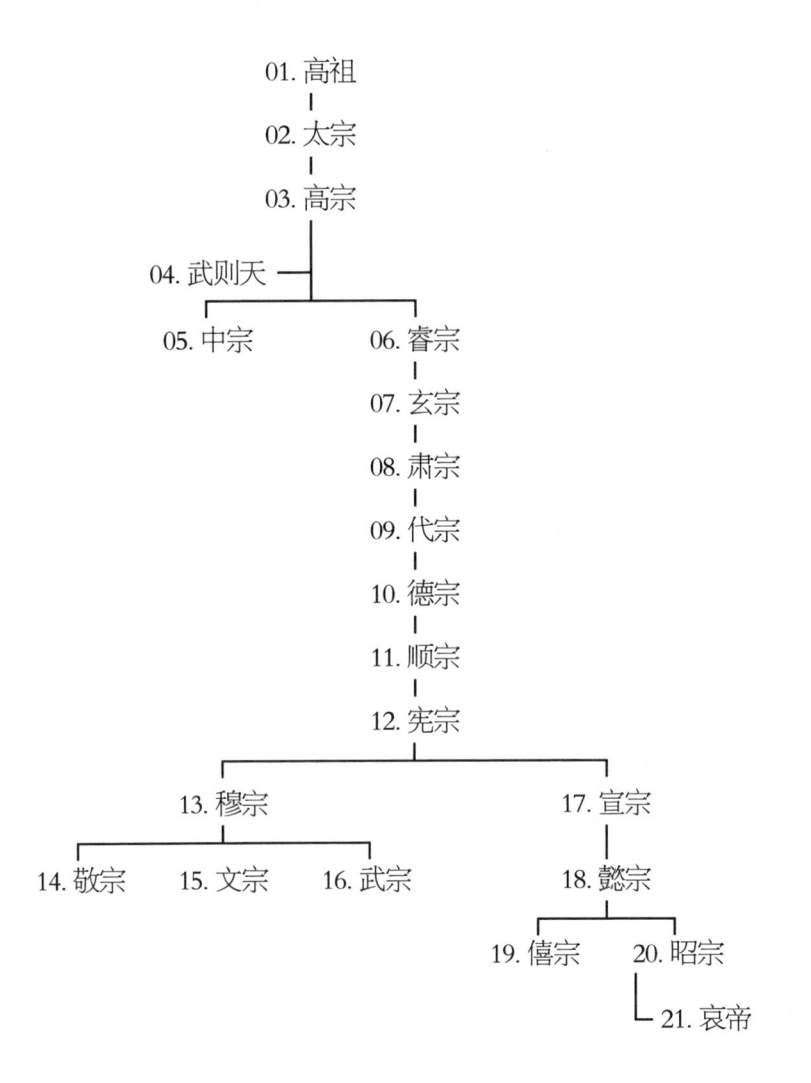

```
            01. 高祖
              |
            02. 太宗
              |
            03. 高宗
              |
     04. 武则天 ─┬──────────┐
              |          |
          05. 中宗      06. 睿宗
                         |
                      07. 玄宗
                         |
                      08. 肃宗
                         |
                      09. 代宗
                         |
                      10. 德宗
                         |
                      11. 顺宗
                         |
                      12. 宪宗
         ┌───────────────┴───────────────┐
      13. 穆宗                         17. 宣宗
   ┌─────┼─────┐                         |
14. 敬宗 15. 文宗 16. 武宗              18. 懿宗
                                  ┌──────┴──────┐
                               19. 僖宗      20. 昭宗
                                               |
                                            21. 哀帝
```

附录三 六大强敌世系表

1. 东突厥（唐时期）世系表

序号	主政者	在位	同期唐帝	姓氏
01	始毕可汗	609—619	高祖	阿史那氏
02	处罗可汗	619—620	高祖	
03	颉利可汗	620—630	高祖、太宗	

2. 西突厥（唐时期）世系表

序号	主政者	在位	同期唐帝	姓氏
01	统叶护可汗	617—630	高祖、太宗	阿史那氏
02	莫贺咄可汗	630	太宗	
03	肆叶护可汗	630—632	太宗	
04	奚利邲咄陆可汗	632—634	太宗	
05	沙钵罗咥利失可汗	634—639	太宗	
06	乙毗沙钵罗叶护可汗	639—641	太宗	
07	乙毗咄陆可汗	638—653	太宗、高宗	
08	乙毗射匮可汗	642—653	太宗、高宗	
09	沙钵罗可汗	650—658	高宗	

3. 后突厥世系表

序号	主政者	在位	同期唐帝	姓氏
01	骨咄禄可汗	682—691	高宗、中宗、睿宗、则天	阿史那氏
02	默啜可汗	691—716	则天、中宗、睿宗、玄宗	
03	拓西可汗	716	玄宗	
04	毗伽可汗	716—734	玄宗	
05	伊然可汗	734	玄宗	
06	登利可汗	734—741	玄宗	
07	骨咄叶护可汗	741—742	玄宗	
08	乌苏米施可汗	742—744	玄宗	
09	白眉可汗	744—745	玄宗	

4. 吐蕃世系表

序号	主政者	在位	同期唐帝	姓氏
01	松赞干布	629—650	太宗、高宗	悉勃野氏
02	芒松芒赞	650—676	高宗	
03	赤都松赞	676—704	高宗、中宗、睿宗、则天	
04	赤德祖赞	704—755	则天、中宗、睿宗、玄宗	
05	赤松德赞	755—797	肃宗、代宗、德宗	
06	牟尼赞普	797—798	德宗	
07	牟如赞普	798（约20天）	德宗	
08	赤德松赞	798—815	德宗、顺宗、宪宗	
09	彝泰赞普	815—838	宪宗、穆宗、敬宗、文宗	
10	朗达玛	838—842	文宗、武宗	

5. 回纥（回鹘）世系表

序号	主政者	姓名	在位	同期唐帝	姓氏
01	怀仁可汗	骨力裴罗	744—747	玄宗	药罗葛氏
02	英武可汗	磨延啜	747—759	玄宗、肃宗	
03	牟羽可汗	移地健	759—780	肃宗、代宗、德宗	
04	武义可汗	顿莫贺达干	780—789	德宗	
05	忠贞可汗	多逻斯	789—790	德宗	
06	奉诚可汗	阿啜	790—795	德宗	
07	怀信可汗	骨咄禄	795—805	德宗、顺宗	跌氏
08	滕里可汗		805—808	顺宗、宪宗	
09	保义可汗		808—821	宪宗、穆宗	
10	崇德可汗		821—824	穆宗	
11	昭礼可汗	曷萨特勤	824—832	敬宗、文宗	
12	彰信可汗		832—839	文宗	
13		阖馺特勤	839—840	武宗	
14	乌介可汗	阖馺之弟	841—846	武宗	
15	遏捻可汗		846—848	武宗、宣宗	
16	怀建可汗	庞特勤	848—?	宣宗	

6. 南诏世系表

序号	主政者	在位	同期唐帝	姓氏
01	皮罗阁	728—748	玄宗	蒙氏
02	阁罗凤	748—778	玄宗、肃宗、代宗	
03	异牟寻	778—808	代宗、德宗、顺宗、宪宗	
04	寻阁劝	808—809	宪宗	
05	劝龙晟	809—816	宪宗	
06	劝利晟	816—824	宪宗、穆宗	
07	劝丰祐	824—859	穆宗、敬宗、文宗、武宗、宣宗	
08	世　隆	859—877	宣宗、懿宗、僖宗	
09	隆　舜	877—897	僖宗、昭宗	
10	舜化贞	897—902	昭宗	

参考文献

1. （唐）魏徵. 隋书 [M]. 中华书局,1973.
2. （唐）张鷟. 朝野佥载 [M]. 上海古籍出版社,2012.
3. （唐）段成式. 酉阳杂俎 [M]. 上海古籍出版社,2012.
4. （唐）郑处诲. 明皇杂录 [M]. 中华书局,1994.
5. （唐）温大雅. 大唐创业起居注笺证 [M]. 中华书局,2022.
6. （唐）李林甫等. 唐六典 [M]. 中华书局,2014.
7. （唐）刘肃. 大唐新语 [M]. 中华书局,1984.
8. （唐）吴兢. 贞观政要译注 [M]. 上海古籍出版社,2016.
9. （唐）玄奘. 大唐西域记译注 [M]. 中华书局,2019.
10. （唐）杜佑. 通典 [M]. 中华书局,2016.
11. （唐）杜环. 经行记笺注 [M]. 中华书局,2000.
12. （唐）李肇. 唐国史补校注 [M]. 中华书局,2021.
13. （唐）刘知几. 史通 [M]. 上海古籍出版社,2015.
14. （唐）苏鹗. 杜阳杂编 [M]. 商务印书馆,1979.
15. （唐）樊绰. 蛮书校注 [M]. 中华书局,2018.
16. （五代）刘昫等. 旧唐书 [M]. 中华书局,1975.
17. （五代）孙光宪. 北梦琐言 [M]. 中华书局,2002.
18. （五代）王仁裕. 开元天宝遗事十种 [M]. 上海古籍出版社,2012.
19. （宋）欧阳修, 宋祁等. 新唐书 [M]. 中华书局,1975.
20. （宋）司马光等. 资治通鉴 [M]. 中华书局,1956.

21.（宋）司马光．资治通鉴考异[M]．上海人民出版社,2022.

22.（宋）李昉．太平广记[M]．中华书局,2013.

23.（宋）王溥．唐会要[M]．中华书局,2017.

24.（宋）王谠．唐语林校证[M]．中华书局,2018.

25.（宋）王钦若等．册府元龟[M]．中华书局,2020.

26.（宋）宋敏求．唐大诏令集[M]．中华书局,2008.

27.（宋）计有功．唐诗纪事[M]．上海古籍出版社,2013.

28.（宋）乐史．太平寰宇记[M]．中华书局,2007.

29.（元）辛文房．唐才子传[M]．中州古籍出版社,2021.

30.（明）熊大木．唐书志传通俗演义[M]．中国文史出版社,2003.

31.（清）王夫之．读通鉴论[M]．中华书局,2013.

32.（清）董诰,阮元,徐松等．全唐文[M]．中华书局,1983.

33.（清）彭定求．全唐诗[M]．中华书局,2018.

34.（清）王鸣盛．十七史商榷[M]．上海古籍出版社,2016.

35.（清）赵翼．廿二史劄记校证[M]．中华书局,2016.

36.（清）吴廷燮．唐方镇年表[M]．中华书局,2003.

37.（清）顾祖禹．读史方舆纪要[M]．中华书局,2020.

38.（清）徐松．唐两京城坊考[M]．中华书局,2019.

39.蔡东藩．唐史演义[M]．中央编译出版社,2008.

40.陈寅恪．唐代政治史述论稿[M]．上海古籍出版社,2020.

41.范文澜．中国通史简编[M]．商务印书馆,2010.

42.岑仲勉．隋唐史[M]．上海古籍出版社,2020.

43.吕思勉．隋唐五代史[M]．中华书局,2020.

44.钱穆．中国历代政治得失[M]．生活·读书·新知三联书店,2020.

45.张国刚．唐代藩镇研究[M]．中国人民大学出版社,2010.

46. 王尧. 敦煌本吐蕃历史文书 [M]. 中国藏学出版社, 2012.

47. 王仲荦. 隋唐五代史 [M]. 上海人民出版社, 2021.

48. 李锦绣. 唐代财政史稿 [M]. 北京大学出版社, 2001.

49. 索南坚赞. 西藏王统记 [M]. 西藏人民出版社, 1985.

50. [英] 崔瑞德. 剑桥中国隋唐史 [M]. 中国社会科学出版社, 1990.

51. [美] 斯塔夫里阿诺斯. 全球通史：从史前史到 21 世纪 [M]. 北京大学出版社, 2006.

52. [日] 筑山治三郎. 唐代政治制度研究 [M]. 创元社, 1967.

53. [日] 圆仁. 入唐求法巡礼行记校注 [M]. 中华书局, 2019.

图书在版编目（CIP）数据

显微镜下的全唐史 . 第八部 , 长河落日 / 北溟玉著 . --
北京 : 中国文史出版社 , 2025.2. -- ISBN 978-7-5205-
4989-9

Ⅰ . K242.09

中国国家版本馆 CIP 数据核字第 2024C6B560 号

责任编辑：梁玉梅

出版发行：中国文史出版社
社　　址：北京市海淀区西八里庄路 69 号院　邮编：100142
电　　话：010-81136606　81136602　81136603（发行部）
传　　真：010-81136655
印　　装：北京科信印刷有限公司
经　　销：全国新华书店
开　　本：700mm×980mm　1/16
印　　张：20
字　　数：252 千字
版　　次：2025 年 5 月北京第 1 版
印　　次：2025 年 5 月第 1 次印刷
定　　价：56.00 元

文史版图书，版权所有，侵权必究。
文史版图书，印装错误可与发行部联系退换。